名师名校名校长

凝聚名师共识
回应名师关怀
打造名师品牌
培育名师群体

　　　　　　　　　　阳明遗志

深度学习视角下
英语阅读教学设计探析

戴界蕾·著

SHENDU XUEXI SHIJIAO XIA
YINGYU YUEDU JIAOXUE SHEJI TANXI

东北师范大学出版社
长 春

图书在版编目（CIP）数据

深度学习视角下英语阅读教学设计探析 / 戴界蕾著
. — 长春：东北师范大学出版社，2023.1
ISBN 978-7-5771-0047-0

Ⅰ.①深… Ⅱ.①戴… Ⅲ.①英语—阅读教学—教学
设计—中学 Ⅳ.①G633.412

中国国家版本馆CIP数据核字（2023）第006694号

□责任编辑：石　斌　　　　　　□封面设计：言之凿
□责任校对：刘彦妮　张小娅　　□责任印制：许　冰

东北师范大学出版社出版发行

长春净月经济开发区金宝街 118 号（邮政编码：130117）

电话：0431–84568023

网址：http://www.nenup.com

北京言之凿文化发展有限公司设计部制版

北京政采印刷服务有限公司印装

北京市中关村科技园区通州园金桥科技产业基地环科中路 17 号（邮编：101102）

2023年1月第1版　　2023年5月第1次印刷

幅面尺寸：170mm×240mm　印张：16.75　字数：270千

定价：58.00元

序 言

　　回顾我从事中学英语教学工作20余年的经历，很庆幸，我们这一代人置身于全面实施改革开放和教育综合改革逐步深化的进程中，教育信息化、教育现代化、教育国际化的大背景，顺应互联网、大数据、云计算等现代信息技术与教育教学深度融合发展的大趋势，尤其是党的十八大明确提出开展全民阅读活动的文化导向战略方针之后，全民阅读理念、学习强国思想深入人心，阅读实践普及全国，阅读逐渐成为人们的生活方式，全民阅读热潮迅速形成并向纵深方向发展，展现出英语阅读教学理论与实践相融合、双促进的广阔前景。适迎新时代这一奔放而不可逆转的社会大潮流，我们对于中学英语阅读教学的认识与实践历经了从不自觉到自觉、从不适应到适应、从被动到主动的渐进过程，这促使我们教育工作者对英语阅读教学的理性认识和实践探索提升到了一个更高的层次，使我们越来越深刻地体会到英语阅读教学蕴含的潜在价值和深远意义。

　　语言是文化的载体，英语阅读教学的根本在于英语素养与人文精神的协调和融合。英语阅读教学是一个极其复杂的渐进过程。其复杂性体现在它既是一个师生共同参与的、外在的语言教学过程，又是一个长期的内在的心理感知、思维、评价和文化认同浸润的过程。从生态学的观点来看，教育生态系统是社会生态的一个重要组成部分。英语阅读教学既是学校教育生态系统的一个子系统，也是英语教学生态系统的一个子系统，而深度学习视角下的英语阅读教学设计则又是一个相对独立的生态系统，呈现出了系统性、整体性、综合性、复杂性等显著特征。从哲学观点来看，这又是一个教育理论与教学实践既对立又统一的重大命题，其形式与内容具有多样性、丰富性，且能完美结合、和谐统一，二者相互依存、相互制约、相互促进、相辅相成。理论来源于实践，而实践的发展无止境，研究也将无终期，实践升华理论，理论指导实践，如此循环往复，呈螺旋式上升态势。

　　长年的英语教学实践使我对阅读教学情有独钟。阅读教学内蕴的英语学科核心素养在整个英语教学中所处的地位不仅很重要，而且整个英语教学都受到阅读教学的直接影响，相信诸多同人莫不感同身受。有鉴于此，我在从事英语教学的过程中始终坚持紧密联系工作实践进行教育科学研究，即便处于党务与教育管理领导岗位多年也从未间断过，先后撰写并发表了相关论文和案例文稿。其中，与阅读教学相关的论文为数不少，受到了教育界领导、专家学者以及教育教学期刊编辑的重视、关注、支持与帮助，他们期许我选择英语教学领域的某个方面再做专项研讨，待条件、时机成熟时抑或出本书。

我在今年开展的党史学习教育活动中获益匪浅，更加坚定了从教信念，牢记立德树人教育使命，坚定了"为党育人、为国育才"的教育初心。正因如此，曾经萌生的出书心愿更为迫切，这激励我在繁忙的教育管理与教学事务之余反复深层思索，由此便有了上述粗浅的理解，且思且行，倾力笔耕于充满希望的教育田野，终于完成了这部《深度学习视角下英语阅读教学设计探析》。

由于作者水平有限，书中不足之处在所难免，敬请广大同人和读者多加批评和指正，以便我们进行修订和完善。

戴界蕾

2022年3月

目　录

第四章　何为——深度学习视角下的英语阅读教学实践之思

附　录

后　记

第一章

为何
——推进深度学习之因

　　何谓深度学习？"深度学习"一词系外来词，其概念界定源于人工智能领域中多层神经网络和机器学习的研究，有人考证其是马飞龙和罗杰·塞利约最先提出的，另一种说法则是其由弗伦斯·马顿和罗杰·萨尔乔首次将该词引入教育领域的。他们对学生应对阅读任务时的学习过程进行了调查，发现存在两种截然不同的学习过程：一种学习过程表现为深度加工过程（deep level processing），学生学习的意图在于理解学习材料的内容及作者意在传达的思想；另一种则是浅层加工过程（surface level processing），学生将自己的关注点放在"认识"材料上，其学习观是复制性的，以一种死记硬背式的方法学习。随着学习科学的发展以及基于标准教育改革运动的蓬勃开展，关于深度学习的研究从关注"学习过程"转移到关注"学习结果"，并且取得了丰硕的研究成果。威金斯和麦克泰在布卢姆的教育目标分类学的基础上，将"理解"分为六个层级（解释说明、阐释意义、迁移应用、形成观点、有同理心、自知之明），并提出著名的"为理解而教"，认为深度学习就是基于更多理解的学习。美国研究院的研究成果指出，深度学习是学生对核心课程知识的深度理解，以及在真实的问题和情境中应用这种理解的能力。这种能力包括三种：一是认知能力，即深度理解内容知识、批判性思维与复杂问题解决的能力；二是人际能力，即协作与交流；三是内省能力，即学会学习以及学术信念。自此，学习科学领域中的深度学习引起了众多国家和地区的高度重视。

　　在此大背景下，我们可以明确，深度学习主要是相对于浅层学习或机械

1

学习而言的，它们之间有本质区别。教育部基础教育课程教材发展中心深度学习总项目组提出，深度学习意在让学生掌握学科的核心知识和普适方法，把握学科的本质及思想方法，形成积极的内在学习动机、学科的高阶思维、高级的社会性情感、积极的态度、正确的世界观。国内许多专家学者对于深度学习的内涵及其价值意义做了广泛且深入的探讨研究。笔者认为何玲、黎加厚所做的结论颇具代表性："深度学习是指在理解学习的基础上，学习者能够批判性地学习新的思想和事实，并将它们融入原有的认知结构中，能够在众多思想间进行联系，并能够将已有的知识迁移到新的情境中，做出决策和解决问题的学习。"[①]

依笔者之见，深度学习绝非单一的学习概念，而是一个综合概念，既是一种科学的教育理念，又是一种符合教育规律的教学实践，还是各种教与学的具体形式与方法。它是一个具有丰富内涵，涉及教育教学诸多环节，关乎学习主体、学习目标、学习内容、学习动机、学习规律、学习环境、学习能力、学习评价等许多具有高度关联性的主客观因素的复杂系统，这些内蕴与外显的各种智力因素和非智力因素相互依存、相互制约、相互促进、相互影响、相互作用，从而形成由浅入深、由点到面、环环相扣、有机交融的综合、互动、平衡、渐进的开放性教学，是一种多维度交融、立体化整合、螺旋式上升的生态化教育发展过程，最终必将呈现深度学习的最佳状态、理想境界和良性循环，体现了学习内容与学习形式的统一、学习潜力与学习能力的统一和教与学的统一。这反映了对学习理论与实践相结合、相统一的学习新形态认识的深化。简言之，深度学习就是以学生发展为本，要求学生深度参与、主动建构知识、优化丰富内涵、创新迁移应用、培养核心素养的学习过程。

由此不难理解，实施深度学习策略，发挥深度学习效应，既是深化教育综合改革的一个导向性的宏观目标，也是改进教学、发展高质量教育的一个方针性具体举措，推进深度学习已成为学校教育改革发展的重中之重。

---

① 何玲，黎加厚.促进学生深度学习［J］.现代教学，2005（5）：29-30.

初中英语阅读教学的困惑

英语是一门工具性和人文性兼具的学科，而英语阅读教学则具有这两者相统一的特点，因而在整个英语教学中占有相当重要的地位。为全面落实立德树人的根本任务，《普通高中英语课程标准（2017年版）》（以下简称新课标）提出了包含语言能力、文化意识、思维品质、学习能力四个方面在内的英语学科核心素养。课堂阅读教学以及其延伸的课外阅读的各个环节与整个流程是学生学习语言知识、培养学习兴趣、形成阅读技能、养成阅读习惯、增强文化意识、发展思维品质、提升学习能力的主要途径，其重要性不言而喻。鉴于中学生年龄、生理和心理的特殊性，多年以来，我们在推行课改的过程中特别重视初中英语阅读教学。与许多同行一样，经过不断探索，我们积累了不少有益的经验，但也存在不少实际问题和认识误区，倘若不及时解决、消除这些问题和误区，其将成为影响我们进一步改进和加强英语阅读教学的固有障碍。具体如下：

一、教学观念陈旧导致阅读教学实践滞后

理念先于行动，思想决定行为。在教师队伍里，有些人虽身处新时代，但其观念陈旧、思想僵化，依然停滞在20世纪，他们在英语阅读教学中固守"一言堂讲授"的教学方式，完全忽略了学生的主体地位：重工具性，轻人文性；重知识，轻思维；重信息获取，轻信息处理；重结构情节，轻主题意义。其结果是阅读教学模式化、程序化，内容孤立化、碎片化，课堂教学流程与学生活动设置过于程式化、简单化甚至应试化，缺乏综合性与关联度，往往流于形式，不同程度地存在阅读教学浅表化现象，使得教学陷入重复低效甚至无效的困境。学生在这样的英语课堂中，大多没有表达自我观点的机会，参与度与积

极性不高，不仅语言基础知识掌握不好，而且思维品质的形成与发展受阻，更谈不上深度融合、同步发展了。由此可见，教师没有秉持素质教育理念，不以学生发展为本，而为应试教育理念所左右，这是导致阅读教学实践滞后的根本原因。

二、阅读文本局限制约了阅读教学的深度

新课标明确提出，广泛阅读可以让学生体验更丰富的语篇文体，使他们逐步养成良好的阅读习惯，发展阅读能力，拓展思维，提高审美、鉴赏和评价的能力，而这正是阅读教学提升学生阅读素养所要达到的核心目标的基本要求。显然，实际教学与这一要求相差甚远，无论是课堂教学中涉及的文本内容还是课外阅读涉及的文本内容，相对而言都较少，这种局限明显制约了阅读教学的开展，更谈不上深度阅读了。同时，我们应看到，初中英语阅读课的大部分内容仍以教材为主，但单一的教材难以满足学生的多元需求，更无法促进其个性发展。虽然教材内容也在随着时代发展而不断丰富完善，但更新速度远远比不上学生发展的速度。时代快速发展，因受时空限制以及教师辅导的缺失的影响，许多学生从未进行过整本英语原著的阅读，这不利于培养学生深度阅读、深度学习的终身习惯。再者，在应试压力和固有观念的影响下，教师对阅读文本的处理多为浅层次、低思维，浅析语篇，深度挖掘内涵不够，缺乏主题意义探究，甚至将阅读文本单纯地当作语法教学的内容，过分注重词汇和语法教学，拘泥于"教教材"，而非"用教材教"。语言、内容、思维三者是联系密切、相辅相成的统一整体，教师教学的侧重点与方法失当，人为割裂文本内在的本质联系，加之对于学生延伸阅读范围选择与阅读方法的指导不到位，这些不能精准解读文本数量与质量的"双减"等不利因素，严重阻碍了学生核心素养的养成和发展。

三、评价机制单一影响了反馈信息的广度

教学与评价是一个统一体，二者相互依存、相互制约、相互促进，辩证统一于阅读教学的全过程、各环节。科学的评价体系是实现英语课程目标、实施深度英语阅读教学的重要保障。但评价功效在阅读教学过程中发挥不充分、不圆满的问题具有普遍性，问题的症结在于评价机制单一且未覆盖全过程、各

环节。其单一性反映在评价主体单一、评价方式单一和评价维度单一这三个方面。具体而言，就是评价主体以教师为主，没有体现学生的主体性，学生参与度低；评价方式多为学生互评，个人自评少，对评价的指导针对性不强；评价维度单一，不仅多以考试作为评价的主要途径，而且以语言知识、技能水准的考核为主。这三个方面的共性导致评价多采用比较单一的阅读理解题的考查模式，却忽略了情感、态度、价值观等重要的功能要素，评价的育人功能和价值体现成为弱项。总之，教育者对教学评一体化建设关注得不够，尚未建立和完善长效的英语阅读教学评价机制，影响反馈信息的极限广度，因而评价的持续性与有效性较差，改进教学及促学作用不显著，学生长时间接受这种"碎片化""断崖式"的阅读教学，必然难以形成较为深刻的批判性和创新性思维。这种突出的差距也从反面给了我们重要启示，即必须致力于实现评价主体多元化、评价方式多样化和评价维度多维化的既定目标。

深度学习是我国全面深化课程改革、落实核心素养的重要路径

  教育的本质是育人，课程是育人最重要的载体。由此可以断言，教育改革的核心在于课程改革，课程改革的核心在于课堂教学改革。自党的十八大以来，以习近平同志为核心的党中央高度重视教育事业。习近平就教育改革发展发表了一系列重要论述，做出了一系列重大部署，产生了许多重大的教育理论创新成果，形成的教育思想成为习近平新时代中国特色社会主义思想的重要组成部分。党的十九届五中全会进一步提出要"建设高质量教育体系"，在这一新时代，我国教育改革发展的宏大战略目标为我们提供了持续深化教育综合改革的全新视角，表明我国对教育规律的认识已经达到新高度、新境界，这也是教育开启由外延发展转向内涵发展历史新阶段的重要标志。

  习近平曾在全国教育大会上深刻指出："新时代新形势，改革开放和社会主义现代化建设、促进人的全面发展和社会全面进步对教育和学习提出了新的更高的要求。"课程是学校教育教学的基本要素之一，学生的主动学习与全面发展是学校一切教育教学活动的出发点和归宿。教育教学是一个复杂的生态系统，是由教师、学生、学习资源、学习工具、学习环境和学习评价等诸要素共同组成的一个完整体系。现代教学理论认为，教学过程就是教师与学生之间的一种授受过程，但又不能概括为教学过程的全部，因为这不是教师对学生的单向传递过程，而是教师主导与学生主体相互作用，师生双向沟通、交流、探讨的互动过程，教师和学生都是教学活动的直接参与者和合作者，进而组成相互依存的教学共同体，真正实现教师教的方式与学生学的方式、教学过程与育人功能的统一。建构主义强调，知识是主动建构和社会建构的，学习的本质是

个人主动建构意义的过程，是主体对客体的建构。早在2001年发布的《基础教育课程改革纲要（试行）》（以下简称《纲要》）就明确提出："大力推进信息技术在教学过程中的普遍应用，促进信息技术与学科课程的整合，逐步实现教学内容的呈现方式、学生的学习方式、教师的教学方式和师生互动方式的变革，充分发挥信息技术的优势，为学生的学习和发展提供丰富多彩的教育环境和有力的学习工具。"《纲要》同时提出了知识与技能、过程与方法、情感态度与价值观的三维目标。这是推进素质教育的重要举措。现代信息技术与教育教学的深度融合引发了教育综合改革、课程改革不断深化，具有历史必然性，深度学习便是处于这种大环境的一种典型的高层级的学习形态。正如2018年4月教育部印发的《教育信息化2.0行动计划》指出的那样："将教育信息化作为教育系统性变革的内生变量，支撑引领教育现代化发展，推动教育理念更新、模式变革、体系重构，使我国教育信息化发展水平走在世界前列，发挥全球引领作用，为国际教育信息化发展提供中国智慧和中国方案。"从教学实践来看，新课程改革最核心的改变就是师生行为方式的转变，即教学流程及学习方式的重构与变革。实践表明，课程是最基本的要素，课程改革是教育改革的中心，其变革的核心动力源自学习方式的变革。核心素养是在课程实践中贯彻党的"五育并举、融合育人"教育方针、落实立德树人根本任务的关键，而学科课程是主渠道，课堂教学是主阵地。课堂教学走向深度学习是课程改革深化的必然结果。课改、课程、课堂是高度相关而性质却不尽相同的三个相对独立的概念，因目标具有高度一致性且相互关联紧密。深度学习的内涵极其丰富，是质与量、内容与形式、内因与外因相结合的对立统一体，它是基于课改、课程与课堂各要素相互作用的过程而存在的，又以超越各要素功能综合效应的结果而呈现，在这个过程与结果的统一体中成为中介性的互联纽带。高质量教育是一个多重范畴，而教育生态系统则是一个多元的形态，因此，深度学习既是高质量教育的应有之义，也是多元教育生态系统良性循环的集中反映。从这一特定意义上讲，也可将深度学习视为学习的一种自我超越。

综观我国教育改革发展的历程，从摒弃应试教育到全面实施素质教育直至以核心素养为表征的高质量教育体系的构建，其本质一脉相承，这表明，深度学习的常态化已经成为当今教育改革发展的大趋势，充分反映了其是教育领域综合改革持续深化的必然结果。核心素养是教育方针的具体化、规范化、标准化，是素质教育全面实施、从量变到质变的"升级版"产物。由此可见，核心素养的形成和发展需要通过深度学习来实现。同时，深度学习内隐了核心素养，其本身就是体现核心素养的最佳"集合体"。深度学习既是课程改革不断深化的出发点和落脚点，又是课程改革持续深化的动力源泉，是课程改革的切入口与突破口，具有"牵一发而动全身"之效力。核心素养视域下的英语阅读教学必然改变传统的教学方式，引导学生深入充分地参与课堂、积极思考、深度学习。基于这一角度不难看出，核心素养是英语教学的目标和内涵，而深度学习则是落实核心素养的重要途径。在以深度学习为指导的英语阅读课堂中，以学定教、以教导学、以评促学，必能激起学生的阅读兴趣，提高学生应用英语的能力，以及运用英语进行多元思维等活动的能力。

总而言之，若无深度学习，课程改革的深化就如"钟表停摆"，而所谓的核心素养则如同"纸上谈兵"，足见深度学习确实是我国全面深化课程改革、落实核心素养的重要路径，这也是我们对教育客观规律、学习本质主观认识不断深化而得出的一个无可非议的正确结论。

深度学习是大数据学习分析下的
教学评一体的必然选择

信息网络技术深刻地影响和改变着社会经济形态，借助信息技术创新教学环境，实现不同学科之间的融合、教育决策与教育治理，突破传统教育教学方法，变革教育评价，并最终促进学习效果提升，实现教育公平，已然成为信息时代各个国家教育发展的重要特征。

一、厘清概念

（一）大数据

大数据是指一种规模大到在获取、存储、管理、分析方面大大超出了传统数据库软件工具能力范围的数据集合，具有极大的数据规模、快速的数据流转、多样的数据类型和价值密度低四大特征。本文所述的大数据特指教育大数据，并限定为在线教育平台上学习者学习的相关数据等。

（二）学习分析

学习分析是用于对学习者及其学习环境数据进行测量、收集、分析和报告，以理解和优化学习和学习环境的技术。学习分析可以帮助该系统中的学习者实现最优化学习，帮助教师不断调整并优化教学，帮助教育管理者有效评估和管理教学。

（三）教学评一体

完整的教学活动包括教、学、评三个方面。"教"是教师把握英语学科核心素养的培养方向，通过有效组织和实施课内外教与学的活动，达成学科育人的目标；"学"是学生在教师的指导下，通过主动参与各种语言实践活动，将学科知识和技能转化为自身的学科核心素养;"评"是教师依据教学目标确定评价内容和评价标准,通过引导学生完成以评价目标为导向的多种评价活动,监控学生的学习过程,检测教与学的效果,实现以评促学,以评促教。这样的教学有利于学习者明晰"学什么""如何学";同时,使学习者可以按照自己的节奏控制学习进度,始终保持清晰的学习思路,确保学习的有效性,从而挖掘最大的学习潜能。

二、基于素养发展的精准教学系统设计样式

基于素养发展的精准教学系统设计样式是一个引导教师领悟"基于大数据学习分析的精准教学"系统设计之间各要素联系和作用的理性框架。该框架的主要内容是厘清组成学科核心素养的教学内容与相对应的学习活动的关系,示意促进学生学科核心素养发展的可能途径。框架所示教学活动组合包括:通过"做中学"提高学生的学科实践(实验)力;在问题解决的过程中培养学生独特的学科认知方法;在探究学习与创新设计中培养学生多学科、跨时空、多要素思考的习惯,提升其综合思维能力;通过系统性实践和思考感悟,明确学科价值观。基于素养发展的精准教学系统设计样式框架图如图1-1所示。

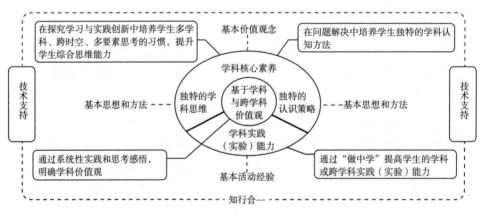

图1-1 基于素养发展的精准教学系统设计样式

三、大数据学习分析技术在阅读教学过程中的作用

(一)创造阅读学习情境

数字化学习平台、视频、演示动画、模拟过程动画、AR(增强现实)和

VR（虚拟现实）等技术应用，可以创造出丰富多彩的学习情境，支持学生入境学习，把真实世界中难以单纯用语言描述的问题带入课堂。

（二）创建"阅读学习支架"

通过"融入问题情境""感知自然现象""探究科学奥秘""创新作品设计""智能评估分析"等环节，引导学生步步深入地展开探究学习，帮助学生建构理解的途径，引导学生参与复杂的认知活动，尝试解决真实问题，并鼓励学生提出问题解决的策略。

（三）构架信息交互通道

运用教学行为分析技术、数据统计和大数据分析技术实时获取教师教学行为信息和学生学习信息，同步分析，瞬间推送，实时反馈给教—学双方，使教师可以精准了解学生的学习情况，及时调整教学策略，使学生有更多机会获得来自教师的精准指导，获得更多的学习资源，如微课程、微视频、基于智慧教学平台的个别作业、分组作业，来自后台学习分析系统的评价反馈，等等，从而形成基于智慧平台的师生互动、生生互动、人机互动。这有助于学生深度融入学习，分享各自的学习所得，产生思维碰撞，生成意义建构，拓展学习深度，促进深度阅读。

基于数据分析的精准教学实践

基于"互联网+"环境，将数字化资源融入英语教学，可以创设丰富的语言环境，利用大数据反馈突破教学重难点、精准施教，并借助即时评价反馈，实现学生个性化、差异性发展，使学生自主学习能力不断提升。

一、课前：定向自学——智慧检测

（1）在自主学习环节，先呈现学习目标，带着目标开展学习；强化学习后要掌握哪些内容，带着思考走入课堂。

（2）运用评估先于教学的策略，将问题呈现在理解单上，并配合微课学习，进行知识延伸。学生在智慧平台上进行前测训练，充分利用信息技术的优势，呈现问题，反馈情况，在发现问题和解决困惑的过程中，使隐性思维显性化，不断提高学习效率。

（3）对于练习量和难易度，合理设计并引导学生自主定向自学，利用"最近发展区"理论，利用课前在线前测帮助学生从旧知向新知过渡；利用数据分析，通过智慧检测帮助学生实现自学评价。

二、课中：数据诊断——深度交互

（一）数据诊断，探明起点

笔者根据奥苏贝尔"影响学习的唯一最重要的因素就是学习者已经知道了什么。要探明这一点，并应据此进行教学"的论断，应用智慧教学平台的"学生抢答—智慧评估—可视化反馈"功能，对学生的自学进行精确诊断；然后，针对学习起点，挑选最接近当前学生学情的驱动任务展开教学。

（二）智慧引航，多维交互

（1）运用评估先于教学的策略，配合微课导学，赋能学生学习。学生通过自主学习进行前测训练，教师根据学生答题板等学生行为数据了解学生的答题状况和掌握情况，进行实时监控和及时干预，使教、学、练、测、评组成一个完整的闭环。同时，基于问题导向、素养为本的活动设计，不断提高学生的学习效率，促进学生知识内化最大化。

（2）根据课程内容和学生在平台前测中呈现的问题和提出的疑问，总结出一些有探究价值的问题，基于学生疑惑点，引导学生围绕教师设计的任务进行独立思考和合作探究，再利用变式训练达到由领会到领教至领悟的目的。

（3）在课堂的交互性活动中，利用醒摩豆智慧教育平台推进教学，让师生在三动、三精、三适的智慧教室里共育生命。教师通过即问即答引发学生思考、作品递交分享想法、随机挑人智享理答等策略，可随时捕捉学生的动态，及时加以指导，并进行多元评价，通过主题活动展开组内探究、组间协作，辅助以适当的评价机制和激励策略来促进学生深度学习。

（三）系统反思，自主建构

在反思指导方面，笔者将重点放在指导学生绘制思维导图上，以此引导学生系统思考，实现深层知识建构。

三、课后：学以致用——学力提升

通过教师、同伴、自身对学习结果和学习过程进行多元评价，将个人评价和小组评价、自我评价和他人评价良好结合，这种既有量性又有定性，既有形成性又有过程性评价的方式，极大地提高了学生的学习热情，激发了其学习潜力，增强了其分析意识，提升了其探究能力。

在日常教学中，教师可运用小组合作学习教学法，活化英语教学，以趣激学，学以增智，力求以智慧教室系统带动教学创新，打造立德树人智慧课堂。

[本文系全国央馆2018年度课题《基于大数据学习分析的精准教学案例研究》（课题立项号：183230006）研究成果。]

简论教师良好行为方式的重要作用

通过政治理论学习和教育事业的具体实践，我认为，人民教师是一种崇高的职业，应有其特殊的道德要求，即具有规范的、良好的行为方式，这也是教师道德建设的基本方向。本文仅从蕴含其中的教师良好行为方式独特的重要作用这个角度做一简要论述，以就教于教育界领导、前辈和各位同人。

一、良好行为方式形成的思想基础

实践告诉我们，教师的行为方式是否良好，必须从其思想、情感、道德、言行等多个方面进行全面考查才能得出正确的结论。这表明，教师良好的行为方式是一个多维的概念，是其思想水准、教育理念、专业知识、教学才华、人生阅历和文化底蕴等内在素质及言谈举止、仪表着装等外在形象的综合反映，充分体现出教师为人师表的共性与其各自人格魅力的个性，从而展现了"人类灵魂工程师"的教师整体形象。其实，所谓教师形象，无论是有形的还是无形的，都源于其良好的行为方式，是教师"精、气、神"的集中体现，是一种气质。保持良好的道德情操始终是教师为人处事的第一准则。学校是教育的主阵地，为人师者，首要的任务就是育人。无疑，教师应当坚持育人第一的原则，将培养学生良好的道德品质列为教育目的之首位。

人民教师从事着培养人、塑造人、创造人的伟大事业，因而必须具有良好的行为方式，这既是教师职业对于教师道德素质内在的客观要求，也是反映教师道德素质水平的重要内容，是衡量一名教师综合素质的标尺。诚然，这种衡量难以达到十分精确的程度，因为良好行为方式的体现虽有显性的表面具象，但更多的是反映在隐性的内在素质方面，它是植根于优秀思想、道德基础之上的一种先进教育理念，说到底，它充分反映了一名教师无比热爱和无限忠诚于党的教育事业的高尚人生价值观所派生出来的情感倾向。事实表明，每个人的行为方式背后都可以找到其内在依据，而一名教师良好行为方式的自然外露，就是源自这位教师内心深处的一些好的思想观念，而这恰恰又很难从一般概念上的"质"与"量"的结合上来加以衡量。有什么样的思想观念基础，就会带来什么样的行为方式。也就是说，若要改变教师的行为，应从改变其思想观念入手，教师只有更新了思想观念，才能具有良好的行为方式，才能创新教育教学的方式方法。毫无疑问，当一名教师已经立志一辈子献身于教育事业时，那么，其言谈举止无不渗透着他的崇高理想和对教育事业的执着追求，这样形成的高尚情感倾向，就必然决定其具有良好的行为方式，而且会在一言一行、一举一动中淋漓尽致地展露出来。

二、良好行为方式产生的综合效应

现代教育的根本目标无非是使学生变得更加聪慧和具有高尚的道德情操，这就要求教师不仅要"教"书，更要"育"人。俗话说："身教重于言传。"从某种意义上讲，身教更胜于言传。教师职业的定位也不在于说教，而在于行动。我们都有这样的切身体会：无论是班主任还是任课教师，在学生在校学习期间以及学生未来一生的发展过程中，其良好行为方式显示的楷模作用十分巨大。因为对于学生而言，教师具有言传身教的示范性作用和潜移默化的渗透性作用，教师是学生学习、工作、生活中极具影响力的重要人物之一，甚至连教师的性格也会烙印在学生的心里，教师从学生身上可以看到自己的影子。人的发展规律表明，高尚道德情操的培育需要一定的时间，甚至是一个漫长的过程，而中学时期又是人生中很重要的一个发展阶段，从心理学角度讲，几乎所有的中学生都有模仿教师行为方式的倾向，他们这种强烈的模仿心理必然驱使其自觉不自觉地将教师的行为作为自身行为的参照。教师与学生在日常教学生活中朝夕相处，教师的良好行为方式对学生形成良好的行为方式起着不可忽视的主导作用，其一言一行无时无刻不对学生产生一种潜在的重大而深远的影响，甚至连说话的内容，表达的方式、音调，直至衣着打扮莫不如此，教师终将成为学生的"良师益友"，久而久之，学生就会在潜移默化中深切体验到教师言行中的真情，从而回馈教师以积极的情感，这就是教师以情动人、以理服人、以行育人的真谛所在。因此，在学校一切工作和活动中，教师首先应成为学生的道德楷模，做学生的"德育导师"，不仅要"教"学生更多的文化科学知识，更重要的是"育"学生以更好的道德素养。但现实情况却是部分教师往往更注重"教"而忽视了"育"，这应引起我们的高度重视和警惕。殊不知，"育"在许多时候比"教"显得重要，学生中所谓优等生与学困生之间的差异无不是因为"育"得不够而非"教"得不够，这一点已在教育界达成了共识。同时，需要特别强调的是，这里提及的教师的"育"必定与教师的良好行为方式密切相关，如良好行为方式寓于"育"之中，"育"则更具成效，其所起的特殊重要作用显而易见，即教师良好行为方式产生的综合效应。鉴于良好行为方式有显性与隐性之分，其影响也有立竿见影式与潜移默化式之别，且新型的师生关系又将是互为师生，即教师式的学生和学生式的教师之间民主、平等的和谐关系，其中不乏许多积极因素，而师生双方又能通过共同努力消除一些人为的制约因素。因此，可以断言，教师良好行为方式直接或间接产生综合效应的潜力很大，需要我们通过教学实践不断地研究、探索，去把握、挖掘和发挥，以期获得最佳效应。

我们通过教学实践还有一个很深的体会：教师良好行为方式还更多地体现在良好的教育行为和教学方式方面。如上所述，对于一名中学生来说，学习知识固然重要，但这只是有形的一面，更为重要的是逐步形成良好的行为方式并能受益终身：看似无形却可分析、推理和意识到的东西，如确立正确的思维方式、远大的理想和表现出浓厚的学习兴趣、对科学孜孜以求的探索精神、敢于挑战未来的勇气等。正因如此，教师实施良好的教育教学行为方式对于学生心理、生理的健康成长以及良好行为方式的形成会产生深远影响。

三、良好行为方式未来作用的发挥

在当今的信息化时代，传统教育正向现代教育转变，同时市场经济与网络文化迅猛发展，所以我国教育事业正面临新的形势，教育改革将逐步深化。随着素质教育的不断推进和多媒体的广泛运用，与这些社会转型期呈现的新特点、新情况相适应，教师良好行为方式也必将随之发生变化，其独特的重要作用的发挥会同时受到各种挑战，但我坚信"万变不离其宗"，我们仍应积极倡导教师严格自律，继续以其良好的行为方式去感染、影响学生，力促他们德智体美劳全面发展，真正将他们培养成一代"有理想、有道德、有文化、有纪律"的中国特色社会主义事业建设者。

随着社会的进步和教育事业的发展，人才培养标准和评价标准也会相应提高，这在客观上对教师的自身素质提出了更高的要求，因而广大教师必须与时俱进，在新形势下给自己定位——人格健全，道德高尚，行为良好，工作出色；除此别无选择，否则将被历史淘汰。我们应当清醒地认识到，面对未来的教育对象，教师仍一味沿袭以往相对陈旧的教育模式，单凭"身体力行做表率"的做法已经难以充分发挥良好行为方式的独特重要作用。教师应认真研究新时期、新形势下教师良好行为方式的形成、发展直至产生效应全过程的新特征、新规律，从而在正确理解、严格遵循其客观规律的基础上，准确把握未来的发展趋势，以期确保教师良好行为方式作用的充分发挥。

鉴于目前和未来教育形势的各种新特点，我们在关注并倾心发挥教师良好行为方式的特殊重要作用时应牢固树立全局意识、整体意识和未雨绸缪意识，以便多渠道、全方位动员和组织学校、家庭、社会各方力量形成合力，以未雨绸缪、防患于未然的积极心态克服种种负面因素，努力营造有利于教师形成良好行为方式的社会整体氛围，不断完善仍居主导地位的教师自身素质，力争使其达到一种崇高完美的精神境界。同时，其成为教师不断更新、完善良好行为方式的内驱力。教师自身素质越高，其行为方式就越自觉、越优秀。这样，两者既互为前提又互相促进，相辅相成，共同发展。教师良好行为方式在过去、现在已经发挥了重要的作用，未来仍将发挥重要的作用，这是学校教育中的一个特色、一个亮点，也是教育过程中一个永恒的主题。

何 谓

——深度学习之由

在传统的初中英语阅读课堂中，教师往往注重带领学生学习教材文本，解决教材中的问题，学生对教材和教师的依赖性较高，思辨能力与批判性思维能力得不到培养，不善于全面地认识各个事物，阅读常常流于表面理解，缺少进行深度学习的能力。

黎加厚教授认为，深度学习指的是学习者在理解的基础上，批判地学习新的知识和思想，并将其融入原来的认知结构，多方面进行联系，把已学的知识迁移到新的环境中，做出决定，解决问题。因此，在初中英语阅读教学中，教师需要引导学生由原来的浅层阅读向深度学习靠拢，在获取文本信息的基础上积极主动地进行思考，活跃学生的思维，通过深度学习来培养学生的思辨能力和知识迁移能力。

阅读是一个积极主动思考、理解和接收信息的过程，是读者和作者相互交际的言语活动，是一种极为复杂的智力活动，是一种高级神经系统的心理活动，也是一种极有效的学习语言和培养个性的言语交际活动。阅读作为一种高级神经系统的心理活动，不是消极、被动的认识活动，而是一种积极、主动地通过文字符号、语法、语义、修辞预测意义和不断做出判断推理，并不断获得印证和修正，从而理解意义的高级神经系统的智力活动。

基于以上论述，在初中英语教学中，核心素养的落地需要依托阅读教学，英语阅读教学要践行学科核心素养的理念，同时充当实现深度学习的重要载体。

核心素养是一个崭新概念，教育部印发的《关于全面深化课程改革落实立德树人根本任务的意见》明确指出，核心素养综合表现为九大素养：社会责任、国家认同、国际理解、人文底蕴、科学精神、审美情趣、身心健康、学会学习、实践创新。相关研究已充分表明，只有基于问题、基于探究、基于挑战、基于项目等具有创造性和实践性的学习方式才能顺利实现并有效促进深度学习。我们从教育教学实践中深刻体会到，学习方式的变革绝不是单一的变革，核心素养的九个方面无不涉及变革，由此不难理解，它是深化教育综合改革最显著的成果，也是其最重要的标志。毫无疑问，深度学习是完全符合学习科学原理的学习，是符合教育规律、有利于形成学生核心素养、以学生发展为本的学习，是真正以理解为基础的有意义的学习。总而言之，深度学习是一个循环良好的学习生态系统。作为一个系统，我们完全可以对其这样整体理解和把握：深度学习是深度教学的前提和基础，深度教学是深度学习的延伸和保障。专著探析英语阅读教学，实际上是一个从英语语言符号中提取意义的认知与心理过程。学生基于文本意义的深度学习是在阅读教学过程中生成的，实质上是文本和学生相互作用的产物，教师只是参与和指导学生阅读、理解的过程。正因为这样，所以应该特别注重培养学生确立和形成积极的学习动机，诸如正确的阅读态度、强烈的阅读期待、迫切的阅读需求、浓厚的阅读兴趣、良好的阅读习惯、灵活的阅读方式、有效的阅读策略，提供丰富多彩的阅读媒介，营造健康有序的阅读氛围……如此看来，只有进行深度教学、深度阅读、深度思维、深度理解，才能产生真正的深度学习。这样的深度学习，从理论到实践都反映出它是全面贯彻党的教育方针、落实立德树人根本任务、培育和发展学生核心素养以及顺利实现新课程改革目标、持续深化教育综合改革的必然选择与必由之路。

深度学习的典型特征与积极作用

深度学习体现了以学生学习为中心、以学生的全面发展为中心的全新教育理念，是与教师教学实践相统一的渐进过程。从字面上看，深度学习本意指学习认知触及和抵达学习本质深层的程度，或者说是学习向更高阶段发展的过程。深度学习是一个过程与结果的统一体，一言以蔽之，就是聚合众多因素相互作用形成的，是一个周而复始、互动平衡、往复递进、螺旋上升的良性循环的学习生态系统。近些年来，国内外许多专家学者深入进行有关深度学习的专题研究，一线的教育工作者也就此进行了有益的教学实践探索。其中聚焦深度学习典型特征的研究及应用成果引人瞩目，可谓仁者见仁，智者见智。为方便读者了解，笔者在此不惜篇幅转引刘艺、赵思林、王佩共同撰写并发表于2021年10月《教育科学论坛》期刊（总第550期）上旬的《数学深度学习的特征分析》一文中"深度学习的特征研究综述"罗列的学界一些代表性较强的主要观点。近年来对深度学习特征的研究有不少观点（说法），如有"三特征"说、"四特征"说、"五特征"说、"六特征"说等。

（1）"三特征"说。朱立明认为，深度学习有三个基本特征：学科活动有体验、学习理解有高度、结构拓展有层次。何玲、黎加厚认为，深度学习有三个特征：理解与批判、联系与构建、迁移与应用。

（2）"四特征"说。崔友兴认为深度学习有四个特征，具体讲就是四个"强调"：一是强调学生的主体性、能动性（学习者的自我调节和监控）和发展性（促进个体的个性化、社会化、完满化），二是强调学习情境的真实性、变异性和可迁移性（深度学习是一种具身学习），三是强调对知识的理解性、生成性和建构性，四是强调学习任务的挑战性、学习过程的体验性和学习输出的迁移性。

（3）"五特征"说。Eric Jensen和LeAnn Nickelsen将深度学习的基本特征描述为高阶思维、深度加工、深刻理解、主动建构和问题解决五个方面。郭华也认为深度学习有五个特征：一是联想与结构，二是活动与体验，三是本质与变式，四是迁移与应用，五是价值与评价。龚静从信息加工角度认为，深度学习具有多线程、并发性、交互性、迭代性和持续性五个特征。付亦宁从深度学习的发展路径认为，理解认知、高阶思维、整体联通、创造批判和专家构建是深度学习的五个特征。

（4）"六特征"说。张浩和吴秀娟认为深度学习具有六个主要特征：注重批判理解、强调信息整合、促进知识建构、着意迁移应用、面向问题解决、提倡主动终身。程明喜认为，深度学习具有注重知识学习的批判理解、强调学习内容的有机整合、强调学习过程的建构反思、重视学习的迁移运用、重视问题解决、指向学生高阶思维培养等六个基本特征。

这些学术观点给予我们的启示良多。就笔者个人而言，笔者是一名坚定的"四特征"说论者，认为深度学习的典型特征应是"开放性、主体性、复合性和创新性"。经反复酝酿、深思熟虑，对此，笔者这样加以注解：深度学习是一个学习生态系统，开放性指学习型社会构建与"互联网+教育"发展趋势强劲的双重大背景下的深度学习，无论是形式还是内容的广度与深度都将得到极限体现，也就是开放的无限性；主体性是指深度学习虽由教师主导，但学生才是学习的主体，主体超越主导终将实现深度学习过程与结果的完美统一，这是主体内源性的外在体现；复合性是指涉及深度学习各种因素的交互作用不是简单的叠加，而是经历反复的重新组合所呈现出的几何级的激增，它综合反映了学校教育系统内外多元、多维、立体诸多因素复合式形态的相互关系，由此生成学习生态的至高境界，也是复合性的极致形式；创新性指学习主体因知识迁移、融通应用、情境再现而扩展新认知、产生新思维、发现新问题、开拓新领域、提出新见解、解决新问题，在有序、高效的学习过程中充分体现丰富内涵、独创与革新的主观精神及其客观实践，其更多地反映在学习主体纵向比较有所进步、有所前进的方方面面。实践是创新的基础，也是理论创新的结果，这是创新的本质。但务必要注意，正是因为以上四个特征特别典型，所以其也可视作深度学习所具特征的普遍性。同时，必须指出，这四个典型特征不是一个一个逐一体现的，而是渗透并贯通于深度学习全过程的各个方面、各个环节的。也正因为如此，才凸显了它的积极作用。关于深度学习的研究与实践都表明，主体性是根本，开放性是前提，复合性是保障，创新性是动力，这四者是一个不可分割的统一整体，它们相互依存、相互制约，相互促进，共同作用于深度学习的全过程，促使教育的客观规律得以严格遵循，使人的主观能动性得以充分发挥，从而实现其效益的最大化与最优化。

总而言之，深度学习是培育学生核心素养的重要途径。学习能力是核心素养的基础和前提，思维品质是学生必备的关键能力，是最根本的核心素养，创新则是核心素养的核心，这些将对一个人的全面发展、健全人格的形成产生直接而深远的影响。由此可以断言，创新决定深度，学习奠基未来，深度学习具有不可估量的积极作用。

参考文献：

［1］郭华.深度学习及其意义［J］.课程·教材·教学，2016（11）：25-32.

［2］付亦宁.深度学习的教学范式［J］.全球教育展望，2017（7）：47-56.

［3］张浩，吴秀娟.深度学习的内涵及认知理论基础探析［J］.中国电化教育，2012（10）：7-11，21.

［4］程明喜.小学数学"深度学习"教学策略研究［J］.数学教育学报，2019，28（4）：66-70.

［5］朱立明，冯用军，马云鹏.论深度学习的教学逻辑［J］.教育科学，2019（3）：14-20.

［6］何玲，黎加厚.促进学生深度学习［J］.现代教学，2005（5）：29-30.

［7］崔友兴.基于核心素养培育的深度学习［J］.课程·教材·教学，2019（2）：66-71.

［8］Jensen Eric，Nickelsen LeAnn.深度学习的7种有力策略［M］.温暖，译，上海：华东师范大学出版社，2010.

［9］龚静，侯长林，张新婷.深度学习的生发逻辑、教学模型与实践路径［J］.现代远程教育研究，2020，32（5）：46-51.

深度学习的理论价值与实践意义

据有关资料披露，2013年年底，教育部基础教育课程教材发展中心前瞻性地提出了"深度学习"教学改进项目，2014年9月起正式组织专家团队研发"深度学习"教学改进项目，将其作为深化基础教育课程改革的重要抓手和落实发展学生核心素养及各学科课程标准的实践途径。经过不懈的理论研究与实践探索，已经形成相应的理论框架和实践模型，取得了彰显理论价值与实践意义的重要阶段性成果。

国内学者通过相关研究达成共识，提出"深度学习"这个概念："指在教师引领下，学生围绕着具有挑战性的学习主题，全身心积极参与、体验成功、获得发展的有意义的学习过程。"同时，强调其过程旨在遵循教育规律与学习规律，实现教育的目的、落实立德树人根本任务，即"全面发展的人"的核心素养。这表明，深度学习形态的形成是通过教师的教与学生的学的互动实现教师主导的自觉性、学生主体学习的主动性，使师生、生生互动更生动、更深入、更有效。正如教育部基础教育课程教材发展中心副主任所指出的那样，我们倡导的深度学习，非信息技术领域的深度学习，主要是指学习应从以学科为中心转向以学生为中心，从知识技能获得转向核心素养发展，从以教师为主转向以学生为主……在核心素养目标指向下，课程内容的选择与组织应有新的视角和要求，把知识作为获取方法以及形成能力、品格、价值观的内容载体，把单一的知识点转化为结构化、系统化、生活化的单元。显而易见，这种教与学的统一是教师的主导与学生的主体之间的统一，是深度学习真实发生的前提条件。

由此看来，深度学习的理论不是单一学习理论的演绎，而是历史上优秀教育理论成果及优秀教学实践经验的汇聚与凝练，具有鲜明的综合性、延续性和时代特色，是教育综合改革不断深化并取得重大成果的一个重要标志。简言之，它涉及的理论、思想、观点、领域非常广泛，除学习科学理论外，还包含哲学、教育学、心理学、社会学、生态学、教学论、系统论、控制论、矛盾论、实践论等，它们深度融合、互促共进、交相辉映、协同增效，充分体现其内在一致性和谐统一于深度学习的全过程、全方位、各环节，是理论内化学习的实践积聚丰富的过程，也是学习实践的理论升华发展的过程。从这个意义上讲，深度学习彰显的理论价值无论怎么评估都不为过，也正因如此，其外显与潜在的实践意义无论怎么表述都难以概括全面。但我们可以深刻感受其理论价值与实践意义的叠加效应：一方面，理论运用于实践，其正确与否受实践检验。正确的理论对于实践的指导引领作用无可比拟；反之，将被实践修正。另一方面，实践又将促进理论的创新与发展。这种长期以来形成的二元对立片面倾向都被对立而有机统一的全面科学哲学思维所替代。据此，我们深刻认识到深度学习的过程是一个动态平衡、循环往复的无限过程，永恒的理论价值和与其始终同在的实践意义将不断演进，从而呈现教育目标与教学行为一致、教育目的与教育结果统一的可喜局面，真正形成一个学习时空、场域内循环相统一、互促进的完整的生态系统，即良性循环的学习生态系统，成为整个教育生态系统的一个重要组成部分。由此可见，深度学习充分体现了理论的高度与强度以及实践的深度与广度，这正是其内涵无比丰富的源泉。因此，可以断言，深度学习既是一个开放的理论视角，也是一种改革的实践探索。

处于"互联网+"的学习型社会大背景下，面临现代信息技术与教育教学深度融合、建设高质量教育体系的教育发展大趋势，深度学习实践已经表明并将继续表明，其既具现实意义又具有深远意义：教育宗旨、教学的根本目的在于立德树人，深度学习实践正是实现教育宗旨和教学目的的根本路径，对于促进学生知识技能、思维品质与创新能力全面发展、个性发展并为其终身发展奠基具有重要作用，对教师专业成长与发展都将产生决定性的深远影响，也成为深化教育综合改革关键因素，必须引起教育工作者的高度重视。

试析中学英语课堂教学实践蕴含的开放性原理

　　我认为，中学英语课堂教学实践中蕴含着开放性原理。英语课堂教学实践蕴含的开放性原理包括指导思想的开放性理念、教学过程的开放性思维方式和检验教学成果的开放性原则三个方面。指导思想的开放性理念体现为继承创新，认真总结经验，充分发扬成绩，深刻吸取教训，以创新精神不断改革传统的英语教学模式，修正错误，克服缺点，积极探索英语教学实践的新思路，开创中学英语课堂教学工作的新局面；开放性思维方式体现为教师在教授学生英语的过程中，具有开放性的思维方式，且教师以自己的这种开放性思维方式去引导、影响学生，使之能够接纳并配合教师的开放性思维方式，以期达到预期教学效果；开放性原则体现在表象与本质两个方面，以这两者相结合的视角去评价英语课堂教学实践，才能建立一个公正、公平、公开的考核评价体系。

　　最近一个时期，我们常州市及全国各地中学英语教师都在自身的教学实践中不断进行改革、探索，以满足日益发展的教育形势的需要，适应国家改革开放和社会主义现代化建设伟大实践对于教育事业的客观要求，这是十分可喜的现象。实践出成果，实践出真知，实践出理论。这些年来，从事中学英语教学的具体实践使我逐渐体悟出一个道理，那就是中学英语课堂教学实践中蕴含着开放性原理。倘若我们能有效把握这一原理，那么就可以较好地掌握整个中学阶段英语教学的内在客观规律，进入中学英语教学的自由王国，取得事半功倍的教学效果，从而不断推进中学英语教学实践迈向新的高度，实现从自由王国到必然王国的过渡。我想这个境界虽然难以企及，但作为一名中学英语教师，心中必须确立这个奋斗目标，努力争取攀登这个无限境界的高峰。本文将结合个人英语教学（主要是课堂教学）的实践体会，从指导思想的开放性理念、教学过程的开放性思维方式和检验教学成果的开放性原则三个方面来试析中学英语课堂教学实践蕴含的开放性原理。

一、英语教学指导思想的开放性理念

毫无疑问，在长时期的中学英语教学实践中，一代又一代的前辈教师已为我们摸索总结出了一整套教学经验，形成了比较规范的中学英语课堂教学模式。这是一笔非常宝贵的财富，我们没有理由不倍加珍惜，我们应不遗余力地去继承、借鉴和推广，用以指导我们现在的英语教学实践。但是，任何事物都具有两重性，这反映在以往的中学英语教学实践中就是既有经验，也有教训，成功的教学模式中仍存在着一些不合理的成分。对此，我们唯一正确的态度是始终坚持开放性的理念——继承创新，认真总结经验，不断反思改进，以创新求变革的精神重塑英语教学新范式，彻底废除其违反规律和过时的不合理部分，深入思考，反复研究，积极探索英语教学实践的新思路，进一步开创中学英语课堂教学工作的新局面。归结到一点，就是要求我们在中学英语教学指导思想上必须具有开放性理念。

二、英语教学过程的开放性思维方式

实践证明，鉴别英语教学过程中有无开放性思维方式并考量究竟有多少开放性思维方式，必须从教师与学生两个方面去验证。也就是说，只有当教师与学生这两个方面实现良性互动之后，才可以鉴别有无和考量多少。首先，要求主导方教师在教授学生英语的过程中具有开放性的思维方式；其次，教师以自己的这种开放性思维方式去引导、影响学生，使之能够接纳并配合教师的开放性思维方式，以期达到预期教学效果。我以为，教师应该自觉养成这样一种职业习惯：凡上每一节英语课，都要做好相当充分的准备，备课时涉及课堂教学内容、语境、气氛、提问、对话以及板书、作业布置等各个方面，策划、设计要精益求精，使自己成为每堂英语教学课的称职"编剧"和"导演"，并不懈追求自编自导的最佳效果。同时，更为重要的是，教师要以开放的心态求教于校内外的同行，博采众长，逐渐形成能为学生普遍接受和认同的自己的教学风格与特色，学会在课堂上进行"双语教学"的融会贯通，以独特的沟通技巧建立一种互信平等的新型师生关系，以利于英语课堂教学改革的深化，从而达到预期的教学效果。

教师在课堂上要引导得法、启示到位、精讲多练、讲练结合，循循善诱地进行启发式教学，多鼓励学生提出、回答和探讨问题，也要善于通过旁征博引、肢体动作、语言音调将英语课上得有声有色；同时，利用多媒体手段辅以生动的课堂教学，使学习不枯燥乏味，令学生举一反三，激发学生盎然的学习兴趣，创设良好的学习氛围，引起学生的共鸣。一般而言，教师还应处理好英语与其他学科之间的关系，因为各学科看似互不相关，其实内在联系非常紧密。由于各学科相互渗透、融汇，整合各科资源便有了基础。我们可从教材改革入手，根据各科知识的内在联系和英语单词、词汇直至文章的认识规律重新进行整合，建立一个与时俱进的课程教材体系，与学生共同探讨、规划英语教改的蓝图，以期获得意外的惊喜和丰硕的成果。在此过程中，教师面对整个班的优秀生、中等生和学困生时切记统筹兼顾，据此研究课堂教学内容，以人为本，注重针对性，教学内容既不能过于高深，超过学生的接受能力，又不至于过于浅显，造成学习资源的浪费，使课程设计与学生的认知发展水平相一致，因材施教，为各类学生提供个性化服务。为达此目的，教师要不断拓宽知识面，想方设法丰富阅历，利用各种渠道汲取、充实各种科学文化知识，以期丰富英语课堂教学内容，适应学生的认知发展水平。

实践证明，英语课堂教学过程中多媒体的恰当运用将会有效促进课堂教学和谐氛围的形成，使之更为直观、生动，从而增强吸引力，取得最佳的教学效果。教师要从"负面思维"转向"正面思维"，不要一味追求完美无缺，而要将学生之间的差异看作发展的机遇，不要将学生在成长过程中遭受的挫折视为单纯的失败，而要意识到这是经验的原始积累；不要以惩罚为主，因为越惩罚缺点越多，而要以表扬为主，因为越表扬、肯定优点越多。教师应着力打造一双探寻精矿的慧眼，练就一身开挖精矿的本领，留心观察、善于发现课堂教学中和课余时间每个学生身上综合反映出的值得鼓励的思想闪光点与细微举止，从而因势利导、精雕细琢成一个个"精品"，为他们的健康成长奠定坚实的基础。同时，我认为，教学的设计应由"预习知识、展示交流、反馈生成"这三个环节组成，培养学生使用"自主探究、合作探究"的互助学习方法，以期达到"生生都会、以学控辍"的教学目的，一改厌学之气，大树勤学之风，这样可以达到"培优扶差"的目的。同时，上课形式应不拘一格，留出一定时间，培养一批"小老师"登台"讲课"，并倡导互相争辩，使学生在轻松自如的课堂气氛中学会自己学习、自主讨论，给每个学生一方自由的空间使其可在知识的海洋里漫游，也可在学业的天空里翱翔。这是好的教风与好的学风高度统一的必然结果，教学质量也必然随之大幅度提升。

三、英语教学成果检验的开放性原则

中学英语课堂教学实践的成果究竟如何，怎样检验才算全面、客观和公正？我认为，这里也有一个应当遵循的开放性原则问题，其中最为关键的是建立一个公正、公平、公开的考核评价体系。我认为，英语教学成果的开放性原则应当体现在表象与本质两个方面，以这两者相结合的视角去进行评价，只看表象不看本质或重表象轻本质都是片面、主观的认识。教师应当清醒地看到，不仅每名学生的英语基础和其他学科知识的水平是参差不齐的，不可能在同一个水平线上，而且有许多影响英语教学的其他因素，这完全是一个动态的概念。鉴于此，我们在检验英语教学成果时也就绝对不能持同一个标准，更不能一成不变。同时，我们应看到，当今社会人才规格与内涵均发生了深刻变化，这就意味着在学生时代，尤其是打基础的中学时代的教育应以培养学生的独立思考能力与自学能力为主，培养学生积极进取的精神和自主创新的能力，使其受益终身，这才是包括我们英语教师在内的所有人民教师在这个问题上所应具备的长期战略眼光。

中学英语课堂教学的实践使我们深刻认识到，一旦牢固确立了指导思想上的开放性理念，那就必然会在具体的英语课堂教学实践中引发诸多的开放性思维，也就必然会产生丰硕的英语课堂教学成果，而指导思想上的开放性理念与英语教学过程中开放性思维方式的有机结合，使我们必须以开放性的原则去检验英语教学实践的成果，这不仅是其内在的客观规律所致，而且是其内在客观规律的外化要求。

综上所述，中学英语教学指导思想的开放性理念、教学过程的开放性思维方式和检验英语教学成果的开放性原则三者相互依存、相互影响、相互统一又相互促进，是相辅相成的辩证统一关系，从而构成蕴含在中学英语课堂教学实践中的开放性原理，并因其普遍性、基础性和指导性成为今后继续卓有成效地深化中学英语课堂教学改革、不断巩固和发展英语教学成果、与时俱进地开创英语教学工作新局面所应当时刻遵循的科学原理。

简析中学英语教学中美学教育渗透的
重要性和可行性

随着教育改革的不断深化和新课改革的深入推进，学校德育工作越来越受到广大教育工作者的重视，这是一个非常好的教育发展趋势。但我们应当清醒地看到，无论是教育界还是社会各界，对美学教育工作的认识水平与关注程度还是不尽如人意，可以说，这还是一个薄弱环节。因此，很有必要首先在学校教育中强调加强美育工作。教育教学实践告诉我们，在学校各科教学及其所有教育活动中实施美学教育渗透不失为有效改变这种现状的一个重要途径。本文结合我自身从事中学英语教学的切身体会，从美学教育是教育本质的内在要求和英语课程标准要求的视角，分析论述中学英语教学中美学教育渗透的重要性和可行性，并据此提出通过彻底转变教育理念、深入挖掘课程蕴含的美学因素、大力加强阅读和写作教学、积极开展课例研究四个主要环节实施美学教育渗透。

一、美学教育是教育本质的内在要求

美学教育是教育本质的内在要求，内化于学校的一切教育教学实践活动中，由此可见，在中学英语教学中渗透美学教育是多么重要。

立德树人是教育的根本任务，这表明，塑造学生健全人格、实现人的全面发展是教育的本质，是素质教育的核心，也是全面落实素质教育的目标。最新修订的《中华人民共和国义务教育法》规定：教育要面向全体学生，促进学生的全面发展；要符合教育规律和学生身心发展的特点；要教书育人，将德育、智育、体育、美育等有机统一在教育教学活动中，要将德育放在首位；要注重培育学生的独立思考能力、创新能力和实践能力。《中共中央国务院关于深化教育改革全面推进素质教育的决定》指出："美育不仅能陶冶情操、提高素养，而且有助于开发智力，对于促进学生全面发展具有不可替代的作用。要尽快改变学校美育工作薄弱的状况，将美育融入学校教育全过程。"2010年发布的《国家中长期教育改革和发展规划纲要（2010—2020年）》也指出要"加强美育，培养学生良好的审美情趣和人文素养。……促进德育、智育、体育、美育有机融合，提高学生综合素质，使学生成为德智体美全面发展的社会主义建设者和接班人。"这些规定与要求充分体现了我国现行的教育方针："坚持教育为社会主义现代化建设服务，为人民服务，与生产劳动和社会实践相结合，培养德智体美全面发展的社会主义建设者和接班人。"教育方针是学校一切工作的指导方针。毫无疑问，教育最重要的使命是育人，其核心要求是全面贯彻落实党和国家的教育方针，坚持以"以人为本"的科学发展观为指导，组织实施"德育、智育、体育、美育""四育"并重、促进学生的全面发展为根本目的的综合素质教育，一方面，应重视德育的培养、知识的传授和实践能力的提升；另一方面，应做到注重强身健体、注重审美情趣的培育，塑造学生的健全人格，形成审美品格。只有这样充分发挥教育的全部功能，才能造就完整的人，实现学生的个性发展和全面发展。

美育即审美教育，又称情感教育，它借助艺术美、自然美和社会美来培育人的正确审美观和高尚的道德情操，提高人的审美情趣和能力，使人得到自由全面的发展。教育教学实践表明，教育立人，以德为先，立德是树人的根本。实践又使我们深刻认识到，德育、智育、体育和美育联系紧密，缺一不可，它们是一个有机联系、不可分割的整体，"四育"相互依存、相互影响、相互制约、相互促进，在全面实施素质教育的过程中相互作用、相辅相成，达到完美统一。从这个意义上讲，德育、美育都是育人之本，德育促进、发展美育，美育践行、体现德育。德育建设是素质教育的基石，美学教育则是素质教育的标志。我们可以断言，在教育的培养目标上，教育人文价值的体现总是将培养健全的人格放在首位。显而易见，美育寓于智育、体育之中，在学校日常教育教学过程的各个环节，美育教学渗透无处不在、无时不有，美育与美学教育渗透构成了教育教学过程中非常重要的内容，这既是教育本质的内在要求，也是包括中学英语在内的各学科教学实践的基本经验，它内化于学校的一切教育教学实践活动中，充分体现了中学英语教学中美学教育渗透的重要性。

二、美学教育渗透是英语课程标准的要求

美学教育渗透是英语课程标准的要求，符合中学生的认知及身心发展特征和教育教学的客观规律，在中学英语教学中实施美学教育渗透具有较强的可行性。

英语是一门工具性与人文性相统一的学科，英语教学的理念与要求莫不体现了教育教学的客观规律和学生习得英语知识的认知规律，这是英语教学实施美学教育渗透的重要前提。同时，我们面对的中学生是一个特殊的学生群体，他们正处在人生的转型时期，世界观、价值观尚未形成，生理、心理发展变化快，各方面均未定型，可塑性强。这样的生理、心理特征决定了他们充满活力、个性张扬，渴望教师与同伴的理解，向往一种具有轻松自由氛围的学习环境。一般而言，这个年龄段的学生记忆力、模仿力极强，想象力特别丰富却往往脱离现实，幻想成分较多，思维比较敏捷但很不稳定，自我意识有所增强却又自尊心过强。再者，我们还应看到，每个班级的学生既有同年龄段的共性，又有只属于自己的个性，教学是一个师生心灵交流互动、情感体验感悟的动态过程，教师在教学过程中必须充分考虑这种既单纯又丰富的现实，因而在努力做到遵循教育教学规律的同时，必须十分尊重学生，切实做到从教育理念到教学行为都与学生身心发展的特征相适应，这才是有效和高效的教育，而英语教学中的美育渗透更应如此。

实践表明，美学教育的主要特征是寓教于乐、怡情养性、潜移默化，这对于中学生的身心发展特征非常适切，也完全符合教育教学规律及学生的认知规律。只要我们注意采取美学教育的一些有效方法和形式，并贯穿教育教学实践的全过程，将此渗透于具体的教学细节，就能使每一次英语课堂教学都变为审美教学实践，促使学生在感受美、认识美、理解美、享受美的同时，认知能力、审美能力、情感能力、思维能力等都得到提高，从而实现自身的全面发展。基于以上这些分析不难理解在中学英语教学中实施美学教育渗透的诸多可行性。

三、中学英语教学实施美学教育渗透的四个环节

（一）牢固树立美学教育

实践第一，观念先行。教书育人，育人当先。事实上，英语课程标准提出的关于知识与能力、过程与方法、情感态度与价值观的三维目标，就是我们中学英语教师转变教育理念要客观遵循的，我们要彻底转变教育理念，不再为应试教育而教，而是为素质教育而教。三维目标本身就是有机联系在一起的，只有这三者协调发展的教学才是有效的教学。我们进行英语教学，不但要注重知识与能力，而且要注重过程与方法，更要注重学生情感态度与价值观的养成。也就是说，教学就是知识、过程、思维方法与情感态度的和谐统一。就塑造人格与知识积累而言，我们必须明确，塑造健全的人格比教给学生知识更重要。学习并掌握各种知识都是为塑造健全人格提供必要养分的，而在形成健全人格的过程中，又能增进知识的积累，两者辩证统一于教学的全过程。我国著名教育家陶行知先生曾说："教育是什么？教人变！教人变好的就是好教育，教人变坏的就是坏教育。活教育教人变活，死教育教人变死。不教人变、教人不变的不是教育。"由此可见情感态度与价值观的培养在三维目标中所处的重要地位。同时，我们应深刻认识到，一个人的情感态度与价值观的养成绝非一朝一夕就能完成的，这是一个长期的、潜移默化的、发展的累积过程。实际上，通过美学教育渗透而产生、形成的健康向上的情感态度与价值观凝聚到一定程度和较高层次的时候就体现为高品位的审美素质、审美品格，这种审美素质、审美品格不限于狭义的对美的理解和审美情趣的提升，还是一种广义的概念，更多地体现为一种综合性、整体性的素质与品格，它对于学生的现在和未来一生的发展都将产生重大而深远的影响。正因如此，我们要彻底转变教育理念，自觉地、主动地将英语教学与审美教育紧密结合起来，努力营造宽松、民主、和谐的教学氛围，尽量减少静态知识的灌输，增加动态知识的创生，为学生提供更多思考、提问、质疑、讨论的机会，使学生激活思维，引发联想，增添趣味，提高素质，让学生在学习和使用英语语言知识的实践中建构新知识，熟练掌握语言文字运用技能，并在形式美与内容美的感染、熏陶、体悟过程中获得情感和审美的体验，从而实现个人综合素质的升华。所以说，牢固树立美学教育是中学英语教学的首要任务这一理念，是实施美学教育渗透的重要前提。

（二）深入挖掘英语课程、教材中的美学因素

人类任何一种语言文字的产生、发展过程都说明了一个道理：情境产生需要，需要生成语言，形成文字；同样，语言文字的学习与运用也离不开情境。所以，英语语言文字的形式美和内容美都是一种客观存在，有其必然性。英语课程、教材中蕴含了丰富多彩的美学因素。语言教学与美学教育从来都是鱼水相依、密不可分的，这表明英语教学过程也必定蕴藏着丰富的美学因素。因此，英语教师必须在熟悉课程教材内容的基础上，紧抓备课、撰写教案、进行课堂教学设计、制定教学策略与方法、布置与批改作业等环节，深入挖掘课程、教材、教学细节中已有的和生成的美学因素，并充分利用校内外一切教育资源，结合学生生活实际，积极创设学生易于接受、乐于接受的愉悦的教学情境，引导学生关注美、感受美、表达美和创造美。同时，教师应在教学过程中倾情关注新知识的发生、发展过程，善于联系自己的各种知识储备，调动学生多种感官参与教学互动，通过模拟的真实情境，让学生凭借各自的联想、直觉和想象去直接或间接地感受美，从而产生美感共鸣效应。这样，教师在展开英语教学内容时，融通课堂内外，多角度、多方位地挖掘内容之外包含的美学因素的各种信息，既能使其成为新的教学内容，又为学生提供了开放性、趣味性的知识拓展空间，真正实现美学教育与知识传授、能力培养的无缝对接，形成有效的美学教育渗透。这也恰巧说明，深入挖掘英语课程、教材中的美学因素，开发利用好校内外一切教育资源，是实施美学教育渗透的重要基础。

（三）切实加强阅读和写作教学，是实施美学教育渗透的重要途径

英语课程强调情感态度与核心价值的渗透，倡导发展学生的综合语言运用能力。我由此得到深刻启示，并在英语教学实践中加以证实。努力克服"重讲轻读"与"多讲少练"的倾向，切实加强阅读和写作教学，是实施美学教育渗透的重要途径。正因为英语学科的实践性很强，所以，我们必须做到"听、说、读、写"的有效结合，为学生提供更多应用语言、文字的实践机会。我始终牢牢抓住阅读和写作这两个重要环节，引导学生反复看、反复读、反复听、反复写，不仅收到了事半功倍的教学效果，而且走出了一条实施美学教育渗透的捷径。

这些年来，阅读已经成为我英语教学中一个必不可少的重要环节。一般

来讲，我先让学生默读，而后朗诵，还要求学生做到"三到"，即"眼到、心到、口到"。英语语言具有独特的魅力，其文字形式与内容的完美统一本身就对学生有一定的吸引力。当学生反复阅读并在心中默念，对如此精美的语言文字产生一种非读不可的欲望的时候，可视为进行朗诵的最佳时机。这样的朗诵是在对语汇产生具体感受的基础上进行的，学生带着强烈的感情，通过抑扬顿挫、声情并茂的朗诵，不断引发想象和联想，产生身临其境之感，如此以情激情，以情促情，久而久之，学生不但能体会到会讲一口纯正流利的英语的趣味性与重要性，而且会不由自主地受到外来优秀文化的熏陶，获得一种高雅的美感和愉悦体验，逐步提升审美情趣、审美素养、审美能力，激发浓厚的学习兴趣，开启心扉，启迪心智，同时，不断提高英语学习的效率和质量。此外，我还认识到，学生一旦养成良好的阅读习惯，其阅读量就会越来越大，阅读的质也会相应地越来越高。除日常教学内容外，我们再适时、适量推荐一些英文文章供学生阅读，让学生在阅读中养成"反刍"行为，反复看，反复读，反复想，从而加大情感体验力度，增强词汇理解与应用能力，受益终身。另一个重要环节就是写作教学，教授学生使用英文写作就是学以致用、巩固旧知识、建构新知识的教学实践过程。遵循先易后难的原则，从看图作文到改写、扩写、续写再到遣词造句、行文流畅的长篇大稿，为学生打造一个综合运用英语词汇、语法、修辞手段与创新思维能力的应用平台，有助于学生加深理解英语词汇的真正含义，有利于英语学习过程"听、说、读、写"的有效结合，真正实现由持续的阅读热情到积极的写作激情的过渡，从而使得原本单调、刻板的英语学习变得轻松、自如、鲜活和愉悦，使学生变得更加好学和乐学。

（四）积极开展课例研究，是实现美学教育渗透的常态化

课例研究以课例为载体，将教学研究活动渗透融入整个教学过程，贯穿于备课、设计、上课、评课等一系列教学环境之中，是一种长期的持续不断的教学实践。美学教育渗透也是一种长期的持续不断的教学实践活动，两者在目的、途径、涉及范围等方面有不少吻合或相似之处。课例研究可使教学实践升华成教育理论，而后指导、推动新的教学实践的发展。很显然，我们积极开展以英语教学中美学教育渗透实践活动为专题的课例研究，既有利于美学教育渗透的常态化，也有利于课例研究的常态化。也就是说，深化课例研究，必将推

进美学教育渗透。从这个意义上讲，课例研究的质量决定了美学教育渗透的质量，而美学教育渗透的有效实施又为课例研究提供了丰富的第一手资料。如此看来，课例研究与美学教育渗透相互依存、相互制约、相互促进、相辅相成，两者辩证统一于英语教学实践的全过程。这就不难理解积极开展课例研究是实施美学教育渗透、不断提高英语教学效率与质量的重要保障了。

第三章

如何

——实现深度学习视角下的英语阅读教学设计之法

　　深度学习强调教师在教学过程中对学生的帮助和引导；关注有意义的学习过程，既强调新旧知识间的关联和迁移运用，更强调整个学习过程"应该是有教育意义的，是积极健康的培养人的过程"；着眼于提升学生的思维品质，在学习过程中，不但要把握学科的本质和思想方法，更要培养学生独立的批判性思维和创造性思维。

　　郭元祥将深度学习的核心理念概括为三个向度，即知识学习的充分广度、知识学习的充分深度和知识学习的充分关联度。知识学习的充分广度是指"英语学科课程的人文性和工具性的统一"和"英语语言学习与英语文化学习的统一"。知识学习的充分深度是指"英语语言学习与英语思维品质提升的统一"。知识学习的充分关联度是指学生的"知识结构内部各要素之间的联系"和学生的"知识世界与生活世界之间的联系"。

　　那么，在英语阅读教学中，如何帮助学生实现深度学习，从而提升学生的英语学科核心素养呢？这一问题引发了很多教师的思考。教师在遵循阅读基本原则的同时，也应关注阅读教学过程中的问题链设计、TREAD阅读策略（图3-1）的实施。

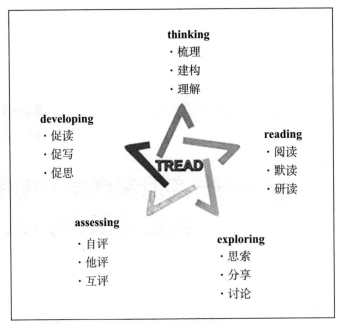

图3-1 TREAD阅读策略

《国家中长期教育改革和发展规划纲要（2010—2020年）》把培养思维能力作为一项教育发展的战略任务，西方国家把培养思辨能力视为高等教育重要的目标之一。基于"阅读促发展"的理念，我们建构了TREAD阅读策略。该阅读策略中的T指的是thinking（思辨），是通过思维导图帮助学习者梳理、建构、理解思维过程，将隐性思维显性化；R指的是reading（阅读），包含朗读、默读、研读三种阅读形态；E指的是exploring（探究），涉及思索、分享、讨论三种活动形式；A指的是assessing（评价），包括自评、他评、互评三种评估方式；D指的是developing（发展），目的是实现促读、促写、促思的三维目标。通过TREAD思导范式的运用，引导学生在自主、合作和探究的学习实践中，开展深度学习，发展综合语言运用能力，锻炼思辨能力，逐步提升自身的英语阅读素养。

中学英语阅读教学应当遵循的基本原则

在教育改革不断深化的大背景下，基础教育阶段课程改革逐步推进，各学科修订的课程标准相继出台，立德树人这一教育根本任务的贯彻落实有效地促进了学校教育教学工作的融通整合，这些为中学英语教学尤其是阅读教学的实践创新与研究探索奠定了坚实的基础，开辟了崭新的路径。教学实践表明，英语是一门实践性与工具性很强的学科，而其他各学科教学呈现的科学性、人文性和跨学科统整的综合性必然导致英语阅读教学更应遵循整体性、基础性、实践性与主导性这四个基本原则。其实，这也正是矛盾的对立统一规律在学科教学过程中的客观反映和内在要求。本文拟具体从宏观与微观两个方面做一简要分析，以期不断改进中学英语阅读教学，从而全面提升英语阅读教学的效率与质量。

一、整体性原则的遵循反映了教师辩证的教学观

作为长期从事中学英语教学的教师，我们都有这样的经历：在实施课改之前，大多数教师采用传统的课堂教学模式，即从词汇到语法再到翻译教学法的课堂教学过程，无非就是把英语单词、词汇、篇章等分开单独施教，在此过程中，从音到词、从词到词组，再从词组到篇章，都要　　进行详细的语法分析，教师成为整个教学过程的中心，而学生则始终处于被动的从属地位，结果是教师教得费心、学生学得吃力，却仍然难以提高英语教学的效率和质量。

教育理念是教学行为的先导，它是矛盾的对立统一规律在教育领域的充分体现。也就是说，在先进教育理念主导下进行的教育教学实践过程是辩证教学观的客观反映。笔者经过多年的反复实践，对此体会尤为深刻。英语阅读教学必须遵循整体性的基本原则便是一个明证。毫无疑问，我们无论何时何地，从

事何种职业，整体思维和全局观念都将成为我们行事、处事的一个重要原则，中学英语阅读教学的实践过程同样如此，这也符合唯物辩证法的基本原理。我们正是通过整体辩证思维才对学校教育中的一些关系与问题逐渐加深了理解：教师与学生是一个矛盾统一体，教与学、教与育是师生矛盾统一的双边活动，它是教师的教与学生的学的统一，也是教与育的辩证统一；教育是一种社会实践活动，师生关系是教学过程中最核心的要素，教作用于学，学反作用于教，教学相长、教育相生便是这个道理。立德树人是学校教育的根本任务，它显然是各学科教学的共同任务。笔者认为，英语阅读教学和整个英语教学以及其他各学科教学都是各自相对独立且联系紧密的有机整体。一方面，从学校教书育人的大德育格局出发，面对全员、全科、全方位、全过程立德树人的全覆盖状态，更应以整体思维看待和处理英语阅读教学中的各种实际问题，这是客观要求所致。构建育人大格局，创新育人模式，需要丰富德育载体、整体推进、形成合力、德育为先、面向全体学生，实现个性与全面发展，这是从育人角度出发提出的科学教育理念。新课标提出的知识与技能、过程与方法、情感态度与价值观的三维目标就是相互联系、相互作用、相互制约、相辅相成且不可分割的整体。另一方面，英语阅读教学所涉及的诸多具体问题也存在着种种整体性，这又是其内在需求所致。课堂是学校教育中人际交互的主要空间，是一个由教师、学生、教材与环境四因素持续相互作用的基本"生态系统"单元。课堂教学所体现的整体性不言而喻，它是一种师生互动、生生互动并相互作用与影响的多元、多层、多向的动态发展过程。笔者在多年的英语教学中深切体会到，英语语言本身是一个庞大而复杂的体系，看似杂乱无章，其实作为一种交际工具，从整体来看，它隐含了一定的内在规律。同时，我们应该看到，学生思想道德品质的形成具有整体性，德育教育是一个系统工程，绝不是思政课的"独唱"与"独奏"，而是课程、活动、实践参与的"大合唱"与"交响乐"。其中，英语阅读教学与思想道德教育融为一体，从而对形成优质的育人生态发挥了不可替代的作用。由此可见，教育理念反映了辩证的教学观，这是寓于教育教学行为中的指导思想，成功的教育行为和理想的教学效果有赖于先进的教育理念。所以，笔者在英语阅读教学中强调"融知识传授、能力培养、智力发展、思想道德情操陶冶于一体"的辩证教学观，倡导全方位、多功能、开放式、立体化的施教方式与方法，不仅成效显著，而且这种先进教育理念的贯穿始终是坚持整体性原则的本质体现。

二、基础性原则的遵循体现了学生发展的规律

中学是重要的基础教育阶段。换言之，中学是重要的打基础阶段，是学生身心发展的重要时期。外语是学习文化科学知识、获取各方面最前沿信息、进行国际交往的重要工具，而当今世界英语的使用范围最广。英语学科成为中学的一门重要的基础性工具学科。按照英语课标的要求，英语教学的目的是让学生学习与掌握一定的英语语言基本知识，对其进行听、说、读、写基本技能的训练，培养他们在口头上和书面上初步运用英语的能力，侧重培养其阅读能力，并为其终身学习和运用英语语言打好基础。学生的"双基"能力是其英语学习水平的重要体现，是其继续学习英语的重要基础。因此完成培养学生"双基"能力的任务便成为教师进行英语教学的重要目标，而英语阅读教学正是完成"双基"任务、实现教学目标的主要途径。

基于这种认识，我们不难理解，英语阅读教学就是教师、学生和文本之间的对话过程，阅读不仅是熟悉词语、句子以及人物、故事的过程，更重要的是获得语音、语感的必要步骤。阅读使学生既可巩固已学的语言知识，又可获得新的知识，激发学生学习英语的浓厚兴趣，从而不断增强学生的英语学科核心素养，有效促进学生的个性发展和全面发展。笔者在英语阅读教学实践中还有一个切身体验，也证实了相关研究结论的可靠性，那就是思维品质的发展有助于提升学生分析问题和解决问题的能力，而阅读教学是培养学生思维品质的重要途径。学生英语"双基"能力的形成与发展是一个动态的互动过程，更是一个长期的、循序渐进的过程。英语学科的科学性、人文性等特殊性，客观上要求教师既要尊重与遵循语言学习的内在规律，又要尊重学生的个体差异，尊重学生的认知规律与身心发展规律。笔者在进行英语阅读教学时正是从这个角度出发，力求搭建一个理解性阅读的平台，组织、引导学生泛读、精读并举，在此基础上，逐一点拨，品词析句，针对每个学生英语"双基"的基础条件进行分层教学，以更好地适应学生的心理特征和接受能力；充分利用数据库等信息技术，通过分组合作探究学习途径，适时、适度分别调整和加强弱项练习，实行差异化课堂指导；及时、随机结合自己赴英学习培训时了解到的英国文化、社会及习俗等知识内容对学生进行爱国主义教育，帮助和促进所有学生不同程

度地提高学习的主动性、积极性和创造性，培养其语感，发展其思维，使他们逐渐养成良好的英语学习习惯，初步掌握学习英语、自主阅读的方法步骤，夯实听、说、读、写的基础，学生普遍反映较好，这从侧面证明了在英语阅读教学中遵循基础性的原则完全符合学生发展的规律。

三、实践性原则的遵循奠定了优质高效的课程生态

英语是一门实践性很强的课程，其教学过程是一种新的语言和语言学习习惯养成的过程。这就是说，要教好、学好英语，必须在教学过程中进行大量反复的语言实践活动。首先，要求教师严格遵循实践性原则，科学地处理语言理论与语言实践的辩证关系，积极地探索培养学生语言实践能力的方法与途径。如上所述，有关英语语言文字的听、说、读、写、看等语言运用能力中任何一种能力的形成、巩固与提高都必须通过语言实践才能实现，英语阅读能力的形成、巩固与提高也只有通过大量的阅读实践才能实现，而英语阅读能力则是英语语言实践能力的重要标志。听、说、读、写、看是学习英语必须理解并掌握的至关重要的语言基本知识与基本技能，是一个有机联系的统一整体。听、说是阅读和写作的基础，读、写是听和说的提高，听与阅读是理解性技能，说与写作是表达性技能，它们之间既有联系又有区别，相互影响、相互作用、相互促进、相互制约、相辅相成。实践表明，英语阅读教学是实现"双基"能力的重要渠道，为此，应将阅读教学贯穿于英语教学的全过程。笔者在阅读教学中还注重通过课件制作、教学微视频、线上线下相结合的多种形式和策略，引导组织学生进行英语说唱、戏剧表演、筹办墙报等活动，将英语阅读教学延伸至课外，有计划地对学生的课外阅读技巧与阅读方法进行指导，并坚持词汇音、形、义兼顾，要求学生边朗读（或默读），边思考，抓学生单词拼读、词汇整理归纳及积累运用等各个环节的具体点拨，反对机械式的重复训练，倡导灵活性的反复训练，切实做到在教中学，在学中教，在学中用，在用中学。这样学以致用，就能不断强化学生的英语语言实践，使学生举一反三，触类旁通，熟能生巧，从而以慢求质，以量提质，构建一个优质高效的课程生态，真正实现英语课程阅读化、阅读教学课程化，达到英语阅读教学的理想境界。

总而言之，我们倡导这样的大课程观并进行这样的教学实践，课程便成为一个有计划地安排学生学习并使学生获得知识与技能、参与活动与增加体验的

优质高效的教学实践过程，由此奠定的课程生态正是良好教育生态系统的具体
体现。

四、主导性原则的遵循实现了英语教学主客体的内在统一

学校教育教学及管理存在诸多矛盾关系，其中教师与学生是一对最主要
的矛盾，教师的教与学生的学则是其矛盾关系最重要、最直接的体现。笔者认
为，教学从本质上讲，是学生在教师指导下自主的、积极的认识活动，而不是
教师单纯地灌输知识、学生被动地接受知识的认知过程。教学过程由三个基本
元素构成，即教师、学生与教材。相对而言，学生是主体，教师、教材都是客
体，但从教学运动变化发展过程中的主要矛盾关系来看，教师角色又具有特殊
性，既处在主要矛盾之中，又处于矛盾的主要方面，其主导性因此而更加明
显，也更利于实现教学主客体的内在统一，这是包括英语阅读教学在内的所有
学科教学中普遍客观存在的，已为教学实践所证明。英语阅读教学实践使笔者
体会到，教与学是同一个过程的两个侧面，教师在教学过程中是主导而不是主
宰，而学生是主体，是在教师主导下主动地学而不是被动地学。教师要变"教
教材"为"用教材教"，教是为了"不教"，学生的学是为了"会学"。只有
形成建立在平等对话和相互理解基础上的新型师生关系，才能真正构建一个教
学共同体。由此可见，英语阅读教学以及整个英语教学过程遵循主导性原则的
重要性。

英语阅读教学实践还使笔者深刻认识到，教师为主导，学生为主体，就
是要实现由以教师为中心向以学生为中心的转变，由以教为中心向以学为中心
的转变，教师不能只是站在自己"教"的角度去施教，而应站在学生"学"的
角度去理解教，由以"教"为重心转移到以"学"为重心，力求做到教与学的
最佳结合，由以"知识"为重心转移到以"能力"为重心，力求做到知识与能
力的最佳结合。为此，笔者在英语阅读教学中始终坚持这样的理念：英语阅读
教学实际上是一个师生感悟与体验的双向迁移过程，但学生是认识的主体、学
习的主人，所以学习主要还是学生的个性化行为，不应以教师的文本分析讲解
来替代学生的阅读实践。即使信息技术广泛应用于英语阅读教学且与阅读教学
高度整合并实现了阅读教学的数字化，也仅仅是带来了教学内容的丰富、教学
手段的多样与教学方法的拓展等变化，而不变的则是我们依然不能忽略甚至削

弱、低估教师的主导作用；相反，还应倍加重视和强调主导性原则的遵循。

综上所述，中学英语阅读教学必须遵循整体性、基础性、实践性和主导性原则，这完全符合教育规律与学生身心发展规律，充分反映了创新教育理念与教学模式的主客观需求。我们从事英语教学，应当继续切实坚持和把握好这四条原则，在着力培养学生阅读兴趣、阅读习惯、阅读技巧和阅读方法的同时，逐步提升自己的专业素养，以形成独特的教学机制、教学艺术与教学风格，不断深化英语阅读教学改革，勇于实践，积极探索英语阅读教学发展的新路径，努力开创中学英语阅读教学工作的新局面。

参考文献：

［1］萧枫，姜忠喆.怎样把课上好［M］.长春：吉林出版集团有限责任公司，2012.

［2］梁恕俭.教育诉状与理想教育［M］.济南：山东文艺出版社，2013.

简述英语课堂提问运用分层教学法的若干原则

按照新课标的规定，英语教学的人文性和工具性要求教师引领学生通过英语学习和实践活动掌握英语知识和技能，不断提高自身的语言实际运用能力并陶冶情操，发散思维，最终实现全面发展。英语课堂教学是实现这一双重目的的重要途径，而提问则是英语课堂教学过程中经常采用的活动形式。应当指出，同一个班级的学生在认知水平、知识储备以及学习与思维习惯等方面始终存在着客观差异，加之其主观努力各不相同等因素，决定了英语课程同其他课程一样，运用分层教学法进行课堂教学可以取得理想的教学效果。无论是客观因素还是主观因素，都要求我们自觉遵循英语教学的内在规律，并在英语课堂教学中运用分层教学法进行提问时，从内容到形式注意把握好整体性、关联性、开放性、互动性、连续性和适度性等原则。这样不仅会使英语课堂教学运用分层教学法进行的提问更为有效，而且必将促整个英语课堂教学的成效更加显著。本文拟结合中学英语课堂教学实践，从总结与反思角度简述一下英语课堂提问运用分层教学法的若干原则，以利于更多同行关注这一研究课题，积极探索分层教学法在英语课堂提问中的运用有何特征和规律，从而不断增强教师采取这一教学策略的自觉性和坚定性，逐渐克服其随意性和盲目性，切实提高英语课堂教学的效率和质量。

一、注重整体性

我认为，这里强调的整体性具有两层含义：一是指教师在备课阶段预设提问内容或是在课堂教学进程中即时提出问题与追问时所涉及的内容均应与教材内容及教学进度相一致，也就是说与学生的学习进度相一致，这样才能使提问与教材内容互不脱节，有利于课堂提问收到预期效果。二是指教师进行提问设计时要做到胸有全局，即面向全体学生，这是所有教学行为的出发点和归宿，因为新课改的终极目标是促进学生的学习与发展。教师应当深刻认识到学生是教学主体这一重要因素，要充分考虑每个学生的认知水平和能力、学习需要、学习习惯、学习方式、学习潜力等主客观因素，为英语语言基础较差的学生设计一些内容浅显的陈述性问题，而为基础较好的学生多提供一些需要提炼概括的总结性问题，使得全体学生都能最大限度地有所收获。苏联教育学家赞科夫在《教学与发展》中就曾提出过"使包括后进生在内的全体学生都得到一般发展"的原则，我十分赞赏这个观点。总之，我们不能牺牲一部分学生的发展去求得另一部分学生的发展，决不可有失偏颇、顾此失彼。如此设计的课堂提问，才是分层教学法运用的极致体现。

二、注重关联性

实践表明，教师要在英语课堂提问中有效运用分层教学法，必须在提问的内容、形式和方法上注重关联性，有意识地给学生提供一定的思维空间和联想空间。可以断言，内容决定形式，形式体现内容，而方法则服务于内容和形式，其结果必然是进一步突出新旧知识之间的关联性以及同历史文化背景、学生已有生活经验与体验、性格与心理特征的联系和把握，这有助于引发他们独立思考、从容应答。同时，多年来的英语课堂教学实践还使我们认识到，提问与回答是一个静态和动态相互转换的过程，也是学生发现问题、分析问题和解决问题的学习、探索和提高过程，因而其中每个环节间的联系必定十分紧密，关联度很强。例如，在课堂教学中运用分层教学法进行提问时重视和加强学生的信息反馈工作，以此推动并实现提问内容、形式和方法的多样化，从而达到课堂教学的最佳效果。只要我们认真关注并切实把握这种关联性，针对英语课堂提问更好地运用分层教学法就能起到一定的指导和促进作用。

三、注重开放性

不言而喻，提问应具开放性，无抑制、无束缚，才有利于激发和培育学生的发散思维与创新思维。实践告诉我们，运用分层教学法提问要注重开放性。首先要求教师具有开放的教育观，而观念开放的结果必然是开放的教学。这些年，我们都有这样深切的体会：相对而言，每个学生的生活阅历和已有知识水平、理解能力以及性格特征总是不尽相同，这导致学生对同一个问题的回答往往会产生许多出彩的亮点，倘若教师多设计一些开放性的问题，允许学生自由作答，并能据此及时加以引导和点拨，帮助他们展开想象的翅膀，组织好协商合作，使人人都积极参与其中，大胆做出自己的判断，充分发表独到见解，共同寻求解决问题的正确途径，那么，绝对会获得意想不到的教学效果。

四、注重互动性

在英语课堂教学过程中，教师提问与学生回答既是优化课堂教学的必要手段和重要环节，也是通过师生互动、生生互动，扩大师生沟通与交流，增进师生了解与友谊，建立平等、民主、和谐的新型师生关系的主要途径。实践表明，这种教师与学生之间、学生与学生之间的交流互动促进和实现了集体智慧的相互激荡，从而形成一个比较系统、可行的教师提问和学生应答的规范化程序模式，极大地激发了全体学生学习英语的主观能动性，教学效果十分显著。诚然，这对教师是一种挑战，教师不仅要自己保持一种平和的心态，而且要善于指导学生学会并同学生一起倾听各种不同意见，因势利导，求同存异，创设良好的课堂提问答问氛围。这样，运用分层教学法进行课堂提问的互动性原则才能持之以恒，不流于形式且长盛不衰。

五、注重连续性

从课前备课进行提问的预设到课堂教学中的实施，从第一次提问之后等待回答以及进行追问、反问，都应注意其过渡的自然、流畅、有序，力求环环相扣、层层递进，以确保其连续性，这对于整个课堂教学正常、顺利进行至关重要。同时，这对于教师而言则提出了更高的要求，即教师要不断提高自己驾驭课堂的能力。我在这方面的体会是，一方面，提出的问题应富有知识性、趣味性和逻辑性；另一方面，提问应避免浅层化，要从整体上把握好提问内容的变化与组合，使其具有承上启下的作用，切忌"为提问而提问，同一问题反复提、重复问"，以免挫伤学生学习的积极性。一般而言，整个课堂教学过程应坚持由浅入深、层层推进的原则，运用分层教学法进行提问也同样应该坚持这个原则。具体地讲，在设计问题这一环节就应强调从一般性问题过渡到推理性或归纳性问题，而后到发散性问题；而对于预设外的问题，教师则应具有较强的应变能力，可顺其自然，从容解答，切不可回避个别学生的质疑，不予搭理。长期坚持，可使学生养成思维的灵活性和逻辑性，这对于其发现问题、分析问题、解决问题大有裨益。

六、注重适度性

所谓适度性，即掌握好火候，把握好分寸。正是由于学生的个体特征不同、基础不一，其理解能力、自制能力等方面均有差别，因此，教师设计问题时必须做到层次分明、难易适度，如在内容和形式上真正具备多样性、丰富性、新颖性、趣味性和挑战性等特点。换言之，就是针对性很强，可使学生有更多个性化的选择。如此一来，教师的提问就不会有"云山雾罩"一说，学生回答问题也就不会出现答非所问、"牛头不对马嘴"的情况，整个课堂必将充溢争先恐后、跃跃欲试抢答，举一反三的既热烈又融洽的气氛，所有学生都好学、乐学，呈现出正常的教学节奏。即使偶然发生偏差，只需教师稍作适度调整，就可恢复正常的教学秩序。

综上所述，英语课堂提问运用分层教学法如能切实坚持整体性、关联性、开放性、互动性、连续性和适度性等基本原则，再辅以动态、纵向和综合的分层评价法，多给学生以鼓励、支持，那么，运用分层教学法进行的英语课堂提问不仅能成为有效的课堂教学实践，而且能成为内在客观规律可循的教育教学科学，这就从理论与实践相结合的角度反映了一个哲理：理论既源自发展的实践又指导实践的发展。今后，我们要在英语课堂提问运用分层教学法的长期实践中，不断进行英语教育教学的自我反思和自主科学研究，积极探索英语教育教学规律，以期逐步形成分层教学法在课堂提问中的教学策略，创新教学方法，以此为切入点，促使英语课堂教学再上新水平，再登新台阶。

教师课程能力的自主建构及其主要功能

我国国家课程、地方课程和学校课程三级课程管理体制的确立为新一轮课程改革注入了强大的动力，极大地增强了教师的课程意识，提升了其课程能力，进一步促进了教育改革的深入发展，为全面实施素质教育、有效提高教学质量和学生综合素质奠定了坚实基础，这已为教育教学实践所验证。本文拟从教师课程能力的自主建构这个命题出发，从学校教师群体及个体两个维度的视角，就其对于形成学校发展特色、深化学校教育改革和实现自身专业发展方面的主要功能作用做一简略阐述。

一、教师课程能力是形成学校发展特色的重要基础

我国《基础教育课程改革纲要（试行）》中明确规定："学校在执行国家课程和地方课程的同时，应视当地社会、经济发展的具体情况，结合本校的传统和优势、学生的兴趣和需要，开发或选用适合本校的课程。"同时，该文件明确指出，不论国家课程还是地方课程，在课程门类及其关系方面都应适应每一所学校的学校文化的特殊性，学校有必要也有能力根据本学校的教育宗旨对国家课程和地方课程进行选择和再开发，创造性地实施国家课程和地方课程。这充分表明学校拥有这类课程设计、规划、开发和实施的自主权。也就是说，校本课程可完全由学校自行决定。这样，过去那种高度集中的课程管理体系发生了重大变革，国家这方面的权利适当下放，允许并鼓励学校根据自身需要和学校实际开设具有特色的满足学生个体与社会发展需求的课程，从而形成了课程设置的统一性和灵活性、开放性和多元性相结合的可喜局面。事实上，我们广大教育工作者通过教育教学改革实践已达成这样的共识：学校的核心是课程，学校发展特色源于有特色的校本课程，校本课程的开发过程实际上就是

学校发展特色的形成过程，特色成为课程与学校的生命力所在；课程的主体是教师，课改的关键在课堂，课堂的主人是学生，教师即课程，课程即教师。我们的目标是建立国家课程、地方课程和校本课程共存，学科课程和活动课程互补，必修课程和选修课程互动，显性课程和隐性课程呼应的学校课程体系，最终要使国家课程校本化，校本课程常态化、多元化。显而易见，这对教师的课程能力提出了一个新的更高的要求。毫无疑问，课程实施必须以教师为中心，这是因为，要将课程放到学校的具体教学实践之中，转化为日常的教学策略、教学行为，唯有教师是这一过程，包括教学设计、教学组织、教学开展和教学评价等所有环节始终的直接参与者，在合理安排课程结构、有效整合课程内容、开发利用课程资源以及建构校本课程体系方面发挥着至关重要的作用。

当代课程观认为，课程是一个发展的、综合的、跨学科的、不断变革的过程，是学校的全部教育活动；课程建设是一个浩大的系统工程。实践告诉我们，教育的核心发展力是教师，学校的发展源于教师的发展。在课程改革过程中，我们不仅要开全开足国家规定的课程，而且要研究、实现国家课程和地方课程的校本化，开发和实施独具特色的校本课程。这需要一支人人具备课程能力的高素质的教师队伍去合作完成。教师不仅是课程具体的执行者和实施者，也是课程决策的参与者、建设者和开发者。从广义角度完全可以这样理解：教师的课程能力是指教师以新课程为依据，创造性地设计课程内容、教学环境，有效实施课堂教学，全面提升课程质量的能力，是包括课程意识、课程开发、课程实施、课程评价等要素在内的综合能力，反映了教师对课程的基本认识及其课程行为的自觉程度以及对课程设计与实施系统把握的水平。如此看来，教师课程能力是一种综合素质，是教师对课程的判断力、理解力、规划力、执行力和评价力全面提升的体现。从根本上说，教师课程能力就是教师增强课程意识，在新课程理念指导下开发利用校内外一切课程资源进行个性化教育的能力。学校要发展，就必须形成自己的发展特色。课程是实现学校教育目标、促进教育改革发展的文化载体。任何课程都具有内在的核心价值、认知方式、精神追求、伦理道德等文化要素，是形成学校文化并使之得以传承的重要基础和途径。学校文化一旦形成，就将促使学校教育教学内涵更加丰富、教学更添智慧、学校更富朝气。美国作家特伦斯·E.迪尔曾说过："每一所学校都有其不可言传的独特之处，这种独特之处就叫作'文化'。"实践证明，学校文化就是一种最重要的教育资源，优秀的、传统的、不断创新的学校文化是有效提高教育质量的基础，是一所学校赖以生存、可持续发展的支柱。课程目标彰显教育理念，课程内容塑造师生个性，课程建设已经成为学校文化建设的切入点和主要载体，其反映的教育理念和价值追求最终都融入了学校选定的课程内容，体现为师生的行为举止。这样，课程实施过程实际上就是践行学校文化的过程，在很大程度上体现了学校特色。因此，校本课程的开发建设过程必然是一个课程结构逐步调整优化与课程内容不断充实丰富的过程，也必然成为学校发展特色的形成过程。我校深入开展理解教育的成功实践便是一个明证：全校师生更新教育理念，统一思想认识，从英语学科尝试进行理解教育并在全校总结推广，不到两年时间便成果丰硕，许多课改难题迎刃而解，合作教研蔚然成风，自主学习业绩斐然，无论是个体还是群体，教师的课程能力、学生的创新思维同步大幅提升，更加明晰、拓展了课改思路，增强了继续推进、深化学校教育改革的信心和决心，师生精神面貌焕然一新，课堂教学丰富多彩，呈现出新的教学模式，并借此形成了以理解为核心内容的学校文化。从此，校风好了，教学质量高了，名声响了，学校形象大为改观，赢得了社会各界的广泛赞誉。正因为广大教师充分开发利用了校内外的教育资源，这样建构的课程必然带有学校特有的烙印，真正形成独具学校特色的校本课程体系，特色课程也就逐渐演变为学校的发展特色，学校从而走出一条内涵发展之路。由此不难理解教师课程能力是形成学校发展特色的重要基础这一正确结论。

二、教师课程能力是深化学校教育改革的关键因素

这些年来教育改革和课程改革的实践表明，课程是教育的核心要素，是教育运行的重要手段，因而教育改革最为重要的是课程改革。教育改革的深化以课程改革的不断推进为标志。也就是说，课程改革的广度和深度在一定程度上反映了教育改革的广度和深度，两者相互依存、相互制约、相互促进、相辅相成。就其本质而言，教育改革与课程改革具有一致性，课程改革是教育改革发展过程中的一个必然阶段，课程改革为深化学校教育改革找到了一个新的突破口，与此同时，教育改革开启了学校未来课程改革的新征程。从这个意义上讲，教育改革的方向决定着课程改革的方向，而课程改革的成效也必然影响教育改革的成效。既然课程是教育的载体，那么，课程改革对于教育改革而言，

其重要性也就不言而喻了。

如前所述，从本质上来说，课程为文化的一种特定的承载和表达形式，是人们基于一定的社会观、知识观、教育观等所做出的价值判断和选择。而从另一个角度来说，学校文化则构成了课程实施的学校层面的软环境，这种软环境又是整体教育与课程改革的前提和保障，更是影响其改革成败的关键因素。新课改的教育教学实践使我深刻认识到，课程意识是教师参与课程开发、课程实施并取得成功的先导和支撑，课程能力则是教师参与课程开发、课程实施并取得成功的前提和保障；课程目标、课程内容、课程实施和课程评价这些课程改革涉及的范围也正是教育改革的重要内容，这恰好为教师提供了充分发挥课程能力的"用武之地"和展示丰硕改革成果的良好平台。而教师课程能力所显示的专业素养已成为推进学校课程改革乃至整个教育改革的不竭动力，是学校教育改革成功与否的决定性因素。因此，从学校整体层面来说，广大教师课程能力即其所具备的对应于学校课程开发和实施的课程意识与专业能力，其不仅是深化学校课程改革的关键因素，而且是深化教育改革的关键因素。

三、教师课程能力的自主建构是实现专业发展的有效途径

教师专业发展是指教师个体的专业知识、专业技能、专业情感、专业自主、专业价值观、专业发展意识等由低到高，逐渐符合教师专业人员标准的过程。显而易见，这是一个综合性的教师专业发展概念，与传统的教师专业发展概念有着重大的原则区别。传统的教师专业发展的内容只强调知识与技能的更新，实现途径单一，很不完整，局限性大。现今提及的教师专业发展，则更加重视专业理念、专业精神，也就是说，首要的是教师应具备高尚的职业情操，因为这是实现教师专业发展的重要前提，同时，教师专业发展的途径是多元的，教师的自主参与是教师专业发展的必要条件。我们都有这样的切身体会：教师专业发展要激发自我实现的内动力，教师要清晰地、明确地认识到自己当下的专业水平和今后的发展目标，据此自觉地制订专业发展计划，并不断进行调整、充实和完善。教师只有具有这样较强的自主专业发展意识，才能将自己的专业发展水平提高到一个更高的层次，以适应教育改革发展的形势要求。

教育的要义就是让每个学生都获得适合自己的教育和发展。学校教育的主要活动是学生的学习活动，其最终目的是让学生学会学习，促进他们的全面

发展，并为其终身发展打好基础。应当肯定，关注学生的发展也是新课改的核心理念，从根本上讲，学生发展和教育发展的本质是一样的，教师应关注学生的个性培养，努力做到一切为了每一个学生的发展。换言之，学生个性化的发展需要教师个性化的教育。新课标提出了知识与技能、过程与方法、情感态度与价值观的三维教学目标，并强调这三者的相互融合。从课程实施的角度及其过程来看，课堂教学既不是每个学生相互孤立的活动，也不是没有教师介入、学生独立进行的活动，更不是单纯以教材为中心、"教师教教材、学生学教材"的单一过程，而是教师、学生、教材和教学环境四个要素持续交互作用的动态过程。课程具有系统性、丰富性、选择性和生存性，因而在课程实施的过程中，教师只有充分研究校情和学情，才能胸有成竹地参与课程设计，对国家课程、地方课程和校本课程的设置与内容不断进行梳理和调整，尤其要对教材进行深度研究、二度开发，以利于自主建构符合学校实际、适应学生需求的校本课程内容。同时，我们应认识到，由于每一种课程都有其优点与不足，因而应将多种课程设计结合起来，以便扬长避短，满足不同潜质学生的发展需求，其中既要考虑一般的常规性要求，又要多思考特殊的创新性要求，如此展露的教师高超的课程能力是我们所要追求的目标和境界。这里还要特别强调的是，在课程的实施过程中，不管是自觉还是不自觉，教师的思想风范、教育理念、人格魅力、敬业精神、文化底蕴、学术修养、实践能力、教学艺术甚至个性特征都会有机地与教学内容融为一体，成为课程的重要组成部分，成为教师课程能力综合的客观反映。众所周知，虽然国家课程标准明确规定了学生应该达到的基本目标，但这些课程如何实施、实施到什么程度以及是否需要拓展等都需要学校和教师根据本校的具体情况加以落实。具体而言，课程开发应以教师为本，教师是课程开发和实施的生力军。对于教师而言，课程的设计、开发和实施过程绝对是一个在观念更新基础上持续进行实践与反思的过程：边开发，边实践，边研究，边创新，不断提高课程实施水平。实践证明，越是能够在较高层次上把握和消化国家课程、地方课程，就越能够形成独具特色的校本课程；全方位、多层次、宽领域的校本课程是对国家课程、地方课程的深化、拓展和延伸。从课程论的角度来看，课程全部问题的实质就是内容问题，无论是课程的设计、开发还是实施，都可理解为围绕课程内容的安排及其结果展开，而课程内容又不是静止的、孤立的，更不是固定不变的，而是发展的、跨学科的，是一个动态的概念。当今世界已进入了信息化时代，教育现代化的一个重要标志就是信息技术在教育领域的广泛应用，现代教育资源借助网络呈现出多元形态，大量的新信息随时都有可能成为课程内容的有益补充，然而教师个人的知识、经验与能力总是有限的，这就突出了教师专业发展水平与形势发展需要的不相适应和提升自身课程能力的紧迫性。因此，我们要与时俱进，以实施国家新课程为契机，不断优化课程结构，拓展课程内容，建设特色课程、精品课程，提高课程质量。在此过程中，一方面要遵循教育规律和学生身心发展规律，坚定不移地进行课改和教学实践；另一方面要克服把教材作为课程唯一资源和呈现形式的狭隘观念，努力将国内外、校内外各种信息及师生的生活经验、特长爱好转化为与学校特色相适应的教育资源、课程资源。毫无疑问，这样一个课程设计开发和利用实施的过程既是教师难得的专业实践，更是教师卓越课程能力的完美展示，教师也只有在这样的专业实践平台上历经一番磨炼，才能有效促进自身的专业发展。换言之，教师课程能力体现在颠覆传统的教学模式、彻底改变自己原有的教学方式、自主而有效地整合课堂教学四要素、创新设计教学流程等方面。教师还要在课程结构上做到恰当安排学科课程、活动课程和潜在课程等多种类型，更好地充实、拓展和延伸国家课程与地方课程，丰富和创新校本课程，将三级课程构建成学校课程的一个有机整体。而在课程内容上，教师要把面向实际经验、贴近师生生活的课程内容与现代化的课程内容有机结合起来，努力构建成一种开放的、浸润的、积极互动的课堂教学过程。在此过程中，教师拥有一定程度的课程自主权，不再单纯地执行学校或他人设计的课程，而要重新认识和理解课程，吃透和把握好课程标准，了解和熟悉教材重点，充分开发利用一切课程资源，使课程实施过程真正成为一个持续进行学习、实践、反思、提高的过程，做到边学习，边开发，边实施，边研究，在不断提高驾驭课程、开发课程的能力与水平的同时，实现并促进自身的专业化发展。由此可见，课程既是教师教学的载体，更是教师专业发展的载体，教师课程能力的自主建构无疑是实现其专业发展的有效途径。

现代信息技术与教育教学融合创新
理念策略探寻①

——以常州市明德实验中学英语信息化教学探索实践为例

教育信息化的发展日新月异，在信息革命驱动下生成的教育现代化新形态展现在世人面前，给广大教育工作者带来了前所未有的机遇和挑战。鉴于此，如何促使现代信息技术在学校教育教学过程中广泛应用并在深度融合的基础上不断深化教育改革，持续进行教育创新，推进教育现代化发展，已经成为每个教师不可回避且应不懈努力的新时代教育科研与教学实践探索的重大命题。

一、教育信息化的本质及发展

教育信息化实际上已形成信息化教育这一全新的教育形态，是先进的教育理念和变革的教学实践相结合、相统一的教育生态系统工程。教育信息化在本质上是一个教育形态变迁的过程，反映了教育教学和学习方式发生的革命性变化，这是信息时代教育生态系统所呈现的最显著和最重要的特征。一言以蔽之，信息化只是手段，教育才是真正的目的，其根本是人的主体性发展，人在教育生态系统诸多因素中始终处于第一位，教师以学生的发展为立足点，旨在从以教为中心向以学为中心的转变，满足学生多样化与个性化的学习需求，着

① 全国央馆2018年度课题《基于大数据学习分析的精准教学案例研究》阶段性成果。华东师范大学课程与教学研究所AI+OMO课程实验校项目。

眼于培养学生的创新思维和核心素养，实现学生的全面发展和个性发展，并为其终身发展奠基，这是教育信息化的终极目标，也是其本质所在。

中国教育信息化经历了前教育信息化阶段（1978—1999年）和教育信息化1.0阶段（2000—2018年），如今正在迈向教育信息化2.0阶段（2019年至今）；若再细分，其发展进程则可大致划分成计算机教学起步、计算机教育发展、基础设施建设大发展、教育信息化应用水平大幅度提升和特色教育信息化发展五个阶段。

二、现代信息技术在中学英语教学过程中使用的合理建议

（一）创新理念

2001年教育部颁发的《基础教育课程改革纲要（试行）》特别强调："大力推进信息技术在教学过程中的普遍应用，促进信息技术与学科课程的整合，逐步实现教学内容的呈现方式、学生的学习方式、教师的教学方式和师生互动方式的变革，充分发挥信息技术的优势，为学生的学习和发展提供丰富多彩的教育环境和有力的学习工具。"我认为，这里提及的诸多变革与丰富多彩的教育环境，反映的都是现代信息技术在教育领域广泛深入应用教育所产生的革命性变化的表象，实则无不蕴含着教育理念的创新，其包含两层含义：一是必须以先进的教育理念引领现代信息技术与教育教学的融合实践；二是现代信息技术与教育教学深度融合实践的发展必将引发教育理念的更新，并且层次越来越高，循环往复，呈螺旋式上升态势，最终达成科学理论和实践技术的高度统一。我在中学英语学科多年尝试进行信息化教学探索实践的经历，便是一个很好的例证：数年前，我在原北郊初级中学工作期间，曾任职课程研发中心主任并兼任英语教研组组长，在上海市教科院普教所专家的具体指导下，我从英语学科开始试点直到全校各学科教学全面推广，时间虽短，但开展的以"理解"为核心理念引领，依托信息技术与课堂教学融合，采取微视频、QQ群及校园网络等辅助教学形式的翻转课堂"云课堂"教学模式尝试实践成效却很显著。我校是一所新建局属公办校，信息化基础设施建设起点高、硬件好，这为实施现代信息技术与教育教学融合创新提供了有利条件。学校秉承以"理解"为核心的教育理念，在此基础上创新发展，牢固确立了"一切为了学生最优发展"的全新教育理念。同时，相继为学生配备了数字星球系统、智慧教学系统、交

互式智能教学系统等多种现代化教学设备，智能平板成为常态化，为促进教与学方式的改变，形成灵活、多样、开放、共享、多层次、个性化的精准教学课堂新生态奠定了坚实基础。现代信息技术自身具有的共享性、多元化、互动性和即时性等特点，非常有利于我们营造智能化、网络化和多媒体化的教育教学环境，对于英语信息化教学的促进作用尤为明显，使我们顺利实现了听说读写教学的高效整合，差异化与个别化、变式与混合式教学的有机结合以及精准教学、精准学习和精准评价"教学评"一体化的完美构建等。这些成功尝试使我们真切感受到信息技术对于现代教育教学的三大深刻变革，即转变教育教学理念、优化教育教学环境和创新教育教学管理模式，这些也可以说是现代信息技术与教育教学深度融合带给我们的最大收获。

（二）实践策略

从本质上来说，教育教学就是一种有目的、有计划、有意义的实践活动，是实践的积累和实践的智慧，其包含了许多科学内容、多样的形式和具体的方法，这些都是实践策略。我在英语教学中进行现代信息技术与教育教学的融合创新实践，主要采取了以下四种策略：

一是坚持正确导向。新课程改革提出了核心素养的概念，直指学生的全面发展、终身发展和可持续发展。核心素养成为新课改的导向标，也成为我们进行教育教学的指向标。课程标准也将英语学科素养定义为语言能力、文化品格、思维品质和学习能力。核心素养是知识、技能、态度情感的集合，即三维目标。全面实施素质教育，促使学生学科素养以及核心素养的养成成为现代信息技术在英语教学中深入应用、高度融合的导向，我们必须始终坚持这一正确导向。

二是明确既定目标。教育部颁布的《教育信息化十年发展规划2010—2020年》确立了要在教育领域实现信息技术与教育教学的深度融合这一目标。我们应当清晰地明确这些既定目标并统筹做出科学合理的行动计划，而后分步实施，按期逐一达成各阶段短期目标，从而有条不紊地为实现长期目标奠定基础。

三是实施合作探究。实践表明，信息技术广泛应用于教育教学，有助于变革教师的教学方式与学生的学习方式。我在多年的英语教学实践中经历了从最初的电化教育到计算机辅助教学的发展历程，有许多意想不到的收获。近几年来，我又带领教师们尝试利用基于大数据分析功能的多学科智能教学平台（简称AI教学平台）进行全新的英语教学实践，以其提供的语音识别、图像识别、检测评价、数据分析等技术全方位服务于课堂教学与课外辅导的全过程。同时，我依托信息技术自制课件，以微视频为主要形式推送学习资源，并组织学生开展小组合作学习探究，引导他们在合作中学习，在学习中增强合作，在合作中进行探究，在探究中加强合作。这种线上线下相结合的教学方式和小组合作探究的学习方式，使得师生平等对话交流互动、生生互动成为教学新常态，形成了教学共同体；无处不在、无时不有的丰富多彩的学习资源和反复演练的语言实践机会，也有效提高了学生的参与度，拓展了其自主学习的空间；更为重要的是，教师通过识别和检测功能可正确识别、批阅学生的试卷与作业练习，并能通过计算功能对学生的学习检测、作业练习进行多角度、多维度的数据分析，据此改进英语教学策略，真正实施差异化教学，指导学生的个性化学习，优化英语教学流程。这不仅降低了教师的工作强度，而且大幅度提高了教师工作实效，既有利于促进教育公平，又提升了教学效率与教育质量。

四是不断总结反思。多年来，我们之所以能在推动现代信息技术与教育教学融合创新过程中有所发现、有所创造、有所前进，就是因为坚持做到了不断实践、总结和反思、再实践，从而达到了适时修正错误倾向，推广成功举措与有益经验，促进深度融合、创新发展的理想境界。

（三）合理建议

我国教育信息化与教育现代化发展的总趋势是经济社会发展客观规律的综合反映，现代信息技术与教育教学融合发展趋势也同样如此。面临"互联网+"未来教育信息化发展的新形势，如何才能做到在适应的基础上不断促进其顺利健康发展呢？现提出四点建议，具体如下：

一是加强教育科学研究。理论指导实践，实践升华理论，理论与实践相统一是科学真理。以计算机、互联网、大数据、人工智能技术为标志的现代信息技术发展无止境，现代信息技术与教育教学的融合创新也就无终点。同时，我们必须认识到，融合创新的实践完全符合教育教学实践适应经济社会发展需求的外部规律和教育教学发展与学生认知、身心发展需要等方面的内部规律，因而是内外部教育规律的统一也表明融合创新实践自身亦有内在规律可循，只是需要我们去发现和认识，而后才能更深入地研究和更严格地遵循，从而实现并推动其顺利健康地永续发展。

二是提升师生信息素养。信息素养是科学素养的重要基础，是教师专业素养和学生核心素养的重要组成部分。教师负有指导学生正确掌握获取信息、加工处理信息的策略方法之重任。中学生虽是互联网时代的原住民，但仍应不断学习，以提高运用信息技术进行自主学习、深度学习、合作学习的能力。总之，信息理念与实践能力都是信息素养的重要内涵。

三是深化教育综合改革。现代信息技术与教育教学融合创新是教育信息化、现代化的重要内涵，是体现教育信息化、现代化发展趋势的显著标志，是符合教育规律、实现教育信息化与现代化内涵发展的基本途径，也是助推教育综合改革的不竭动力。也就是说，技术革新必将推进教育改革。反过来，深化教育综合改革，必将推动现代信息技术与教育教学的深度融合、创新发展更加顺利地驶入快车道。

四是构建网络教育生态系统。教育信息化、教育现代化和教育国际化是未来教育的主要特征。有专家预测，未来教育具有高度智能化、个性化、多样化的特点，以实现全人教育为目标，全面构建网络教育生态系统，从而催生各种各样的教学形态、教学模式。著名教育家杜威曾经指出："教育过程是一个不断改组、不断改造和不断转化的过程。"时至今日以及今后，这个论断仍具有现实指导意义和深远的历史意义，将为我们努力构建未来网络化生态教育的理想境界指引方向。

综上所述，以现代信息技术与教育教学深度融合、创新发展为主要特征的教育信息化不仅丰富了教育现代化的内涵，而且扩展了教育现代化的外延，是实现教育现代化、深化教育综合改革的必由之路。面向世界，面向未来，我们将以新的观念、新的精神、新的姿态去开创现代信息技术与教育教学融合创新实践的新局面，不忘初心，牢记使命，阔步走向更加光辉灿烂的教育明天和未来。

［本文系全国央馆2018年度课题《基于大数据学习分析的精准教学案例研究》（课题立项号：183230006）研究成果。］

基于数据分析的初中英语教学评一体化设计教学实践

——以译林版七年级下册第七单元语法课为例

在新课程标准的理念下，教师应致力于把语法教学与学生语言能力的提高有机地结合起来：基于大数据分析，以掌握时间为变量，根据学生的掌握程度和进度动态地规划语法学习内容和个性化学习路径，紧扣学科核心素养，提升学生的语言能力和思辨能力。在初中英语教学实践中，语法教学是非常重要的内容，而且学生只有具备坚实的语法知识和灵活学习以及运用语法的能力，才能更好地提升英语学习的质效和学科核心素养。基于新课程标准，在核心素养理念的指导下，现以牛津译林7B Unit 7 *Exclamations*一课为例，探讨在大数据分析下教学评一体的语法课教学范式。

一、基于大数据分析的教学评一体化意涵

（一）数字化教学范式

数字化教学范式是以建构主义学习理论为依据，利用大数据、云计算、物联网和移动互联网等新一代信息技术打造的，实现课前、课中、课后全过程应用的智能高效的课堂教学范式。它具有鲜明的"5化"技术特征：教学决策数据化、评价反馈即时化、交流互动立体化、资源推送智能化、教学呈现可视化。

（二）英语课标中评估的关键因素

教育部关于义务教育阶段英语课程的总目标是：通过英语学习使学生形成初步的综合语言运用能力，促进其心智发展，提高其综合人文素养。综合语言

运用能力的形成建立在语言技能、语言知识、情感态度、学习策略和文化意识等整体发展的基础之上。同时，课程标准强调，教学与评价都是英语课程实施过程的重要组成部分。教学是培养学生实际语言运用能力的关键环节，评价是即时监控教学过程和教学效果的重要手段，教师要正确处理二者之间的关系。针对课程总目标中的五个方面，不同年段又有相应的分级目标。为实现面向核心素养发展的赋能学习，必须将评价贯穿教学始终，做到教学评一体化。

二、教学评一体的语法课教学范式

我们通过基于数据的教学分析，使课前、课中、课后形成闭环，做到教学评一体，精准实施，改变教与学的行为，提升教学效能，发展学生学力。

（一）课前导学——微课引领 前测把脉

（1）学生在课前完成教师通过导学提纲或微课视频及理解单布置的平台自主学习任务。

（2）运用评估先于教学策略，将问题呈现在理解单上，并配合微课学习，进行知识延伸。学生在E平台上进行前测训练，充分利用信息技术优势，呈现问题，反馈情况，学生在发现问题和解决困惑的过程中，促使自身的隐性思维显性化，不断提高学习效率。教师基于数据分析锚定学生的困惑点，加强教学内容的针对性。

课前，教师根据学情报告直观了解学生对知识点的掌握情况，进行针对性备课；同时，借助对学生英语学习的检测评价和数据深度分析，精准掌握教学时学生的学习情况，正确把握学生英语学习方面存在的优势和问题，特别是找准学生在英语学习中存在的困惑点，锚定困惑点设计教学活动，加强指导与评点。

（3）对于练习量和难易度，本人合理设计发动学生主动去做，利用"最近发展区"理论，搭配课前在线前测帮助学生利用旧知完成向新知的过渡，并在课前用3~5分钟时间开展诊断性检测，利用智慧平台"即时反馈、高效统计、直观呈现"的优势，迅速了解学生的学习情况，准确把握教学起点，并进行有的放矢的指导。

（二）课中助学——透析数据 反馈问题

1. 确定问题

根据课程内容和学生在平台前测中呈现的问题和提出的疑问，通过合作探究—实时交流—释疑提升，利用智慧平台强大的互动功能及实时反馈的优势，及时关注学生的学习动态，并依据评量实时调整教学方案，及时捕捉课堂生成，顺应生成和学生的不同学习需求推进教学，让教师的"导"基于学生真实的"学"。

教学时，充分运用基于困惑点设计的综合活动，进行梯度式讲解与递进式强化训练，促进了学生的深度理解，指导学生通过阅读、探究、交流自主解决困惑点。对具有共性的困惑点，通过教师引导探究讨论来解决；对个别学生的困惑点，教师精准指导，并利用课后进行分层训练。

2. 信息环境

技术工具和信息资源是学生学习的基础，在本节课中，教师不仅设计了理解单、微课，还提供了供师生互动的留言板。学生通过学习指导和技术工具进行自我组织的探究性学习，这种个性化学习环境的创建能使学生成为自我激励的学习者，拥有强大的自主学习控制权。

3. 教师作用

在本节课实施过程中，教师主要发挥领路人的作用，通过任务驱动不断传授给学生学习策略，从帮助学生根据学习总目标制订学习计划到让学生根据学习内容和目标分解细化自己的学习目标并通过前测检测学情，及时改进学习方法。

4. 学生协作

（1）课前：学生根据教师所提供的理解单及已有的知识、经验和新获取的信息资料，通过主动探究和思考加工，发现问题，提出问题，将自己的探究结果和想法"晒"在E平台互动区，与同伴进行在线讨论、交流，并获得教师适时点评和及时指导。

（2）课中：在课堂的交互性活动中，师生共同完成新知识的学习之后，教师通过形成性检测，及时了解学生通过互动探究后的学习效果。这样的教学评一体化，对学生而言，可以使其及时了解学习的结果，查漏补缺，提高学习成效；对教师而言，可以使其及时获取教学成果信息，对共性问题当堂及时解决，能促进课堂教学效率的提升。

（三）课后促学——评价进阶 反思提升

通过大数据分析，根据学生学习能力和学习思维差异，智能匹配与其水平和先验知识相当的学习任务，通过系列训练任务的完成，促进学生思考以使其掌握知识本质，既让其学习过程具有挑战性又使其获得成就感，同时使其从知识理解层面完成从迷思概念到正确概念的转变。针对同分异质现象，教师分层指导个性化进阶训练。同时，学生根据自己的学习能力选择所推送的分层作业并自主参与不同层次的变式训练。

以前，如果遇到两个同样分数的学生，我难免会认为他们处在同一认知水平。但此线上导学的数据分析显示，两个学生虽卷面分数相同，但他们在语言知识、语法功能、综合运用等方面表现不一，甚至差距甚远。经过后台数据的分析比对，针对不同学生的具体问题，我列出了知识强化清单，并与学生讨论，共同制订进阶提升训练方案。这样，我借助大数据学习分析，精准锁定问题，并采用个别指导的策略进行问题跟踪，效果显著。（图3-2）

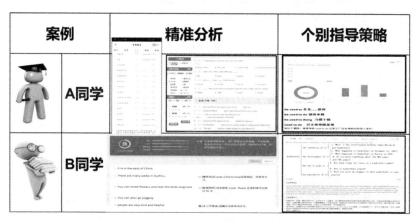

图3-2 对两个学生进行精准分析并提供个别指导

教师、同伴、自身对学习结果和学习过程进行多元评价，将个人评价和小组评价、自我评价和他人评价良好结合，既有量性又有定性，同时，结合活动任务单，帮助学生对所学内容进行进一步梳理、概括、归纳和强化，逐步建立一个完整的知识、技能体系，实现意义建构，促进学生素养形成及进一步发展。在真实的语境中体悟语言的使用，突出语用意识，实现教学评一体的语法教学设计，如此才能更好地促进学生的语言知识与技能提升融为一体。

素养导向下的初中英语合作学习策略

——以牛津译林版七年级语法教学为例

语法教学是英语教学的重要组成部分。《义务教育英语课程标准（2011年版）》指出："鼓励学生在教师的指导下，通过体验、实践、参与、探究和合作等方式，发现语言规律，逐步掌握语言知识和技能，不断调整情感态度，形成有效的学习策略，发展自主学习能力。"我结合自己的课堂教学实例，将合作学习模式融入语法教学，改变了传统的语法课堂"教师说，学生听"的教学模式，旨在改善学生的学习行为，培养学生的合作意识和合作能力，从而最终提高学生语法学习的成效。

《义务教育英语课程标准（2011年版）》提出："在体验中学习、在实践中运用、在迁移中创新的学习理念，倡导学生围绕真实情境和真实问题，激活已知，参与到指向主题意义探究的学习理解、应用实践和迁移创新等一系列相互关联、循环递进的语言学习和运用活动中。"因此，合作学习作为一种优化学生语言学习过程，激发学生积极参与、合作交流、独立思考、自主学习，有利于学生在语言学习过程中养成良好的思维品质和学习能力的教学方式，迅速扎根于课堂。但是，我们也毋庸讳言，因为部分教师对教学理解的深度不足，他们在践行合作学习时，容易产生将"合作学习"与"独立思考"盲目对立，将"学生自主"与"教师指导"盲目对立，将"浅层合作"当成意义建构，弱化课堂教学效率，弱化英语学科核心素养提升等问题。

如何解决上述问题，创新素养导向下的初中英语合作学习策略，提升英语课堂中的合作绩效？我与我校一批有志课堂改革的同行积极实践，探索应用"问题导向，目标引路；独立思考，深度对话；学以致用，促进建构"三项有效策略，赋能素养导向下的合作学习。

一、问题导学，目标引路的策略

Grant Wiggins指出："明确问题，可以使学习活动的组织超越那种时时存在的随意性 。"问题导向，目标引路策略的主旨就是用问题引领学生投入学习任务，像GPS那样，引导学生展开有效的合作学习活动，从而使小组合作学习沿着有益素养提升的方向推进。

二、独立思考，深度对话的策略

独立思考是影响合作学习效能的重要因素，缺乏独立思考的合作学习，常常弱化为"浅层合作"的低效学习。因此，素养导向下的合作学习，必定是一场从"独立思考"走向深度对话的智慧旅程。为此，实施"独立思考，深度对话"策略的支点就是优化学习支架的设计。在学习支架设计中，教师要关注语法应用的综合性和关联性，引导学生在主题意义探究和解决问题的学习活动中，坚持独立思考，逐步进入深层次阅读，探究主题意义，然后将自己的思考与组内同学交流，通过思维碰撞，深度对话，融合集体智慧，形成问题解决的方法。

例如Step2 Presentation，本部分是英语课堂教学中一个主要步骤，它是让学生在导入的基础上，感知、理解教学内容，为后面的练习和运用打下基础。其直接决定着学习效果的好坏。我在此部分采用了小组合作学习的模式，帮助和引导学生自觉、主动、积极地参与教学活动，让学生在体验参与中感知、理解、掌握知识。

（一）想一想：我们根据什么来使用过去时

先独立完成下面的练习，然后小组内校对答案并讨论一般过去时的时间状语有哪些。

（last night，yesterday，in 2000，when I was 2 years old，two days ago）

I was born _____.

We had an evening party _____.

I could swim _____.

He went to the school on foot _____.

They made a _____ .

【分析】小组合作旨在帮助学生感受一般过去时，寻找时间这一区分线索。

（二）小组合作，寻找一般过去时的结构

本部分通过两句例句"I was born in 2000"以及"We had an evening party last night"让学生说说两个动词过去式的不同，由此引出一般过去时的两种不同的结构，即含有be的结构和含有行为动词的结构。然后学生小组合作，开动脑筋找出含有be的一般过去时结构，并将讨论结果写下来。最后，请一个小组派代表将小组的答案写到黑板上，并进行阐述。

【分析】各组进行新知识探究，寻找规律，组内讨论并由组长推荐组员全班展示学习成果，完成讲解、板书等学习环节，实现深度理解的学习。

三、学以致用，促进建构的策略

从理解学习到实践应用，再到意义建构，是提升学生英语学习能力的三级阶梯。英语学习实践性强，学科核心素养的提升需通过实际操作来验证。独立思考、深度对话的策略致力于学生思维能力的发展。学以致用，促进建构的策略则重在促进学生语言建构能力的发展。语言建构能力体现着学科核心素养发展的外在结果，是学生在英语学习中逻辑思维发展到一定程度的整合和创造能力的体现。教师可以通过语言知识的组织、语言情境的改造等问题情境的创设，促进学生语言建构能力的发展。

例如，播放英文歌曲 Yesterday Once More（昨日重现），让学生进行选词填空。

【分析】学生以小组为单位，进行自编对话，充分体现了新课程自主探究、合作交流的学习方式，促使学生互相学习、互相帮助，发展合作精神；通过播放英文歌曲，营造了充满活力的课堂氛围，消除了学生的紧张情绪，同时培养了学生对所学知识的综合运用能力。

（一）小组合作，找出规则动词过去式的构成规律

本部分要求组内合作，让学生用最快的时间找出动词过去式的变化规律，并写出所给单词的过去式，然后组内推荐写字快的学生上黑板争夺2个展示位中的一个进行展示。未争夺到展示位的小组组内核对答案。通过例句，让学生感知不规则动词过去式的变化并让学生尝试记住它们。

【分析】通过小组合作的方式，让学生在发现语言知识规律的同时培养竞争意识，激发他们的集体荣誉感，活跃课堂气氛。

（二）游戏造句

本部分设置了连词成句的小游戏，要求学生打开事先已发到各组的信封，小组合作，将信封中提供的单词或短语连成句子，并将连成的句子贴到黑板上。

【分析】提供给学生作为主语的"某人"，呈现一般过去时的"某事"以及各种不同的时间状语，要求学生小组合作，将"人""事""时间"连接成时态为一般过去时的完整句子。这一环节旨在帮助学生在游戏中感受一般过去时，游戏的加入不仅使课堂氛围变得活跃和热闹，还极大地激发了学生学习英语的兴趣，更培养了学生的创新意识。

（三）写作

本部分要求学生给好朋友写一封信，和他分享自己参加学校艺术节展演活动的经历。首先独立进行写作，然后小组内进行分享、交流、修改并评选小组内的好作佳句。

Dear Amy：

Long time no see.Today I would like to share our art festival with you.

_____

_____

_____

Isn't that interesting? What about your school life? I'm looking forward to hearing from you.

Yours sincerely

Kitty

Phrases may be used：walk to the theatre，be wonderful，wear special costumes，win the show，get to the stage（舞台），be excited（感到激动），have a good time.

【分析】本部分要求学生用过去时态进行写作，作为本节课的输出，并且选用了学校近期开展的艺术节活动这一主题，让学生有话可说，还给他们提供了一些可以选用的短语，为一些基础较薄弱、写作能力较差的学生提供帮助。可谓一举多得。

（四）总结

想一想，我们今天学习了什么？

【分析】利用脑图回顾课堂所学的内容，给学生一次复习的机会，使知识通过梳理更加有条理，有层次感，便于学生理解和记忆。

四、实践反思

应用"问题导向，目标引路；独立思考，深度对话；实践应用，促进建构"三项策略，首先，创新素养导向下的初中英语合作学习，通过真实的问题情境，引导学生目标明确地展开英语实际操作练习，感受英语语言情境；让学生通过独立思考和深度交流，领悟语言知识，体悟语言意识和语感，提升语言技能，掌握交际策略，提升学生的思维能力、建构能力，从而促进其英语核心素养的发展。

参考文献：

［1］教育部.义务教育英语课程标准（2022年版）［M］.北京：北京师范大学出版社，2022.

［2］教育部.普通高中英语课程标准（2017年版）［M］.北京：北京师范大学出版社，2018.

［3］Wiggins Grant，McTighe Jay. 理解力培养与课程设计——一种教学和评价的新实践［M］.么加利，译.北京：中国轻工业出版社，2003.

第四章

何 为

——深度学习视角下的英语阅读教学实践之思

　　知识不能仅依靠教师向学生进行传授，传授给学生知识并不是教育的根本目的，让学生学会探究知识的方法，培养出独立的思维能力和批评精神才是教育的终极目标。

——教育家弗雷内

　　《国家中长期教育改革和发展规划纲要（2010—2020年）》强调指出，要"倡导启发式、探究式、讨论式、参与式教学，帮助学生学会学习，激发学生的好奇心，培养学生的兴趣爱好，营造独立思考、自由探索、勇于创新的良好环境"。《义务教育英语课程标准（2022年版）》（以下简称《英语新课标》）在明确英语课程的性质时这样表述："义务教育英语课程体现工具性和人文性的统一，具有基础性、实践性和综合性特征。"教育教学从本质上来说，是一种有目的、有计划、有意义的实践活动，是实践的积累和智慧。英语是一门工具性、人文性和实践性都很强的学科。英语作为一种交流语言，交际是它的根本价值，因此交互性是这门学科的又一个重要特质。鉴于此，《英语新课标》提出的重要理念之一是"践行学思结合、用创为本的英语学习活动观""秉持在体验中学习、在实践中运用、在迁移中创新的学习理念，倡导学生围绕真实情境和真实问题，激活已知，参与到指向主题意义探究的学习理解、应用实践和迁移创新等一系列相互关联、循环递进的语言学习和运用活动中"。《英语新课标》同时指出："核心素养是课程育人价值的集中体现，是学生通过课程学习逐步形成的适应个人终身发展和社会发展需要的正确价值观、必备品格和关键能力，英语课程要培养的学生核心素养包括语言能力、文化意识、思维品质和学习能力等方面。"《英语新课标》据此规定了发展语言能力、培育文化意识、提升思维品质、提高学习能力的课程总目标。英语教学实践表明，教师、学生、教材与学习活动构成有机的教学生态整体，客观上要求教师通过多种可能的方式创造非母语交流的模拟场景，创设有利于语言学习的真实情境；同时必须强调，深度学习本质上是一种跨学科、跨时空、跨领域的创造性活动，充满了无限的不确定性。而且，深度学习的发生有赖于学习的主体——学生。学生是学习的主体，也是实践活动的主体，这必然要求教师组织学习活动时致力于自身、学习资源、教学环境与学生之间辩证关系的整体设计，以期更好地进行动态平衡、系统推进，进而有效促进深度学习的发生。因而，只有彻底纠正并克服"灌输多交互少""展示多探究少""预设多生成少"等问题偏向，才能真正做到以学定教、以教促学，使教的行为与学的行为协同并进，收到事半功倍的成效。

我们从宏观与微观相结合的视角进行理性思考，深刻认识到活动是英语学习的基本形式，阅读教学是英语教学的重要组成部分，培育学生核心素养是连接宏观教育理念、培养目标与具体教育教学实践的中间环节。"知行合一"这个重要原则本身就充分体现了生活经验、社会实践与教育教学的一致性、共通性，是运用马克思主义哲学认识论的重大收获。深度学习视角下的英语阅读教学设计实践启示我们，在英语阅读教学过程中必须进行大量循环往复的语言实践活动，使外化的知识转化成内在的能力。教师要持续提升学生"听、说、读、看、写"五大核心语言基本知识与基本技能。落实教育立德树人根本任务、建设高质量教育体系的宏观目标与英语课程的理念和总目标一脉相承，我们在进行英语阅读教学设计时无疑应当秉持这个理念，坚守遵循目标，在具体化、精细化的融合过程中掌控好每个环节，从而不断呈现课程内容活动化、活动场域立体化、学习活动情境化、情境创设生活化、语言实践多元化的可喜局面。

英语阅读教学的本质是引导学生在解读文本、理解文本和体验文本的过程中，发展阅读技能，提升思维品质。因此，教育教学要始终力求通过创设真实的教学情境达成学科实践，通过阅读实践的过程，用学科的方法来教会学生理解学科知识，并以素养本位的单元设计促进学生发现学科的观念、思维与价值。这既是一种教学设计理念，也是一个教学操作过程。作为发挥主导作用的教师，要不断提升自身素质，转变教学理念，努力发挥学生的主体作用。教师可通过创设并开展与主题意义密切相关的真实情境下的深度学习，提高学生的学习兴趣，增强其自信心，开阔其视野，开发其智力，培养他们分析、归纳、解决问题的能力，提高他们自主学习和自主探究的能力，最终发展学生的思维品质，实现有效的阅读教学，使英语学科核心素养教学目标在阅读教学中落到实处，真正达成育人的目标。

播撒理解理念种子　缔结理解教育硕果

——基于理解的教育改革事件回眸

　　每当我驱车进入常州市明德实验中学校区时，首先映入眼帘的便是教学楼正面墙上"办有灵魂的理解教育 育全人格的未来公民"18个异常醒目的大字。不知为何，我心中总是有一种沉甸甸的感觉，会情不自禁地回想起8年前上海市教育科学研究院普通教育研究所（以下简称上教所）吕星宇博士专程前来北郊初中（明德实验中学系北郊初中分校）指导开展基于理解教育理念的新课程改革实践的近两年的难忘经历与美好时光，开启那些至今依然历历在目的教育往事的记忆闸门：那是2011年的10月，我因在北郊初中课程研发中心工作，几乎成了吕博士的专职陪同人员，我们的联系更加密切了。我们不仅亲历了实施理解教育的全过程，而且对其中许多细节也了然于胸，吕博士渊博的学识、敬业的精神、缜密的思维、风雅的谈吐与处世的干练深深感染了我。我所在的英语教研组本在先行先试之列，加之"近水楼台先得月"，我优先得到了吕博士更多的悉心教诲与"面授机会"，可谓受益终身。其实，目前在我们北郊和明德，理解教育之花不仅盛开于两大校园，而且早已缔结出理解教育的丰硕之果。如果将上教所比作一个精心培育理解理念种子的高端基地，那么，吕博士便是一位精准播撒理解理念种子的特殊园丁。这就不难理解，吕博士在大家心目中的形象愈加高大而完美，以及大家对上教所的感佩与敬仰之情了。如下就是我关于新课改教育往事的回忆片段与简要述评。

一、实施理解教育是深化我校教育改革的必然选择

　　现在回顾起学校于2011年10月中旬正式启动的理解教育的课堂教学实践，

它是完全适应当时国内经济社会发展形势和学校教育改革发展现状的。一是我国经济社会发展开放性与多元化使得客观存在的各种矛盾错综复杂地交织在一起，迫切需要通过理解这个重要途径来加以协调解决。从这个意义上说，理解彰显了时代精神，是时代的主旋律，也必然会在教育领域得以充分反映。同样，学校内外部存在并充满教与学、教师与学生、学校与社会、教师与家长等各种关系和矛盾。事实证明，教育需要理解，理解既是教育的工具，又是教育的本质特征。生态教育的构建必须走绿色、共建、共享的发展之路，也就是说，教育生态系统的形成、巩固与发展必须构建以理解为核心理念的学校文化，以协调、沟通、解决学校内外客观存在的各种矛盾、问题，只有这样，才能不断深化教育改革，切实解决其中更深层次的突出问题，以期促使其沿着正确的方向向纵深方向发展。二是学校存在一些不可忽视的问题，如部分教师教育观念比较模糊，课堂普遍实施"教师权威控制性教学"范式，教师惯性思维的僵化，一遇阻力即对教改缺乏应有的热情，教学研究处于被动局面，学生被动学习，以往应试教育的阴影仍是影响他们自主学习、合作学习的主要障碍。这些都是不利于提升教学效率与教育质量的消极因素。其实，上教所的专家已在全国多地开展了理解教育实践，形成和积累了许多可资借鉴的行之有效的有益经验。这样就自然促成了我校与上教所的合作，而这种合作双赢的格局与效益至今仍在明德实验中学全面延伸与展现。作为北郊初中实验分校，明德实验中学建校伊始便传承总校理解教育文化，确立以理解为核心理念的"办有灵魂的理解教育 育全人格的未来公民"这一办学使命和"立德固本 和爱润心 知行一体 实践创生"的办学理念，初步达成"学习性质量""发展性质量""生命性质量"同在且俱高的教育。由此不难看出，实施理解教育是深化学校教育改革、创新发展的必然选择。

二、领导重视、专家引领、同伴互助机制保障了理解教育改革有序推进

学校对实施理解教育项目高度重视，经研究决定，项目启动前即成立了由一名分管教学工作的副校长挂帅、英语教研组12名教师参加的研究组，待先行先试取得较为成功的经验后即在全校逐步推行。同时，为切实发挥专家的引领作用，学校又专门成立了研究组，由上教所的吕博士亲任班主任，并以英语教

研组为基础设立课题组，安排集体观摩在八年级开设的一节随堂研究课，而后我们在吕博士的主持下分成三组进行研讨交流和议课反思，为实施理解教育做好铺垫准备。在此后进行的理解性课堂教学模式转型实验过程中，吕博士又亲自为大家辅导，详细讲解理解单的制作原理、流程、功能结构、知识内容和框架展现及其效果分享，精心设计了一节英语语法课——反义疑问句的理解进行示范。她还特地从上海带来一份七年级英语教材中物主代词教学内容的理解单供大家学习、研究和借鉴，直观效果很好，引起了教师们的浓厚兴趣，这使他们都能积极主动地根据各自的教学内容采用自行精心设计的合理有效的理解单组织教学，对于改进教师教学方式、学生学习方式和评价方式起到了极大的推动作用。

实践表明，在新课改的实践过程中，教师队伍建设尤为重要。改革课堂教学模式的主体是教师，关键在于如何促进教师对教学行为的反思、改进和提高，这就需要多措并举来激发教师参与的积极性。一般情况下的具体做法是：安排一位或数位教师事先做好充分的备课准备，先试讲再上展示课，而后组织观课和议课；或先由个人说课，再进行整合和预设，继而在校园网上交流讨论，再根据同事意见重新备课定稿。这样采取小组合作的形式进行研究活动，做到了专家引领与同伴互助相结合、个人反思与集体研讨相结合，着力将教研组建设成为教师学习、研修、发展的共同体，以此促进教师的专业成长和专业发展。

正是由于领导重视、专家引领和同伴互助，理解性课堂教学实践得以有序推进，开展得有声有色，这是非常重要的前提。

三、更新理念、增进共识、以点带面是理解教育改革顺利实施的步骤

学校理解教育尝试实践流程可分为理论务虚的准备阶段和操作实践的具体务实阶段。务虚阶段即加强理论学习、更新理念、提高思想认识的阶段；务实阶段即贯彻理解教育理念于课堂教学实践的阶段。但在实践过程中，这两个阶段并不是截然分开、互不相关的两个独立的静态过程，而是紧密结合、互相依存、互相促进的交叉融合的动态过程。二者相辅相成，完美统一于实施理解教育的全过程。也就是说，教育理论学习研究与理解性教学实践往往是穿插进行的，务虚之后即务实，务实之中也有务虚，务虚是为了更好地务实，而务实又为务虚奠定了基础。

在此过程中，学校理解教育研修班全体成员仔细研读了熊川武教授等主编的《理解教育论》，对吕博士相关内容观点新颖、论据充分、数据翔实、立意深远、逻辑性强的多篇论文以及有关资料进行系统学习，从而在一些重大问题上达成了共识：要实现教育优质高效大发展，就必须走内涵式发展道路，而实施理解教育就是增加内涵式情智投入、真正实现内涵式发展教育的重要途径，而不是单靠加大教育的外延性投入，如延长教学时间、改善办学条件，这是一个认识上由量变到质变的渐进过程。这正表明，理解教育既是一种全新的教育理论，又是一种科学的教学实践，还是在这种新理念指导下的实践创新，是最理想的教育实践形态。理解教育的实施过程特别注重教师教育新理念的形成，注重激发其创新思维，将理解教育理念渗透于各学科教学之中。这样更新教育理念、改进教学实践的动态过程，也就成为一个促进教师专业迅速成长发展的有效载体。

这次开展理解教育尝试实践坚持"以点带面、循序渐进"的原则，先在英语学科试点，经验较为成熟后即在物理、化学、数学等学科中推行，直至在全校推广，"开花结果"，各个阶段的研修活动多达数十次，编出研修简报进行总结，还组织撰写论文，发放调查表，并共同研究设计制定了常州市北郊初级中学理解性课堂评价指标，为确保理解教育实践取得成功提供制度保障。

四、问题跟踪是体现理解教育成效最大化和最优化的重要策略

综上所述，从全局、宏观的角度来看，基于理解教育理念实施的理解性课堂教学模式转型实践无疑是一项系统工程，而且就其内涵的实质性而言，它也是教育生态系统的一个最佳呈现。所以说，二者内在的有机联系非常紧密，不可分割，具有完整意义上的一致性或称统一性。而系统的优化原则是系统工程学理论及系统论中一个很重要的原则。因此，我们可以得出这样一个结论：实施埋解教育必须遵循的一个指导思想就是要追求其系统整体功能发挥最大化和最优化。对此，我们都有很深的切身体会。

我们不妨以学生作业批改方式的变革为例，简要回顾一下实施理解性教学中"问题跟踪"策略的必要性及重要性。众所周知，长期以来，批改学生作业是教师日常教学工作中最繁重的任务，尽管教师既耗时又费力、尽心尽力地"全批全改""面批讲评"，但学生的学习效果仍存在低效甚至无效的尴尬境

况。教与学具有统一性，教即学，学即教，教是为了更好地学，学可促使教的效果更好；教的核心是学生的学，教学源于问题，教学的宗旨就是以问题为中心，培养和提高学生发现问题、管理问题、分析问题、跟踪问题以及解决问题的能力。我们实施"教师为理解而教、学生为理解而学"的理解教育，就是要求教师用问题导学，学生则以问题作为学习的载体。具体而言，学生作业的布置和批改是整个教学过程的一个十分重要的环节。"问题跟踪"策略就是引导学生始终盯住自己的问题进行有针对性的学习，从而提高学习效率与学习质量的方法，督促学生就自己在学习过程中标记的问题进行"跟踪"学习，反复纠错、改错，变被动接受教师指出的错误为自己主动发现并解决自己存在的问题。然而，传统的作业批改方式就是"全批全改"，这是较难改变的思维定式。显然，教师对学生的每一份作业"批"和"改"，不仅提供了无须思考的现成解题过程与标准答案，而且使部分学生养成了被动接受式学习、死记硬背的弊病，不利于学生学会学习。实践已证明，教学就是解决问题，针对问题的教学才是真正优质高效的教学。实施理解教育，注重推行一些好举措：师生共同设计总结单，设计制定理解单，进行"学生跟踪档案"记录，并定时根据"问题跟踪本"上的内容，结合空白习题对学生进行"问题跟踪"检查和个别指导。我在英语理解性课堂教学过程中的作业批改环节大多采用PPT形式为学生提供参照答案，组织学生互批或自批，但只批不改，因而每当他们拿到自己的作业后往往看得相当仔细，会立刻发现问题，做出判断，然后由各小组组长答题。如果再有疑问，则由师生共同分析解决。平时，一旦生成作业中的问题便督促学生进行问题跟踪，无论对错，都要做好问题摘录并进行归因分析。在此基础上，再利用早读或课前时间让学生在组内相互言说。一般是两两搭档，实行1~4、2~3组合，而后教师再定期根据学生言说的问题，选择几道典型例题当堂进行检测，并随机安排学生讲解或进行即时竞答。这样不仅扩大了学生参与面，调动了学生学习的积极性，而且减负增效，能够培养学生的思维与表达能力，成效特别显著。毫无疑问，这些构成实施理解教育的"问题跟踪"策略最重要的收获便是充分体现了理解教育成效的最大化和最优化。

我校实施理解教育至今已近8年，通过上述简要回忆与述评，我们不难发现其理念更新与教育创新的实践意义和借鉴价值，对于当前和今后学校教育改革的深化与发展必将起到一定的推动作用，这正是我撰写本文的目的所在。

确立依法治校理念　构建现代学校制度

随着我国改革开放的不断深化，以及依法治国方略的实施，从修订完善《中华人民共和国宪法》开始，中央与地方相继制定出台了一系列重要法律、规章制度，形成了法制建设的崭新局面。中国特色社会主义民主政治建设的进程日益加快，推动了新时代社会主义各项事业的迅猛发展。党的十八届四中全会对此进行了专题研究，全面深刻总结了我国实施依法治国方略的成功经验，审议通过了《中共中央关于全面推进依法治国若干重大问题的决定》，这已成为习近平新时代中国特色社会主义思想的一个重要组成部分，也是一个重要标志。依法治国从理论到实践充分表明，社会大环境是制约教育体制机制运行、发展、变化的一个重要因素。依法治国是"纲"，依法治校是"目"，"纲"举则"目"张。依法治国的战略部署为推进依法治校、构建现代学校制度提供了方向指南和行动纲领、实施平台和强力支撑。也就是说，依法治校是依法治国方略的具体体现和重要组成部分；依法治校的具体实践丰富了依法治国的理论内涵。在建设中国特色社会主义法制体系的进程中，二者相辅相成，相得益彰。为此，我们教育工作者应加强对依法治校和现代学校制度的理论研究并不断付诸实践，这是我们不可推卸的职责。

一、依法治校的含义及其主要目标

依法治校，顾名思义，就是运用法治思维和法治方式治理学校，或管理学校，其核心是加强对权力的约束和监督，确保权力在阳光下运行，这也是依法治校的本质。鉴于此，我认为，依法治校的主要目标就是严格遵循国家根本大法《中华人民共和国宪法》和一系列法律、法规，并依照《中华人民共和国教育法》《中华人民共和国义务教育法》《中华人民共和国未成年人保护法》等教育法律、法规要求，从学校的实际出发，科学、规范、合理地制定学校章程和涉及行政管理、教育管理、教学管理的各项配套制度，并在实施过程中根据国情、市情及校情的变化不断加以修订和完善，使之成为相对固定的现代学校制度，最终形成一种制度文化并使其成为整个学校文化的重要组成部分，实现文化管理学校的依法治校的最高境界。

二、现代学校制度的内涵及其突出特点

现代学校制度，说到底就是教育现代化背景下关于学校管理的一个好的制度体系，它不是单一的制度，而是透视制度，理解其表层才能理解其深层丰富而深刻的内涵，即在其构建与运行过程中所必然反映出来的理念和价值追求。

正因如此，现代学校制度独具以下四大特点。

（一）依法管理

首先，国家层面需要立法解决学校办学与发展的权利和义务问题，利用法律手段厘清和调节政府与学校的关系，这是国家意志的体现；其次，地方政府要建立并健全学校管理的法律规章制度；最后，学校内部，校长进行学校管理，所有事务都要依据法规行事。后两个层面体现的是执行国家意志。

（二）民主办学

学校拥有办学自主权，要进一步完善党委（党总支、党支部）领导下的校长责任制，依法依规制定发展规划，确立发展目标。制度构建需要经过民主程序，集聚全员智慧。尤其是，学校在课程设计与实施方面享有更多的自主权，教师享有更多的教学自主权，学生享有更多的学习自主权。与此同时，制度运行过程既需受健全制度的约束又管而不死，使师生合法权益得到保障不受侵犯，从而形成一种宽松的环境，使学校处处洋溢着浓厚的民主氛围。

（三）各方参与

与传统教育体制相比，现代学校制度在这方面有较大突破，除充分调动全校师生员工参与深化学校教育改革发展、依法治校大计的积极性外，特别强调切实改善家校关系，拓宽家长表达意见的渠道，赋予家长参与管理学校事务的权利；广泛吸纳学校所在社区等方面的意见与建议，有利于净化学校周边的环境，确保校园安全。这样，校内外各方形成合力，共建依法治校规范制度，共享改革发展教育成果。

（四）社会监督

以往，学校办学绩效如何仅听教育主管部门一家之言。现在，评价学校教育质量，师生员工、学生家长以及社区都参与其中，还有媒体的舆论监督、全社会各方面的建设性意见、包括批评在内的广义的社会监督，这样的评估考核结论才有真实性可言。

三、深刻理解依法治校与现代学校制度建设的重要性、必要性和长期性

前述关于依法治校与现代学校制度概念性的认识，为我们深刻理解其重要性、必要性和长期性奠定了思想基础，从而使我们实现了理念的更新，认识的不断深化。从哲学的观点来看问题，任何事物总是在相互联系和相互制约的互动中存在和发展的，这种客观规律不以人的意志为转移。教育不可能在学校的封闭环境中进行。学校是社会形态的"缩影"，在一定意义上是个微型社会。我党从全局高度做出全面推进依法治国、建设中国特色社会主义法治体系和建设社会主义法治国家的重大战略部署，成效卓著。就总体上讲，依法治校是依法治国战略部署的重要环节，也是依法治国的客观要求；从局部而言，依法治校是实现教育现代化的重要条件，是依法治国方略实施的具体化。实践表明，一方面，教育生态系统的创建与维系必须通过法治来实现；另一方面，只有依法治国的方针策略才能确保依法治校的方向性和原创性。这充分说明，依法治校乃是依法治国题中应有之义，依法治校与依法治国具有内在一致性，其重要性也不言而喻。

常州市明德实验中学作为北郊初中分校，是一所新建学校，从整体上来讲，依法治校的工作才提上议事日程，学校制度建设存在先天性缺陷，教育教学难以适应国家深化教育改革的形势发展要求，学校管理现状与依法治国的总体要求相比，方方面面都有一些较大差距。面对这些不利因素和困难，从校领导到全体师生员工都保持了头脑的清醒，不仅对于全面推进依法治校、大力加强现代学校制度建设的必要性达成了明确共识，而且意识到有许多可供借鉴的有益经验，并能及时吸取那些经不起实践检验的深刻教训，更利于我们走捷径，少走弯路，做好工作。

同时，实践告诉我们，实施依法治校、构建现代学校制度绝不是单纯的建

章立制，而是一种先进管理理念的确立与推行。推进依法治校与构建现代学校制度是一个长期的动态平衡过程，是由平衡到不平衡再到新的平衡的一个周而复始的循环过程。我们深信，深化学校教育改革必须以教育制度改革为前提。改革首先打破的是制度与现实不相适应的局面，也就是说，需要暂时实行某些方面的适度调整，以实现由不平衡到平衡。一旦出现新的不平衡就再调整直到平衡。平衡就是发展，这就是以改革促发展。全面推进依法治校与着力构建现代学校制度绝非一朝一夕能够完成的，是一个长期的永远都在前行路上的实践过程。对此，我们应当坚定信念，力促依法治校与制度建设辩证统一于学校管理的全过程，以实现学校和谐、稳定、持续发展。

四、全面推进依法治校、构建现代学校制度实践应当遵循的基本原则

学校管理是一个复杂的系统工程，涉及行政、教育教学、课程体系建设、教师专业发展、学生全面发展与学校内涵发展、人事、经费，以及对外交往等方方面面，其中必然存在各种矛盾和问题。我们在抓学校管理时，体会最深的就是光是从全面推进依法治校、构建并加强制度建设入手，还有在实践中严格遵循以人为本、改革开放、民主平等和实事求是这四个基本原则，这样便能促使这项工作更加规范、更加科学、更加合理，即使困难重重，一些突出矛盾和问题也能迎刃而解，取得事半功倍的效果。

（一）以人为本的原则

学校工作的本质是育人，管理的对象是教师和学生。以人为本就是以教师为本、以学生为本，终极而言是以学生的个性发展和全面发展为本。全面推进依法治校、构建现代学校制度实践首先应当遵循以人为本的原则。正因如此，建校伊始，我们就明确以"办有灵魂的理解教育 育全人格的未来公民"为办学使命，以"立德固本 和爱润心 知行一体 实践创生"为理念，致力于培养"懂情理 明事理 求真理"的新时代中国特色社会主义事业的建设者和接班人。

（二）改革开放的原则

在当今教育现代化、教育国际化大趋势的背景下，全面推进依法治校、着力构建现代学校制度就是一个日益开放的系统，也是一个深化改革的过程。因此，我们特别强调既应具有开放的思维和开放的心态，更应具有改革的勇气和

精神。开放将不断更新理念，改革将不断创新体制，这两者有机结合，发展当有不竭动力，前路必然无限宽广。也只有这样，才能保证依法治校、构建制度这一学校的伟大工程始终健康、稳定、有序、持续地向前推进，最终抵达既定和创新的远大目标。

（三）民主平等的原则

民主平等的概念本是法律与法治中的，这无可争议。依法治校说到底就是民主办学，它们看似矛盾，实则一致。构建现代学校制度并不断健全和完善的过程理应充分发扬民主精神，统一校内外各方面的意见与建议，以达成共识，使制度成为集体智慧的结晶。制度一旦公布，就应无一例外地共同遵守，自觉履行并维护，接受所有人的监督，真正做到"制度面前人人平等"，从而形成"决策民主化、执行科学化、监督具体化"共建共享的法治生态。

（四）实事求是的原则

无论怎样依法治校，无论怎样构建现代学校制度，都必须实事求是，即要有校情意识，从本校实际出发，构建适合学校实际的好制度，实现学校管理效益的最优化、最大化。正是基于这种认识，我们决不盲目照搬照抄其他学校这方面的成功经验，更不复制他们的治理模式，而只是借鉴那些具有启示意义的做法与经验，结合学校实际，不断探索，反复实验，取长补短，走出一条融合发展的平坦之路。

五、实施依法治校、构建与运行现代学校制度的途径和方法

实践使我们深刻认识到，教育教学是学校管理的重中之重，也是全面推进依法治校、构建现代学校制度的重点所在。显然，从教育教学环节考虑，课程建设、课堂教学必将成为实施依法治校、构建与运行现代学校制度的重要途径。无论是国家课程、地方课程还是校本课程，都有明确的标准，其中处于核心地位的国家课程代表了国家意志，体现了党的教育方针，具有权威性、多样性和强制性，各学科的设置，教材、教学目标以及教学课时制定等均有严格规定，是带有方向性、法规性的框架结构，必须不折不扣地执行。地方课程与校本课程只是国家课程的细化、活化。国家赋予学校在课程体系建设中一定的自主权，但我们始终有一个清醒的认识：开设任何一门课程，都应以国家课程与党的教育方针、重大法规为准绳，决不可偏离轨道，更不能突破底线。制度是

实行有效管理的前提，更是依法治校的基础。法律观念、自律意识、法治思想与法治思维更多地体现于各学科的教学过程中，师生双方都在潜移默化中得到浸润，故建设校本课程体系和进行教育教学实践应当高度重视构建和完善与之相应的课程实施与管理制度以及符合教育规律、学生认知及其身心成长规律的教育教学制度。如此看来，课程建设和教育教学过程已然成为依法治校、构建与运行现代学校制度的主渠道，是一条非常重要的途径。

我认为，大凡制度都具有"刚性"的特点，文化则具有"柔性"的特点，依法治校必须做到"刚柔并济"。从现代管理学的视角来看，制度一旦上升到文化层面，其影响力将更为宽泛和深远，制度教育功能的力度远不及文化教育功能的渗透力。前文已述，制度的构建需要严格的民主程序，但必须强调的一点是，制度的运行又需要宽松的民主氛围，而文化正体现了这种民主氛围。归根结底，依法治校与制度构建都不是根本目的，而是育人的手段和方法。为此，我们反复强调共建、共享，自治、自律，以切实做到法治与德治相结合、依法治校与民主办学相结合、民主决策与民主监督相结合、制度管理与文化管理相结合、物质文化与精神文化相结合，充分发挥法规与制度的教育功能，从而不断推动素质教育深入开展。教育的高品质与人才的高素质成正比，这也是营造浓厚学校文化的必然结果，是我们不懈追求的学校教育的总体目标。常州市明德实验中学践行国家德育课程的校本化实施，通过各种举措促使德育贴近学生生活，渗透于教育教学的过程中：经论证规划，将新建教学楼5个楼层的共享空间分别设为智艺学堂、悦享书吧、艺术殿堂、科创中心和生态课堂，致力于营造开放和谐的教育生态系统，建立健全理解性德育课程体系，从班级管理向班级文化建设转型，以班级文化促进班级管理，并以此为抓手，师生共同建构以理解为核心理念的学校文化，确保依法治校的有效实施、现代学校制度的顺利构建和健康运行。

实践证明，依法治校、构建与运行现代学校制度最有效的方法就是走群众路线。我们坚持从师生中来，再到师生中去，使依法治校得以扎扎实实地全面推进，使现代学校制度的构建与运行稳妥、循序渐进。

依法治校、构建与运行现代学校制度是教育领域的依法治国实践，是改革学校管理模式的一项创新性工作，更是学校的一项全局性工作，因此我们要对其加强领导，统筹规划，周密计划，实施精细化管理。为此，我们设想，成立一个校级依法治校工作指导委员会，由校领导、教师、学生、家长、社区等的代表组成，并聘请法律专家任法律顾问，负责这方面工作的规划、编制、制定学校章程、计划及后续的审核发布与修订完善，指导工作开展、监督执行、检查考核等相关事项。同时，可设立校长接待日，设置校长信箱、校长专线电话，定期或不定期召开这方面的专题座谈，建立良性互动机制；经常召开专题情况通报会，确保师生员工的知情权；组织师生参与法律知识讲座、旁听法庭庭审；组建模拟法庭，要求师生自行观看中央电视台的法制宣传栏目；加大法治宣传力度，剖析各地学校发展的典型法治案例，提升师生及员工的法律意识、法律素养。教职工代表大会是学校依法参与民主管理和民主监督的基本形式，必须充分发挥它的积极作用。学生社团是学校联系广大学生的纽带和桥梁，应尽量发挥好其承上启下的作用。

现在已进入全新的网络、大数据时代，互联网技术的融入既给依法治校、构建与运行现代学校制度提供了有利条件，也给我们带来了严峻的挑战。依法治校、学校管理离不开大数据的收集、管理、分析、研究和应用，这就需要我们不断学习，深入研究，学法用法，创新法治理念，创新治理体制，创新治理方法，不断推进依法治校、现代学校制度的构建与运行，使依法治校的工作迈上新台阶、呈现新局面。

参考文献：

［1］杨建华.基础教育管理体制变革原理与应用［M］.西安：陕西师范大学出版总社，2015.

［2］程红艳.为了公平与质量：基础教育学校变革探究［M］.济南：山东人民出版社，2015.

关于实践性校本培训与教师专业化发展的辩证思考

世界上任何事物都不是孤立的、静止的，而是发展的、有联系的，这就是马克思主义的哲学观。在当前教育改革不断深化、课程改革层层推进的新形势下，用马克思主义的哲学观点看待学校教育中的实践性校本培训与教师专业化发展问题，辩证思考这两者之间的关系显得尤为紧迫和重要。本文中，笔者拟结合自己的思想认识和实践体会，从以下四个方面进行简要阐述。

一、实践性校本培训与教师专业化发展的目的一致

应当指出，实践性校本研训是指学校根据自身发展的需要，在对全体教师的现状、潜力进行系列评估的基础上，充分利用校内外的各种资源，通过自行规划设计或与专业研究机构、研究人员合作等方式开展的旨在满足学校及每个教师工作需要的校内培训活动。课堂教学是学校教育教学活动的基本组织形式，是教育教学活动的主要渠道，教师所从事的教育教学是一项专业性、实践性都很强的工作。教师的这种专业性、实践性使其时刻都离不开理论的指导与支撑和实践的探索与研究，由此可见开展实践性校本培训的必要性和重要性。同时，必须强调，校本培训的主体是教师，校本培训要以教师的专业发展为本。正是从这个意义上讲，实践性校本培训实际上是立足于本校、本职、本岗的教师继续教育的新模式，也是教师教育最主要、最便捷、最经济的形式。我校近两年开展理解教育的成功实践表明，以课例研究为主要呈现方式的实践性校本培训活动充分体现了教、学、研一体化，成效非常显著，既推进了素质教育，有助于学生的全面发展，又促进了教师的专业成长、专业发展和学校的特

色发展、内涵发展，大幅度提高了学校的教育质量，其经验正在得到认真总结和大力推广。我们都有这样的深刻体会：教师为解决实际的教学问题而进行课例研究，通过课例研究又能发现更深层次的问题，此后又在校本培训过程中进行合作探究，形成校本研修的新成果，继而共享并各自实验推广，实现循环往复的良性循环，以教育科研不断推动教学实践的发展。从根本上说，开展实践性校本培训、实现教师专业化发展都只是手段，最终目的是遵循教育规律，科学解决教育教学实践中面临的各种问题，切实提高教育教学质量。实践证明，校本培训能为教师专业发展营造一个良好的支持性环境，不断发现、充分肯定教师的先进教育理念、教学方法，并将许多无意识的教学思想和方法转化为自觉的思想认识和教育实践，逐步内化和升华，从而为达成全面提升教育质量这个一致的目的奠定坚实的基础。

二、实践性校本培训与教师专业化发展的内容相融

教育界人士和社会各界基本达成了这样的共识：教师专业发展涵盖了观念、知识、能力以及专业态度和动机、专业发展需要意识等。为此，专业化的教师一般应当具有如下特征：一是从狭义学科角度看，必须具备系统而全面的专业理论和实践知识、较高水平的专业判断和决策能力；二是从非学科角度看，必须具备较强的交流沟通能力和组织协调能力、较高的人文艺术素养和实践创新能力。教师专业化需要在这两方面都得到推进才能实现。简而言之，教师专业化发展主要是指专业知识、专业素养和专业能力的发展。一句话，就是充分体现教师的综合素质。如此看来，这与以教师专业发展为本的校本培训的内容完全相吻合，重在教师综合素质的培训，只是除此以外，校本培训还有其他更为广泛的内容，如学校文化建设、制度建设、课程发展、学生发展、学校内涵发展等都在培训范围之内。毫无疑问，不同学校的教师以及同一学校的教师之间存在客观的差异，必然导致教师的专业发展有着多元化的需求，这决定了校本培训内容的多样性。显然，不同学校和同一学校不同的发展时期所面临的问题总是不尽相同的，因而培训内容必须做到因校而异、因人而异，这应被视为一条重要原则。总之，无论是实践性校本培训还是教师专业发展，都将是一个动态的发展过程，其内容会日益充实和丰富，但不论怎样变化，两者在这方面所呈现的相互融合的特征却是始终不变的，实践将加深我们的这种理解。

三、实践性校本培训与教师专业化发展的形式相近

实践性校本培训重在先进教育思想、教育理念的引领，实际上是有组织、有计划、有目的、切实有效的教师群体性教研活动。为此，实践性校本培训在形式上要特别强调以下几点：一要开展教学反思，包括教学笔记、问题梳理、教育叙事、案例分析、课例研究等；二要鼓励同伴互助，包括教研组集体备课、备课组集体备课、师徒结对帮扶、教学观摩研讨、教学论坛交流、教学沙龙、教学专题研究、网络研修等；三要实施专业引领，包括教学骨干引领、专家引领等。所有这些都离不开课堂教学的专业实践。由此可见，基于教师专业实践的校本培训是促进教师专业成长的战略性举措和有力推手，是培养和建设一支研究型、专家型教师队伍的有效途径。实践已经证明，这样一种以教师所在学校为培训基地的全员性继续教育形式，不是只关注教育理论、教学技能、教研能力中的某个方面，而是将教师的专业成长和发展作为着力点，开辟了教师培训的新形式，是对传统培训模式的创新。同时，我们不难看出，这里提及的实践性校本培训的种种形式，实际上也都是实现教师专业发展的最佳实践形式。一言以蔽之，实践性校本培训，实质上就是一个校本的、合作的、探究的教师专业发展过程。

四、实践性校本培训与教师专业化发展的前景广阔

教育改革无尽期，课程改革无终结，而素质教育则更是一个前路漫长的渐进过程，具有长期性、艰巨性和复杂性。以新课改为例，校本课程由学校自行决定，这是一项重大的改革决策。也就是说，设置什么样的校本课程、校本课程如何实施、如何评价等都由学校自行决定。对于教师而言，他们也就不单是课程的执行者、实施者，还是课程的设计者、开发者、研究者，这意味着教师将参与从课程规划、课程设计到课程开发、课程实施的全过程。显而易见，这给了教师更大的自主发展空间，为学校特色发展提供了新的发展机遇，也为教师专业发展带来了极大的挑战。新一轮课程改革的推进对教师原有的知识结构、能力结构和人文素养等提出了更高的要求，即教师必须按照新课程的理念从事各种教育教学活动，研究和解决在开发、实施新课程的过程中出现的许多

问题。而现实状况则是，一些教师无论是教育理念、课程意识还是专业知识与能力仍存在许多欠缺之处，这些差距表明这些教师与教育改革、课程改革的形势发展要求还不相适应，亟待提升。实践性校本培训的情况也不太理想，有的"似有似无"或是"时断时续"，有的流于形式，这反映了实践性校本培训离规范化、制度化、常态化的要求还很远。然而，任何事物都具有两面性，我们不妨换个角度来辩证地看待这些问题：正是这些问题的存在说明了开展实践性校本培训、促进教师专业化发展的紧迫性和重要性，做好这项工作有着更多的空间、留有很大的余地。以往的实践已经告诉我们，实践性校本培训绝非一时的权宜之计，而是一项惠及长远的教育大计。教师专业化发展也不是一朝一夕就能达成的目标，而是必须牢固树立终身发展的观念，立志为之奋斗终生，以期实现专业发展和终身发展。所以说，实践性校本培训与教师专业化发展具有同样广阔的前景，可谓前景远大，大有可为。

综上所述，以基于课堂教学实践的课例研究这一重要形式为中介和桥梁，使得实践性校本培训与教师专业化发展联系更紧密、内容更丰富、成效更显著、前景更广阔。正是从这个意义上讲，实践性校本培训与教师专业化发展都是教育的永恒主题。我们坚信，只要正确认识并认真处理好校本培训与教师专业化发展过程中隐含的共性与个性、普及与提高、内因与外因这类辩证统一关系，就能做到研训并举、研训互补、以训促研、以研促教，使二者相得益彰、共同发展。对此，我们略做辩证思考便可得出如下结论：校本培训侧重于教师的共性，而这种共性又寓于教师的个性之中，个性是共性的反映。也就是说，教师个体的专业化发展为教师群体专业化发展奠定了良好基础；实践性校本培训有效提升了教师的专业发展水平，这既是一个在普及基础上的提高过程，也是一个在更高水平上的普及过程。辩证法还告诉我们，外因只是变化的条件，内因才是变化的根据，外因必须通过内因起作用。从这个视角来看，校本培训是促进教师专业化发展的外因，其中，专业引领不可或缺，而教师自身积极参与的高涨热情和合作探究的民主科学精神则是实现自身专业化发展的内因。换言之，没有教师的主动参与和无私的同伴互助，就没有教师的自主发展，我们力求做到紧跟深化教育改革历史进程的步伐，不断实现自我提升、自我创新、自我发展、自我超越。总而言之，我们要致力建设一种有助于形成实践性校本培训与教师专业化发展规范化、制度化和常态化的长效机制，与时俱进，创新机制，再借助网络、远程教育平台，尽快实现实践性校本培训手段的现代化，从而使得实践性校本培训成为教师专业成长的摇篮，使学校成为一所名副其实的教师专业化发展的学校，进一步开创实践性校本培训与教师专业化发展工作的新局面。

关于中学英语教学与E学习整合发展问题的辩证思考

——基于理解理念构建翻转课堂云教育模式引发的启示

　　20世纪末以来，以计算机和互联网为标志的现代信息技术迅猛发展，对经济社会产生了巨大的冲击，教育领域也不例外，众多教育新媒体应运而生。在此大背景下，现代信息技术在学校教育教学过程中的广泛应用已经汇成一股不可逆转的发展大潮流。唯物辩证法认为，世界是物质的，物质是运动的，运动是有规律的。而且，任何事物的出现都不是无缘无故的，也不是孤立存在的，一定有引起该事物出现的另一个事物，即该事物的产生，其中必然存在因果关系。同时，世界万事万物相对而言又都是一个独立的系统，自成一个整体。因此，我们必须以整体的、联系的、发展的观点全面地、辩证地对待事物，进行综合考查与分析，透过现象看本质，寻找其产生、发展过程中的内在客观规律，以期把握规律，做好工作，并与时俱进，开拓创新，使工作不断迈上更新、更高的台阶。本文试图以我所在的学校——常州市北郊初级中学基于理解理念构建翻转课堂云教育模式成功实践的个案（图4 1）为例，对中学英语教学与E学习整合发展的相关问题进行论述，侧重研究、辩证思考整合实践与深化教育改革、实施新课程标准的关系，以及实现整合的基本原则和未来发展的广阔前景，以体现教育的终极目标是推动素质教育、促进学生的全面发展并为其终身发展奠定基础。

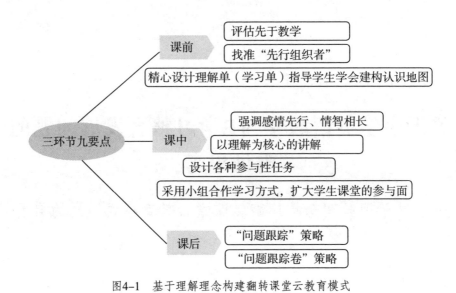

图4-1　基于理解理念构建翻转课堂云教育模式

一、中学英语教学与E学习整合是教育改革深化的重要标志

毫无疑问，中学英语教学与E学习整合是深化教育改革的重要内容。《基础教育课程改革纲要（试行）》指出："大力推进信息技术在教育过程中的普遍应用，促进信息技术与学科课程的整合，逐步实现教学内容的呈现方式、学生的学习方式、教师的教学方式和师生互动方式的变革，充分发挥信息技术的优势，为学生的学习和发展提供丰富多彩的教育环境和有力的学习工具。"由此不难看出，本文提及的E学习就是以现代信息技术为载体的课程实施过程，充分发挥其传递快速便捷、音像内容丰富、动静结合且形象直观以及具有固定、回放等诸多功能的优势使得教师的教学与学生的学习高度融合，整合后的教与学完全打破了教学时间、空间等的各种限制。这样，先进的计算机、网络技术成就了E学习模式，使得"易学习、亿学习"变为现实。我们深知，大数据、云计算、互联网……逐渐与教育紧密相连，它们正在用"智能"的力量重塑教育的形态。变化着的学生，也预示着这一时代的快速到来——正如中国教育报《奔跑吧，智慧教育》所言，"95后""00后"是在网络环境下成长起来的，他们更喜欢技术，更依赖网络，更习惯于碎片化的学习。正因如此，我校近几年来也在原有教学改革的基础上，大刀阔斧地进行了基于理解的云教育校本实践并获得了巨大成功，这就是明证。我同其他学科教师一道积极投身其

中，从教学难度相对较大的英语语法教学入手，大胆尝试，全过程、全方位、立体式应用信息技术作为辅助教学工具，将翻转课堂与慕课有机结合起来，彻底改革传统教学模式：各学科组建微视频工作坊，共同建设高度综合集成的学习资源平台和理解性的翻转云课堂，再造课堂教学流程，真正实现了信息技术支持下的E学习，使之成为一种全新的教学模式和学习方式，师生结成基于网络的教学共同体。在此过程中，广大师生通过整合实践，更新教育理念，拓展思维方式，增强团队意识、合作意识与创新意识，从而有效提高了教师教学的效率与质量，促进了自身专业发展，大幅提升了学生的综合素质与学习水平，促进了其全面发展。

如图4-2和图4-3所示，我校在具有"三环节九要点"元素的理解性课堂中植入微理念，形成"教育+互联网"的教学格局。

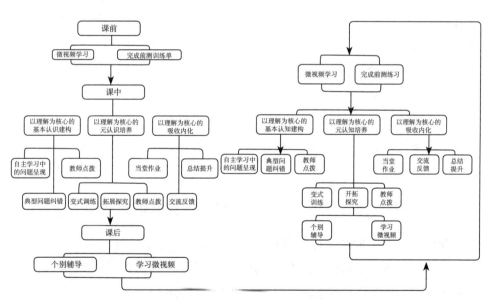

图4-2 "教育+互联网"的教学格局

91

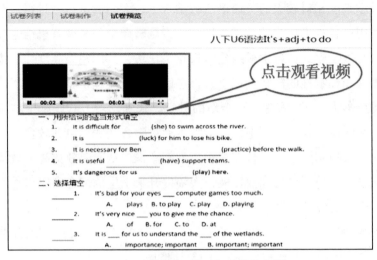

图4-3 "教育+互联网"的教学案例

实践表明，中学英语教学与E学习的整合是一场自班级授课制度建立以来基础教育领域最深刻的变革，其本质与内涵是教育理念的更新、思想观念的改变，而教育观念的更新必将导致教学内容、教学方式、学习方式及评价方式的全面、深层变革。由此可进一步推断，中学英语教学与E学习的整合是教育改革深化的体现，而深化教育改革又能为这两者更有效、更合理地整合提供机遇，创造条件。也就是说，只有不断深化教育改革，才能实现更好的整合。从这个意义上讲，它是教育改革发展到一个崭新阶段的重要标志。

二、中学英语教学与E学习整合是实施新课程标准的根本途径

我们现在遵循的新修订的课程标准明确了四个重点要求：一是加强社会主义核心价值体系在英语课程中的渗透；二是充分体现对新课程改革理念的巩固和深化；三是突出对学生综合语言运用能力、创新精神和实践能力的培养；四是根据学生的认知发展规律，体现英语课程目标和内容制定的循序渐进。新课标还突出强调注重素质教育、体现语言学习对学生发展的价值，面向全体学生，关注学生的不同特点和个性差异，重视语言学习的实践性和应用性，着重评价学生的综合语言运用能力、丰富课程资源、拓展英语学习渠道等新理念。

我在进行英语教学与E学习整合时切实做到了"先学后教、以学定教"，注重反复研课标、研教材、研考题，精心制作微视频，而后上传至我校的E平

台并发布相关信息。课前，学生在平台上观看微课并完成在线检测，即前测练习，做到评估先于教学；提交后，学生可以查看错误并进行自我诊断与归因分析，以促进元认知能力的培养；生生间、师生间可以利用网络进行提问理答，有效提升了学生发现问题及解决问题的能力。这种以师生协作完成作业答疑、合作探究和互动交流活动为主的形式将成为一种新型的教学模式。

如此一来，一节课的开始也就不再源于教师的"经验"，而是始于学生的困惑点，教师真正做到了"备学生"，而不局限于"备教材"。课中少讲多学，一般安排每4人一组开展合作学习，教师答疑解惑，师生互动交流，从而节省了群体授课的平均教学时间；教师可以利用教师平台全面了解每个学生的作业情况，包括作业起始时间、完成用时、正答率等，还可监控全班习得情况，根据学生的问题进行深度备课，更能准确地把脉学生认知，诊断教与学，在课堂上针对学生的问题进行变式训练。

课后，教师基于对课标、考纲和教材的理解，遵循认知规律，围绕知识点，指导学生进行进阶训练，对学生仍存疑惑的知识点进行问题跟踪，制作某一知识点深度梳理的微课，达到分解要点、内化知识的目的。教师利用软件及时掌握学情：学生的电子化作业由学习云平台反馈正误并自动统计，随即生成教学情况分析，以便教师有针对性地进行"问题跟踪"教学。新颖严谨的教学设计，营造出氛围宽松民主、生动活泼的英语教学环境，使因材施教策略的个性化、差异化教学取得了事半功倍的成效。

近几年来的中学英语教学实践使我深刻体会到，翻转课堂教学模式不仅体现以生为本的教育理念，同时符合英语学科的特点，而且符合新课标的各项要求，这就充分说明中学英语教学与E学习整合是实施新课标的根本途径。利用微理念，使课前、课中、课后形成一个循环闭合系统，极大地提升了教学效率。我在英语教学中感触最大的一点是，英语语法知识尤显枯燥，教师和学生即使投入不少的时间与精力也收效甚微，因而或多或少有畏难情绪。现今信息技术的广泛应用较好地解决了语境问题，教学中的制约因素越来越少，教学难点被攻克，学生的学习热情被激发，学生在课内课外、线上线下有了更多聆听和使用英语的机会与条件，英语会话能力大为增强。更为重要的是，英语教学与E学习的整合不仅有利于新课标提出的知识与技能、过程与方法、情感态度与价值观三维目标的达成，而且实际效果好于预期。

三、中学英语教学与E学习整合的基本原则

（一）一致性原则

中学英语教学与E学习的整合是一个系统，是一个矛盾统一体，是一个过程。我认为，英语教学与E学习既相互矛盾、相互对立，又相互作用、相互促进，两者相辅相成，辩证统一于整合的全过程，这正是由于它们之间具有内在的一致性。因此，无论是英语教学还是E学习，它们的构成要素主要都是教师、学生、教学内容（教材）、教学媒体（信息技术）四个方面，其中学生是核心要素，学生主体性是第一位的。教育立足于学生的全面发展和终身发展，这是根本宗旨，也同样是英语教学、E学习的目的所在，这个一致性便是实施整合和整合发展的基础与保障。为此，我们在整合过程中特别强调要始终关注每个学生的个体特征，即各自的性格、生理、心理特点，兴趣爱好，认知程度，思维能力，以及信息技术应用水平甚至家庭环境等。教师在英语教学中应给予学生更多的自由，允许学生选择最适合自己的微视频内容与学习方式进行自主学习和协作学习。学习评价方式也以学生自我评价与相互评价相结合的形式为主，从而变教师理解为学生理解，实现学生知识内化，帮助学生建构新知识，这样实施的个性化、差异化教学才是最优的教学，整合自然也就成了多样化的统一过程。

（二）实践性原则

实践出真知。教育理论、课程理论对于教育教学实践有着极其重要的指导作用，这不可否认，但只有教育教学实践才是检验真理的唯一标准。中学英语教学与E学习整合的实践是外在表现形式，我们要透过现象看本质，其实质是教育理念的更新，是新课程理念。我们追求的是理论与实践完美结合的理想整合境界。英语本是一门实践性很强的学科，中学英语教学与E学习的整合必须通过具体的教学实践去实现，正确与否也必须通过具体的教学实践去检验。我在这方面的深切体会是：一个好的教学模式值得效仿，但只能是模仿，不可能复制，也不应该复制，只有紧密结合自身的教学实践去借鉴、领悟、探索、积淀、创造，才能在不断提升实践智慧的基础上逐渐形成虽具共性，但更富个性的独特教学模式。

经过简单分析可得出这样的结论：中学英语教学与E学习的整合只能在教

学实践过程中完成，也只能通过教学实践得以发展和完善；整合是教育理论化的实践，整合实践是发展丰富了的教育理论。

（三）科学性原则

教育是事业，是艺术，更是科学。中学英语教学与E学习的整合是一个动态的生成过程，它实际是在英语教学中师生双方共同应用信息技术营造的一种数字化教学环境，也是一种动态的课堂新形态。这个过程、环境、形态自始至终都处在运动之中，在其产生、变化、运动、发展的过程中，必定具有内在的客观规律有待我们去发现、把握和遵循。除自身的客观规律外，整合过程还需要我们遵循教育教学规律、学生认知规律和身心发展规律，这样才能实现有效、合理整合，也就是科学整合。我认为，科学整合应包括三层含义：一是以科学的态度对待整合，二是以科学的精神参与整合，三是以科学的原则把控整合。

如前所述，中学英语教学与E学习整合是教育改革深入发展的必然趋势。首先，我们应持正确的、科学的态度，那就是顺应这种发展趋势，融入这个发展潮流。我和许多同事以及自己的学生一样，在这种大趋势面前，从认识到行动也经历过由不适应到适应、由被动到主动的过程。其次，我们还应以科学的精神参与整合。当我充分认识到信息技术的优势以及英语教学与E学习整合的重要意义后，很快克服了消极情绪，积极投身整合的教学实践，并从尝试阶段过渡到常态阶段。现在信息技术已成为全体教师不可或缺的教学工具，教师自觉地将网络的连接、共享、互动功能及其声音、文本、图像和动画的集成优势渗透于备课、编写教案、课堂教学、收集信息、管理教学资料、制作多媒体课件、管理及评价学生学习成绩、教学研究、撰写论文等日常教学生活的各个环节。信息技术的广泛应用使得英语教学呈现出情境化、交际化、互动式、开放式样态，使得语音、词汇、语法功能和句式等方面基础知识的学习以及听说读写基本技能的训练更具及时性、选择性和针对性，学生的信息收集、加工、处理能力越来越强，教师教学的效率与质量越来越高。再次，我们更应以科学的原则把控整合。应当明确，信息技术必须服从并服务于英语教学，服从并服务于英语教学与E学习的整合实践，切不可为应用而应用、为整合而整合。那到底该怎样应用，如何整合呢？我们的整体思路是既要清晰认识信息技术的优势并充分发挥，又不能将信息技术的作用强调到不恰当的程度而过度依赖它，既反对"技术至上"的"唯技术论",也反对"技术无用"的"技术否定观",坚决防止和克服这两种错误倾向。同时,我们应坚持人的因素第一的观点,在任何时间、任何地点都不能忽略教师与学生双方的主观能动性和创造性。

总之,我们在进行英语教学与E学习的整合时必须掌握好度,因为两者以信息技术为桥梁和纽带,而适度应用信息技术才是把控整合的关键,这个度就集中反映出其中的科学原则。在实施英语教学与E学习整合过程中,我比较注重教学的创意设计,当我认为设计方案较为严谨且切实可行时才付诸教学实践进行试验性教学,即使遭遇挫折甚至失败也决不放弃。我坚信失败乃成功之母,反复修订推敲方案的各个细节并继续试验,直至试验教学取得理想效果,而后进行教学反思与总结,促使自创教学模式日趋成熟稳定。我感觉这是践行科学性原则形成的一种教学智慧。

四、中学英语教学与E学习整合实践具有广阔的发展前景

实践表明,一定的社会形态决定了一定的教育形态,这既是一条很重要的社会发展规律,也是一条很重要的教育规律。信息化、网络化、智能化是目前社会形态最基本的主要特征,从主客观两个方面讲,实施中学英语教学与E学习的整合,不仅适应和符合社会发展规律,而且是主动顺应和自觉遵循教育规律的教育教学实践。这正是中学英语教学与E学习整合实践探索顺利进行并获得成功的重要原因,也是中学英语教学与E学习整合实践未来发展前景必将无比广阔在重要因素。

教育无止境,信息技术的发展无终极。信息技术就其本质而言也是一门综合课程,其独具的再生性、互补性与重复使用性等显著特征表明,它还是一种可以不受时空限制的学习资源。可以断言,随着信息技术的不断发展和广泛应用,中学英语教学与E学习整合实践发展的潜力具有无限性,其未来发展前景无比广阔。在这种新形势下,将此无限性转化为现实性的重大任务是广大教育工作者面临的新挑战,也是提供给教师施展抱负与才华的大舞台。

今后,我们要进一步解放思想,更新理念,坚持以科学发展观为指导,确保中学英语教学与E学习整合的正确方向;继续努力学习和掌握现代信息技术,加强有关信息技术与英语课程整合方面的教育理论与教学实践研究,全面、正确分析英语教学与E学习整合过程中的普遍矛盾和特殊矛盾以及影响整

合进程的内因和外因，指导整合实践的发展，加快整合步伐，扩展整合节点，提升整合质量。同时，教师应勇于承担时代赋予的教育重任，在保障学生主体地位的前提下，切实发挥好自身在整合实践中的主导作用。整合实践是各种关系要素对立统一的动态发展过程，而在整合系统整体内的各种关系要素中，师生关系无处不在、无时不有，是所有关系要素的内核。其中，教师处于师生关系矛盾的主要方面，这与学生的主体地位并不矛盾，教师与学生、教与学同样是相辅相成的对立统一关系。总体而言，教师具备的包括信息素养在内的综合素质的高低，无疑是关乎整合实践成败的重要因素，这也为以往中学英语教学与E学习整合的成功实践所证实。显而易见，"学"的视角经营"教"，这就是一种跨越；从聚焦自己的课堂到关注人的教育，这正是一种进步；从经验教学走向认知诊断，其实质是促进学生学习方式的转变；以信息技术为手段，以E平台为载体，从单兵作战到团队协作，这将成为教师专业发展的助推器。

我们坚信，中学英语教学与E学习的整合有了这样良好的开端，再深入进行相应的辩证思考和反复实践，其未来发展的美好前景激励我们，使我们满怀信心。我们定当自加压力，不断进行整合实践的新尝试、新探索，为整合实践的长足发展和教育改革产生质的飞跃做出新贡献。

参考文献：

于世华.课堂的苇草［M］.北京：北京师范大学出版社，2010.

关于中学英语课堂教学生态建设
若干问题的辩证思考

课堂是学校教育教学的主阵地，以系统论的生态思维和辩证思维观察考证中学课堂教学生态，不仅是学校教育生态系统的重要组成部分，而且其构建过程是实现有效教学和学校教育高质量发展的重要保障，这是所有学科教学所具有的普遍性特征。中学英语学科的工具性、人文性和实践性极强，经我们初步的理论研究和探索实践表明，在大力推进英语课堂教学生态建设过程中，更易呈现英语课堂生态独有的特殊性，其成效也成为教育改革深化程度的重要标志，并为促进英语课堂教学生态建设策略原则的形成奠定了基础。同时，英语课堂教学模式的不断转型与创新也将生成无限的可能。

我拟结合在教育改革逐步深化的大背景下长期从事英语教学的实践，以生态思维和辩证思维研究中学英语课堂教学生态建设的若干问题，探索寻求加强英语课堂生态建设的策略原则，并从以下四个角度进行阐述论证。

一、课堂教学生态是学校教育生态系统的重要组成部分

只要我们提到中学英语课堂教学生态这一论题，就不得不涉及系统科学及系统论的重要概念。关于"系统"和"系统论"，众说纷纭，至今尚无统一而确切的定义，但学术界有人对此做了简明归结：一般认为，相互作用、相互依存的两个事物或一组变量组成的具有一定功能的有机整体即为系统，而成为系统的事物或变量则是系统的元素或称要素。按属性、层次等特质分类，系统还有孤立系统、封闭系统、开放系统、自然系统、人造系统、复合系统、静态系统、动态系统、子系统、中系统、大系统之别，另有社会系统、经济系统、

银行系统、交通系统、教育系统等众多称谓。人们常说某某生态系统，如此看来，所谓系统也就是生态。关于教育生态系统这一概念可以追溯到20世纪70年代，美国教育家克雷明提出"教育生态系统学"的概念，教育生态系统学主张运用生态学原理即生态文明思想，以整体联动思维和系统平衡思维，从教育生态系统环境、教育个体生态、教育群体生态和教育生态系统的相互影响与相互制约机理入手分析解决教育问题。

按照系统论的整体性、层次性观点，在一所学校中，课堂教学系统肯定是学校教育系统的一个子系统，当然，除此之外，还有其他诸如课程生态、德育生态、文化生态、教研生态、管理生态等，都是整个学校教育生态系统的组成部分。从纵横向全面考量，还存在着许多既相对独立又相互联系的大大小小的各个生态系统，甚至每个教师、每个学生都是其中一个小的构成要素，即子系统，如各年级段、各班级、各教研组、各科室、各群团等，它们也都是组成整个学校教育生态系统的有机的不可或缺的一环，这就是包括中学英语教学在内的所有学科教学显示出的重要的普遍性特征。

二、构建课堂教学生态是实现有效教学和学校教育高质量发展的重要保障

系统科学原理显示，系统还具有结构性和功能性特征，而前文所提的系统层次性，其实质则是系统结构层次和功能层次的辩证统一。如前所述，从纵向看，学校教育系统由许多层次不同的子系统组成，低一等级的子系统从属于高一等级的子系统，从而形成系统结构；从横向看，在一所学校中，还存在许多互相平行的分系统，这些分系统同样是学校教育系统的组成部分，从而使得学校教育系统的结构呈现出多个侧面。同时，必须看到，系统的这种层次结构是实现系统功能的基础。正因为如此，我在进行英语课堂教学的准备、实施、总结、反思阶段都充分考虑到学校教育生态系统各个要素之间的关系，尤其是要搭建师生、生生之间多元立体的关系。实践证明，辩证对待和妥善处理好这些关系显得格外重要。只有当各个子系统、分系统各司其职、密切配合、互相支撑、协调运转时，整个系统才能充分发挥作用，才能真正建构起一个良性循环的和谐的教育生态系统。

课堂教学自成一个系统，教师、学生、教学内容和教学方法是系统构成最基

本的要素。在整个教学活动中，不仅教与学是两个关系层次，即深层结构与表层结构辩证统一地存在，而且涉及的内部要素与外部要素体现为一个有机联系辩证统一的整体。实践告诉我们，在此过程中，无论从静态、内隐的逻辑层次还是从动态、外显的逻辑层次去观察理解，都可得出一致的结论：学生的学是矛盾的主要方面，教师的教则是矛盾的次要方面；但教也可能成为矛盾的主要方面，学也可能成为矛盾的次要方面。这两种客观存在的相互对立的教与学的关系形态在具体的课堂教学过程中总在根据教学的现实条件和实际进展而不断发生转换。系统结构是实现系统功能的基础，其组合方式不同，功能的大小不同，系统构成要素的质量直接影响系统功能的发挥。正因如此，课堂教学环境充满种种变数，进而成就了课堂教学生态构建的广阔空间和丰富多彩，从而使获取教学效率最大化和教育效益最优化成为可能。因此，旨在每一个学生的发展的有效课堂教学才会真实发生，也就是说，真正实现教的有效和学的有效。

教育质量是学校一切工作的生命线，课堂教学是教育教学活动最基本的形式，是实施素质教育、提升教育质量最根本的途径，构建课堂教学生态必然成为有效教学和学校教育高质量发展的重要保障，这也是包括中学英语教学在内的所有学科教学显示出的另一个重要的普遍性特征。

三、中学英语课堂教学生态建设成效是教育改革深化程度的重要标志

实践表明，课堂教学是教育教学的主渠道和最基本的形式。课堂教学过程自身就是一个相对独立的生态系统，因而课堂教学生态建设便是一项很重要的系统工程。学校教育生态系统的要素很多，但教师、学生、教学内容、教学方法、教学范式、教学环境等始终是最基本的要素，其中也涵盖了课堂教学生态系统的构成要素。因此，优质高效的课堂教学生态不仅是学校基于核心素养的素质教育的重要保障，而且是提升教育质量的根本途径，也必然成为有序进行新课程改革和不断深化教育改革的重要切入点与突破口。也就是说，课堂教学如何改进、是否有效是反映学校教育改革成败得失的"晴雨表"。正因为如此，我们才有这样共同的深切体会：学校教育改革的核心在课程，课程改革的核心在课堂，课堂改革的核心在教师。同时，实践使我们体会到，立德树人是学校教育教学的根本目标与任务，我们应以此统领教育改革，推进教育改革，即

使其始终贯穿教育教学全过程。这样，课堂教学改革自然成了学校教育教学改革的重中之重。

英语是一门工具性、人文性和实践性都很强的学科，与其他学科相比，一方面，它对课堂教学生态的构建要求更高；另一方面，它的生态建设空间更大。长期以来，尤其是近些年来，在加快教育信息化进程的大背景下，中学英语教学工作的不断探索与反复实践，逐渐加深了我对其带有规律性的认识与理解：中学英语课堂教学生态建设不是单一学科的问题，而是一个牵一发而动全身的系统工程，表现为其中的多个环节必然是有机联系的，同时反映出系统内部要素与外部要素是有机联系的，这恰恰从一个侧面印证了中学英语课堂生态建设的成效是教育改革深化程度的重要标志，可视作英语学科教学的一个重要的特殊性特征。

我认为，课堂教学模式的变革与创新，其实质就是致力于把控教学结构以及系统内外各种关系的调整变化，这也是教育改革的真谛。教与学的主体始终是人，即教师和学生，而构建中学英语课堂教学生态乃至整个学校的教育生态系统，最根本也是最终极的目标便是聚焦教学方式变革，搭建好师生、生生之间多元立体的辩证统一关系。因此，我十分重视课堂教学情境的创设，努力做到客观的物境和主观的语境、师生情感与价值观等多方面的有机融合、高度统一，注重教学节奏的把握、信息技术的深度应用、教学内容的疏密难易得当、教学情感的跌宕有致、教学方法的丰富多变，甚至连教学语言的抑扬顿挫这样的细枝末节也从不忽略，以有利于营造良好的浓厚的课堂氛围，创建良性循环的课堂教学生态，从而生成我认为的理想的教学实践智慧。

四、加强中学英语课堂教学生态建设的策略原则

长期以来的中学英语教学实践使我深刻认识到，无论是构建课堂教学生态还是加强课堂教学生态建设，就学校教育全局与课堂教学局部而言，都是教育教学的具体生态系统，因而进一步从辩证的视角，用生态思维加以审视和思索，便可得出这样的结论：从科学理论到教育教学实践层面或是从二者结合的角度来说，凡是系统科学的原理都完全适合运用，这是毫无异议的最基本的一点。换言之，这就是加强英语课堂建设的一个总策略。本文仅从个人英语教学实践出发，将自我感触最深也是我认为必须充分认识和特别强调其重要性的、

始终认真坚持实行的理念先导、整体最优、动态平衡和实践至上四个具体原则逐一予以概述。

一是理念先导原则。立德树人是学校教育的根本任务，德智体美劳"五育并举"是实现这项任务的基本路径，而强化课堂教学主阵地则是中心环节。实施新课改有一个很重要的理念，就是任何一门学科的课程标准都强调"知识与技能、过程与方法、情感态度与价值观"的三维目标，三维目标辩证统一于课堂教学全过程，三者相辅相成，缺一不可。只有创新的正确的教育理念才能成为先进的科学的教育教学行为的先导。正因为我们牢固确立了以学生为主体、以学习为中心、促进学生全面发展并为其终身发展奠基的系统育人、全员育人、全科育人、全程育人理念，将此创新的正确教育理念运用于英语课堂教学实践，学校教育才更利于发现和掌握客观存在于教学过程中的教育规律，也有助于教师正确选择和采用科学的教学组织形式与教学方式方法，从而成为实现课堂有效教学并切实提高课堂教学质量、效益的重要前提和基础。

二是整体最优原则。中学英语课堂教学生态以及整个学校教育生态系统，不论是子系统还是母系统，甚至包含其中的各个构成要素，无一不是相互联系、相互依存、相互影响、相互作用的。最优化则是系统科学的一个重要的基本原则。我们强调整体最优原则，显然不只是指系统各个要素的最优，只有整体最优才是真正的全局最优，所以整体最优原则也是一个必须遵循的原则，应当成为我们进行课堂教学、构建教学生态的出发点。这是因为，每个要素的局部最优不等同于整体最优，反之，局部不是最优，整体却可能达到最优。遵循这一原则，我在构建英语课堂教学生态时尤其关注并重视师生关系和学生与学习关系的改进，努力做到从关注教师如何教转向关注学生如何学，即教如何适应于学，以学定教，以教导学，而不是使学适应于教，先教后学，甚至教学分离。前文提及英语学科具有很强的工具性、人文性和实践性，据此原则也不难理解。整体最优原则一方面体现为工具性不能脱离人文性，人文性也不能脱离工具性；另一方面体现为这二者都以实践性为保障。这正表明英语学科教学本身就是一个完整的生态系统。而每次课堂教学的具体过程，教师积极主动的教和学生积极主动的学，以及丰富多彩的教学内容和多元立体的教学方式，共同构构成一个互相促进、互相提高、相辅相成的有机整体。显而易见，构建英语课堂教学生态、加强课堂教学生态建设是实现课堂教学效率最大化和教学效益最优化的重要前提。

三是动态平衡原则。现代教学论指出，教学从本质上讲就是一个"交流"与"合作"的过程，就是教师的教与学生的学统一，这种统一的实质是师生之间基于一种平等关系的互动，教学过程便是师生平等交互、共同发展的双边互动过程。而动态性则是所有系统的一个本质特征。教育教学具有不确定性，课堂教学过程始终处在一种不确定的动态平衡发展变化之中，课堂教学生态建设就是一个在教学实践中内涵与外延不断丰富、完善和发展的动态概念，其中存在的稳定性即静态，是相对的，而动态性才是绝对的。也就是说，其过程中出现失衡是绝对的，只有平衡才是相对的。由此看来，学生的学习过程决不能成为学生从原有基础出发再探索、再创造、再建构的动态发展过程。这样，教师建构教学生态，学生建构学习生态，从而形成英语课堂的教学生态，师生在这样的生态教学环境里平等对话，相互学习、相互补充、相互促进，必将实现共同提高、教学相长的理想目标。教学实践表明，平衡课堂教学生态的两端是教师和学生，教师专业发展与学生全面发展的相互交织则是平衡的基点，体现为师生、教学与学法的关系的适度把控。学生是课堂的主体、学习的主人，学法与教法密切相关、相互依存，二者统一于课堂教学全过程，有怎样的教学必然有怎样的学习方法与之相适应；反过来，有怎样的学习方法也必然有怎样的教学方法与之相配套。教法中包含着学法，学法中也体现着教法，当然，起主导作用的仍是教师。多年来，我在英语教学中不断进行慕课、翻转课堂教学探索实践，实行教学评一体化的混合式教学模式以及差异化教学，通过项目化、个性化、探究式、小组合作深度学习的有益深度，实现了真正的因材施教，这也有利于构建并加强课堂教学生态建设。可以说，这些成功案例便是明证。

四是实践至上的原则。教学是一种教育实践活动，课堂教学是学校最直接、最基本的教育教学活动形态，也是体现教育理论与教学实践辩证统一的最佳形式。人是教学的决定性因素，师生无疑是教学实践的主体，是课堂教学改革的实践者和促进者。师生双方必须协同重塑教学关系，创设教学情境，优化教学方法，营造教学氛围，丰富语言实践，从而取得显著的教学成效。教育改革的深化实质是对教学实践的创新。课堂教学生态是学校教育教学发展过程中内在需求的反映，必然符合教育规律。中学英语课堂建设既是新时代教育改革发展的趋势，也是新时代生态教育理念指引下创新的教学实践。从这个意义上说，它表明我们对教育的认识深化达到了一个新高度，也是教学实践提升的一个新高度，既体现了教育改革发展的必然规律，又反映了现代教育的根本特征。实践使我深刻体会到，中学英语课堂生态建设是从平衡到失衡，再到新的平衡这样一个周而复始的教学实践过程。教育理论是经教学实践检验的正确理论，教学实践是教育理论的创新，也是创新的教学实践。总之，课堂教学生态必须在实践中构建，课堂教学生态建设也必须在实践中加强，课堂教学生态实现了教育理论与教学实践的完美结合，实践至上便是一个永恒的原则。

现在的中学生是伴随信息技术发展成长起来的新一代。互联网、大数据、人工智能等现代信息技术与教育的深度融合，既为加强中学英语课堂教学生态建设带来了新机遇，也给我们广大英语教师带来了新挑战，前景广阔，大有可为。直面新形势，应对新挑战，我们理应紧密联系中学英语课堂教学生态建设的若干问题，在深入进行辩证思考的基础上，不断学习并加强这方面的教育科学研究，反复进行教学实践探索，从而勇攀中学英语课堂教学生态建设的新高峰。

参考文献：

［1］陆丽，王庐阳，王庐云.系统科学与教育实践［M］.南宁：广西美术出版社，2011.

［2］吴国珍.综合课程革新与教师专业成长［M］.北京：北京师范大学出版社，2013.

关于学生小组合作学习策略若干问题的再认识

当前，在我国教育改革与发展日渐趋向好、全面实施素质教育和新课程标准的形势下，新教育理念在各级各类学校以及整个社会中日益深入人心，继而推动了教育改革的不断深化。我校与上教所密切合作，先后在英语、数学学科积极开展理解教育的实践活动，成效比较显著。在此过程中，我们科学有序地进行了学生小组合作学习的有益尝试，初步形成了小组合作学习的策略，促进了课堂教学质量的提升。我们从理论与实践两个层面对此进行了反思，认识水平明显提高。现就与小组合作学习策略相关的理论依据、分组原则、操作流程和评价机制等的再认识进行如下阐述。

一、学生小组合作学习策略是理解教育理念在课堂教学实践中具体运用的结果

学生小组合作学习策略是理解教育理念在课堂教学实践中具体运用的结果，体现了学生主体性这一理念核心，是教育理论发展到一定阶段的必然结果。应当指出，通过理论务虚、课堂教学实践和不断反思，我们对学生小组合作学习策略不仅达成了共识，而且可以说上升到了一个较高的理论层次：学生小组合作学习是指在教师的必要指导下，学生以合作小组为基本组织形式，以共同的教学目标为导向，以小组团体的总体表现为评价奖励标准，组内、组间及师生之间充分协商交流、互动互教。从广义上讲，学生小组合作学习的本质是一种教学形态，它的内涵包括认识论、教学观、师生观、价值观等，具有主体性、民主平等性、生成性、交互性和协同性等显著特征。可以肯定的是，这些特征的外显，主要还是源于建构主义、人本主义的学习理论和系统论的整体理论。总体而言，学生小组合作学习策略完全符合教育规律和学生身心发展规

律，因而就其本质而言，其既是一种新型的教育理论，也是一种可行的教学实践。这恰好表明学生小组合作学习策略突显了学生在教学活动中的主体性。

二、学生小组合作学习是理解型课堂的主要组织形式

学生小组合作学习是理解型课堂的主要组织形式，既是一种重要的学习策略，更是一种新型的教学模式。在长期应试教育形成的传统教学模式中，班级授课制是唯一的教学组织形式，教师进行授受式教学，学生则进行被动式的学习，"孤军奋战"，死记硬背，思维僵化，缺乏自主性和创造性，普遍存在"重知识轻情感、重训练轻理解、重教书轻育人"的倾向，其最大的弊端就是束缚了学生的主体性，影响了学生的全面发展，制约了教学质量的提高，影响了学生综合素质的提升。教育要发展，就必须改革。这样，一种崭新的教学模式便应运而生——理解型课堂，其既面向全体学生，凸显了学生在教学活动中的主体性，又有利于学生自主性和个性化学习。所以说，理解式教学既是一种重要的学习策略，更是一种新型的教学模式。学生以小组的形式开展合作学习，不再是形式上的单一性分组学习而是特别强调合作，这才是真正体现其成为学习策略的实质。学生小组合作学习策略的内涵极为丰富，它包含教师与学生之间的理解和信任，也包含学生与学生之间的理解和信任，这样的学习不仅是一个认识的过程，而且是一个理解的过程，有利于发展学生的知识、技能，丰富学生的情感，也有利于师生教学相长，共同发展。因此，从一定意义上讲，理解式教学不仅仅是一种教学方式和策略，更可被视为教育的全部：它以理解为基础，增进师生之间和生生之间的相互理解与自我理解，使其成为整个教学过程的重要目标。从这样的视角看，学生小组合作学习策略的重要性也就彰显无遗了。

三、学生小组合作学习的分组原则、操作流程及其评价机制

学生小组合作学习是以异质小组为主的组织形式，与传统意义上的兴趣小组有着本质区别：各种兴趣小组是同质小组。为增强合作学习效果，组建这样的学生小组必须遵循一定的原则。我们曾通过共同探索得出了这样的结论：应按照混合编组、合理配置、学困生优先、相对稳定、适时调整的原则弹性划分小组，使其成为名副其实的学习共同体。学生在教师的具体指导下以小组为

单位进行学习、讨论、探究，实现课堂师生与生生互动交流，互教互学，畅通了教学渠道。这样实施理解性教学，就为每个学生提供了个性化成长平台。因此，教师要对全班学生进行认真分析研究，根据学科特点、课堂教学内容及其进程随机划分学习小组（弹性分组）。考虑班额大小，每组以4名学生为宜，兼顾学业成绩、性格特点、家庭背景、性别等因素，精心调配小组成员，并力求使每个小组的智力基础、学习成绩、接受能力等保持相对平衡。同时，要选配一名学习水平中上等且具有一定责任心和组织能力的学生担任小组长，也可视情况通过自荐或选举方式决定，成员可大致分工，确定记录员、发言代表等，待一个阶段条件成熟时，组内各种角色亦可互换，以便使人人都得到锻炼。而且，经一个单元或半学期或一个学期的学习，还可重新进行分组。一般而言，既可按学习内容分组，也可按学科知识体系分组；既可课内分组，也可课外分组。就整体而言，应按组内学生异质、组间学生同质的原则分组，尤其应实行"学困生优先"原则，专门设立问题跟踪组，安排班内学习最弱的学生参加。这样分组有利于组内面对面交流、优势互补，使人人都在互教中受益，也有利于组间公平竞争，互动合作，更利于学困生学习成绩的同步提高，最终结果必将是合作、竞争和个人行为三者相统一，互相促进，共同达成既定的教学目标。

学生小组合作学习操作的基本流程是：合作设计—制作理解单—呈现教学目标和学习目标—班级授课—小组合作活动—测评反馈。应当肯定的是，在多数情况下，学生小组合作学习活动应安排在课堂教学结束前进行，但必须高度重视并做好前期合作设计、制作理解单、确定教学和学习目标及讲授等工作，反复推敲，认真准备。后续的测评反馈工作同样不可忽视，必须严肃对待，严格要求，以确保小组合作学习的有效和高效。当然，也不排除个别情况下可酌情适当调整学生小组合作学习操作流程的先后程序。实践表明，其中最需要把握好的是理解单的制作和班级授课这两个环节。因为理解单的制作是合作设计理念、思路、措施的具体体现，是服务于教学内容的重要手段，是构建知识体系、完成教学目标的有效载体，是认知脑图，可分解教学目标并使之结构化、清晰化和理性化，它将直接影响学生小组合作学习活动以及整个课堂教学进程的成效。班级授课这一环节的重要性更不可低估，教师应在任务驱动、精细合作设计的基础上，力求集体授课时做到精讲，即讲解简要而清晰，耗时短而效益高，从而为后继进行的小组合作学习活动留下足够的时间与空间。

　　如前所述，学生小组合作学习从理论到实践都是创新，这种多向型互动交流式的复合活动具有丰富的内蕴，其中隐含的师生观、教学观、知识观、评价观和文化观等都有待我们进行深入研究，以便更好地探寻其内在的客观规律，形成并发展小组合作学习理论和策略，推动学生小组合作学习实践的科学发展。这里就涉及学生小组合作学习评价观的评价机制问题，现就此阐述一些新认识：显而易见，合作学习的评价机制与传统的教学评价机制相比，出发点和归宿各不相同，并有着质的区别。传统的教学评价强调常规参照评价，更多地关注个体在整体中的位置，常见的是以分数排名次，以单项的强弱论胜负，始终以学生学习成绩横比的结果为中心，无疑存在很大的局限性。而合作学习的评价机制则以小组这个团体的成绩为评价标准，将常规参照评价改为标准参照评价，始终坚持以学生个人学习成绩与小组学习成绩纵比的结果为中心，将"不求人人成功，但求人人进步"作为教学评价的最终目标和尺度，从而使得个人之间的竞争变为小组之间的竞争，变个人计分为小组计分，并引入"基础分"和"提高分"概念。基础分是指学生以往学习成绩的平均分，提高分则是指学生测验分数超过基础分的程度。这样，学生自己与自己的过去比，只要比自己的过去有所进步就达到了目标。同时，为体现评价的客观公正，合作学习还倡导根据学生以往的学习成绩、测验结果以及学习习惯、思维品质、理解能力、团队精神等各方面的综合表现，安排优等生与优等生一起分组测评，学困生与学困生一起分组测评，其难度也有所不同，各组每个成员的成绩都与原属小组的总分挂钩，优等生小组的第一名与学困生或中等生小组的第一名所取得的分值完全相同，这种使学生在原有基础上进行合作竞争、公平比较绩效贡献的做法最终使得全班学生无一例外地取得了进步，受到了表扬奖励，这也正是这种评价机制的科学性所在，应予坚持和推广。

指向课程能力提升：基于设计的校本
研修实践与反思

我校应对"尊重差异，促进发展"的课程、教学、技术等诸多要素整合的复杂情境，应用基于设计的"课程开发"校本研修策略，从创新"基于问题，系统思考"的顶层设计、"任务驱动，支架导学"的活动设计、"评价先导，聚焦课堂"三个方面入手，达成问题导向、目标引航行动、行动修正的研修目标。

习近平总书记在党的十九大报告中指出："努力让每个孩子都能享有公平而有质量的教育。""公平而有质量的教育"必须靠有智慧的教师去实现。所以，在新时代中国特色社会主义教育建设与深化课改的进程中，教师的校本研修显得更为重要。

校本研修有以下几个特点：①基于学校，以教师教学实践的主要场所——"学校"为主体；②为了学校，立足学校的主动发展；③发展学校，通过校本研究和培训，努力将学校建设成为一个有利于教师专业发展的学习型组织。

2017年9月，常州市北郊初中分校——明德实验中学新校初建即推进"尊重差异，促进发展"的课程改革，开发设计分层教学单元课程的工作成为学校课改的重中之重。为此，在制定校本研修规划的时候，校领导反复思考：如何推进校本研修工作才能让教师迅速掌握课程开发的诀窍呢？通过理论学习，我试图引进一种独特的研究方式——基于设计的研究（DBR），将它的主要研究策略引入我校校本研修，通过整体规划和切实推进，培养一批课程开发和实施的"高手"。据此，我们设计了校本研修的系统规划和一系列配套策略，依据规划举行了12次校本研修活动，研修活动受到教师们的一致好评并产生了令人惊喜的效果。

一、理解基于设计的研究意涵

（一）深度理解基于设计的研究定义

基于设计的研究由"设计实验"（design experiments）一词转化而来，是由安·布朗和艾伦·柯林斯提出的。目前，对基于设计的研究的定义众多。艾伦·柯林斯将它定义为建立特定的学习方式并在支撑它们的情境中系统地研究这些学习方式。这种设定的情境需要在实践中进行测试和修正。而连续的迭代就相当于实验中的系统变量。 加拿大学者Terry Anderson则将其视为一个具体的研究方法。他说，基于设计的研究是一种从事教育研究的研究方法，这样的教育研究侧重系统地、多侧面地对运作的教育情境进行干预。我国学者梁文鑫、余胜泉、杨南昌、焦建利等对基于设计的研究提出了多种定义，本文将其引进校本研修，并形成如下操作性定义：基于设计的研究是在真实的学校情境中，以课程、教学专家与一线教师的协作为基础，将科学的方法与技术的方法有机结合，通过反复循环的分析、设计、开发和实施，开发校本研修教程，在改进校本研修实践的同时，修正和发展新的校本研修理论的一种研究和实践的策略。

综上所述，基于设计的中学教师校本研修实施策略是一种系统性研究方法，它立足学校真实的问题情境，以问题为起点，以理论为指导，以设计为主体，以评价为依据，以迭代为变量，循环演进。

（二）深度理解基于设计的核心特征

基于设计的研究有四个核心要素：设计、理论、问题、自然情境。其总体特征示意图如图4-4所示。

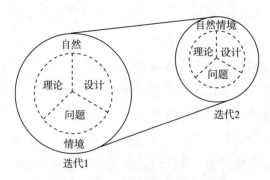

图4-4　基于设计的研究总体特征

从图4-4可以看出，基于设计的研究的4个核心要素之间是相互影响、相互依存的。问题是研究的起点，理论是指导设计解决问题的策略方法依据。同时，这些研究项目并不是简单地发生在自然情境中的，而是通过设计相关的干预策略，使每一个课程实施单元都被转化为一种教学产品。在基于设计的研究中，理论、设计、问题与自然情境是不断交互、紧密融合、动态生成的。

（三）通过设计研究提升课程开发能力

应对课程开发的校本研修，主要目标是将我们学校的大批教师培养成课程开发"高手"。所谓"高手"，首先应该是一个智慧型学习者，拥有下列优秀品质：①有强烈的学习意愿，能够将理性与热情、情感与认知、技能与意志等品质整合起来，投入学习和研修。②拥有掌握教学实践技能的知识，了解自己作为学习者的知识；明了自己必须完成任务所需的知识；清楚自己已有的学习策略和技能；了解自己的学科专业知识储备；认识自己所处的学习情境，并能够主动介入情境展开新学习。③具有元认知意识，能恰当应用各种策略来协调和管理自己的学习和实践。其次，他们应该掌握"尊重差异，促进发展"的课程开发技能，如了解"尊重差异，促进发展"的单元课程开发与教学实施方法（尊重差异—分层定标—分层导学—分层评估）；具有"尊重差异，促进发展"的单元课程资源开发技能，包括学习单开发、微课程制作等；具有"教"和"学"的评估能力，会进行课堂观察，能进行学生学习结果的大数据分析等。

但是，课程开发"高手"不是一蹴而就的，往往需要长时间的培养和锤炼。如果我们试图通过校本研修促进教师专业成长，那就必须从元认知学习的角度切入，为教师的成长搭建策略性学习支架。我引进基于设计的研究方法，就是针对学校发展中的真实问题——如何提升教师课程开发能力，依据教师发展理论，试图通过设计策略性学习支架的方式，使每一个校本研修的课程实施单元都被转化为一种教学产品，引导教师"做中学""用中思""思中创"，加快其成长速度，提升其发展水平。

二、创新基于设计的校本研修策略

（一）创新"基于问题，系统思考"的顶层设计策略

基于设计的研究是一种系统方法，而系统论认为，世界上的各种事物都不是简单、机械的堆积或偶然、随意的组合，它们是由各种要素通过相互联系、

相互作用形成的有机整体，而且事物的这种整体性只存在于各组成部分（要素）的相互联系、相互作用的过程之中。

为了理清本校校本研修涉及的学校内部因素，我们通过问卷调查，对教师起点水平、研修意愿、管理团队等进行了大数据分析，形成了校本研修规划的SWOT分析报告作为规划依据。通过分析，我们找准了研修的焦点：如何提升教师"尊重差异，促进发展"的课程开发能力？我们期望，通过目标导向、任务驱动、支架导学、评价促研来提高教师的课程改革和实施能力。为此，我们明确提出，校本研修目标为培育有课程创生能力和教学创新能力的新型教师，借此搭建明德实验中学校本研修顶层规划基本框架，以统领校本研修工作，并规划设计了两项具体研修策略："任务驱动，支架导学"和"评价先导，聚焦课堂"。

其一，"任务驱动，支架导学"研修策略。该策略中的"产品"是校本研修手册。该手册由学校课程中心牵头开发。作为实施研修活动的导航图，手册整体规划一学年的校本研修活动，主要包括三个核心内容：理论学习（专家讲座、读书笔记等）、实践研修（专业化听评课）、反思提升（撰写课程开发方案、课例研究报告、论文）。手册将这些核心内容编制成40个学习活动单元，每个单元安排100分钟的研修时间，按照"目标导向，任务驱动，支架启思"的思路，通过内涵的学习支架，引导教师在真实的情境中完成理论学习、课程研发等任务，助力教师学习课程创生方法与策略。

其二，"评价先导，聚焦课堂"研修策略。该策略的关键——"产品设计"是面向"尊重差异，促进发展"的国家课程校本化实施目标，目的是研发校本课例研究评估工具，以评价引导教师聚焦课堂实践研修，积极改进教学行为。

总体来说，应用设计研究思想和方法，指导我校校本研修规划的系统思考和总体优化，首先从顶层设计层面解决了"如何培养基于课程改革，培育有课程创生能力和教学创新能力的新型教师？"的学校发展真问题。

（二）"任务驱动，支架导学"的活动设计策略

顶层规划设定了整个研修行动的目标和框架，而具体研修活动的设计则是聚焦规划目标落实的具体策略设计，其核心目标是帮助教师领悟课程开发是一个整体。在课程目标导向下，课程设计的具体工作就是厘清分层教学单元课程中各要素间相互联系、相互作用的关系，如目标与评价、评价与活动、活动与交互等，并学会应用系统思维方法开发自己的课程单元。为此，我们在研修手册设计中大量采用了"任务驱动，支架导学"的活动设计策略。

"任务驱动，支架导学"的活动设计具体操作过程是：①选择课程开发中的重点任务作为起点；②将这个任务分解成不同的开发步骤；③将完成任务的具体步骤与解决策略匹配列表变成任务模板；④把任务模板当作学习脚手架，发给研修教师；⑤每个教师个人或分组依据模板完成学习任务中的"做中学"，掌握课程开发的方法和策略；⑥教师个人或分组分别展示"作品"，各自提问质疑，在思维碰撞中进一步深化理解；⑦研修教师撰写研修心得，将习得的理论知识或教学技能转化为实践知识。

在此，以一个课程开发案例再现校本研修真实情境：

第一步，基于问题，布置研修任务。研修主持人布置任务：如何依据分层教学目标设计学程单元？教师以备课组为分组，用"学生"的身份建立学习小组，利用网络和图书馆查找资料，完成设计任务。其间，小组成员之间不断通过讨论和交流形成共同见解，新、老教师通过思维碰撞，进一步理解分层目标的育人价值，深度理解将目标与活动匹配的学习活动设计方法。

第二步，围绕目标，开发单元课程。在研修过程中，教师不断尝试打破教材编制的顺序，依据目标分层归纳教材里属于同一专题的内容，形成课程单元。教师明确认识到，学生是学习的主体，课程开发要以学生为中心，尊重差异，关注每一个人的发展，而不是盲目地死抠教材，照猫画虎。因此，为了形成促进学生发展的单元课程，完全可以依据分层教学目标，选取更适宜的教学材料，设计更贴切的个性化学习活动，使每个学生学有所得。这样的研修消解了教师对教材的"畏惧"心理，有利于增强教师建立基于学情、分层设计学习活动的信心和勇气以及设计课程单元的技巧和能力。

第三步，学习反思，用理论引导实践反思。教师通过展示自己的"作品"，同伴互助提问质疑，在思维碰撞中进一步凝聚"如何依据分层教学目标设计学程单元？"的有效策略，最后撰写研修心得，将理论和实践对接，在行动中将实践体验升华为教学实践知识。

此案例反映了如何通过应用"任务驱动，支架导学"研修策略，使校本研修成为触动教师心灵、启迪教师智慧、发展其课程能力的学习盛典，促进了教师的专业成长与发展。

（三）"评价先导，聚焦课堂"的研修策略

在实施本校"尊重差异，促进发展"课改行动中，不管是职初教师还是成熟教师，都是课堂教学的"新手教师"。因此，聚焦课堂实践研修的根本目的就是通过聚焦课堂，让"新手"变为"高手"。为此，我们在任务驱动的基础上新增了一条评价导向的策略：从教师的实践认知和元认知出发，将教师需要转变的教学行为、需要学习的教学策略等通过专家经验建模，变成评价指标，让每一个教师在备课前先知道评价标准，在上课中靠近评价标准，在评课时应用评价标准。同时，我们通过每周一节研究课、一项教师分享活动的安排，给教师提供大量课堂观察、相互评议的机会，以便发现有利于"尊重差异，促进发展"的教学策略。

我们通过设计观察评价活动量表，思考教学是否聚焦学科关键能力，是否适切课程标准，是否适合学情等评价点的设计，引导教师关注"课程—教学"核心问题在课堂上的反映，引导教师紧扣关键问题，贴合学生思维层次设计课程和教学，将提升教师课程开发能力的目标落到实处。

三、实践反思

通过实践，我们深深体会到：基于设计的课程开发——校本研修规划与实施研修策略，尊重并激发每一个教师的专业发展愿望，创设一切有利条件，充分发挥教师的自主创造力、内驱力和群体合作力，培育弥漫于整个组织的学习氛围，通过实施群体间持续不断的互动学习与实践，使每一位教师的生命价值得以提升，使学校发展的群体绩效得以最大限度的提升。具体来说，在促进教师课程能力提升上有如下几个特点：

（1）作为面向真实情境的研修策略，应对"尊重差异，促进发展"的课程、教学、技术等诸多要素整合的复杂情境，用系统的方法实施设计和评价的策略，有益于促进校本研修系统设计和实施中各要素的联系和融合，达到系统最优化的目的，从而有效推进学生的发展。

（2）作为研究实施中的评价导向策略，通过对课程—教学设计的适切性测评，将"提升教师课程开发能力"的意图落到实处，应用评价框架引导，帮助教师适应课标要求、学生实际和教学环境的动态变量，使其成为教师考量自己

的设计是否合理的反思支架。

（3）作为研究实施中的现场评价策略，应用课堂观察对运作中的课程教学进行观察，可以直观地证实变革的课堂里"学习有没有发生"，进而揭示"学习是怎样发生的"之内在机理，有益于达成"改进教学以促进学习"的校本研修目标。

（4）基于设计的研究方法应用，通过对校本研修每一个具体内容设计的适切性、前后环节的因果关联、各项内容是否适配等逐条进行前置评估，达到基于设计、问题导向、目标引航行动、行动修正的目标。

学校管理者肩负着学校发展和人才培养的重大使命，一定要尊重教育规律，回归教育本质。"教育应该培养什么样的人？怎么培养人？"这是永远值得深思的永恒主题。唯有不断学习借鉴、总结反思、改革创新，才能不断更新观念，思考教育未来，并用先进的办学理念统揽学校管理，为办好人民满意的教育做出更大的贡献。

参考文献：

［1］索耶·R. 基思. 剑桥学习科学手册［M］. 徐晓东，等译. 北京：教育科学出版社，2010.

［2］何克抗. 运用"新三论"的系统方法 促进教学设计理论与应用的深入发展［J］. 中国电化教育，2010（1）：7–18.

坚持教育科学发展理念　切实减轻
学生课业负担

——中学英语教学实践引发的思考

2002年教育部颁发的《全日制义务教育英语课程标准（实验稿）解读》指出：英语教学要始终使学生发挥主体作用，要采用以学生为中心的教学思路，要设计以学生为中心的教学活动。这就要求教师无论是复习、提问、导入新课还是讲授新课，都要尊重、关注每个学生，发挥学生的主体作用，促进学生独立思考、大胆探索，以使学生获得知识、培养能力和发展智力。由此不难看出，"以教师为主导、以学生为主体"是英语教学的重要指导思想。在当前实施新课程标准的前提下，如何切实减轻学生的课业负担？结合本人从事中学英语教学多年的实践反复进行思考，我认为，宏观上需坚决采取均衡教育资源的措施，彻底转变应试教育为素质教育；微观上则应在此大环境下，通过我们的主观努力，认真坚持教育科学发展的理念，大力抓好整个教学过程的各个环节，必然能够切实减轻学生的课业负担，并有效促进师生的良性互动，真正实现共同发展。本文拟从教师的主观因素出发，简要论述全面整合各个教学环节对于减轻学生课业负担的重要作用及其现实可能性。

中学英语教学的实践告诉我们，学生学习和掌握英语是一个艰辛而长期的过程，不仅是单纯地学习英语的语言知识技能，而且必须了解英语国家的社会文化，并为其终身学习和使用英语奠定坚实的基础，这充分反映出英语教学的任务相当艰巨而繁重。众所周知，英语教学是以言语内容为中介，使学生获得和掌握英语知识技能与内在规律的教学活动，因而客观上要求教师在设计和实施整个教学过程的各个环节时必须做到及时有效，以确保长期、阶段和具体教学目标的顺利完成。新课改对教师最根本的要求就是彻底革除过去只注重传授知识这个"顽疾"，而将教学的重心由知识本身转移到知识产生的过程上。这样，在包括课堂教学与课外教育在内的整个教学过程中钻研教材、精心备课、组织教学、课堂导入、讲授新课、布置与阅批作业、教学反馈与反思等诸多环节，自然无一例外地都要求教师从学情和教学实际出发，深入研究分析教学对象与教材，确定教学目标、策略与方法，设计教学活动，认真思考如何发展学生的非智力因素，致力于实现英语学习方法的科学化、多样化，培养和发展学生的质疑创新精神与交往实践能力，尤其要注重培养和发展其使用英语收集和处理信息、发现问题并分析、判断与解决问题的能力。一言以蔽之，无非就是要求教师不仅做到有的放矢地进行日常教学，不断提高课堂教学效率，而且想方设法使课外活动更加生动有趣和丰富多彩，以此充分激发学生形成学习英语的强烈兴趣，创造自主学习的浓厚氛围，切实减轻学生学习负担。可以肯定，这又与教师的教学理念即观念密切相关。毫无疑问，教师的教学观念必将决定其如何确定教学目的以及选择何种教学行为方式。在新课程背景下，教师要彻底转变观念，牢固树立"以学生为主体"的教学观，将自己的教学注意力、教学时间与精力完全向注重培养学生的综合语言运用能力方面倾斜，使英语教学真正做到"以生为本"，将促进学生的学习和发展作为教学最根本的目的。也就是说，教师正确的教学观念即科学发展的教学理念和所有教学行为方式，从熟悉教材与学情开始，从备课、授课与评课、课堂教学以及课外活动的整个教学过程到班级以至整个校园环境的设置，都将渗透于每个环节，并得以充分体现和反映。

可以肯定，在整个教学过程的各个环节中，钻研教材不仅是首要的一环，而且是重要的一环。英语教材是课程标准的具体体现，它是以英语课程标准规定的课程目标和教学要求为指导思想而编写的，充分反映了英语语言学习的客观规律，是教学资源的核心部分，是实现教学目标的重要基础和手段。因此，教师应当高度重视钻研教材这个重要环节，因为只有潜心钻研教材，才能利用好教材，从而为提高备课和课堂教学质量奠定基础。教师要善于结合实际教学需要，灵活地、创造性地使用教材，对教材内容进行适当删减和补充，使其更加符合全体学生的需要，更加贴近学生的实际生活，以利于增强教学效果。这就要求教师坚持以教材为主、以教辅为辅的原则。换言之，万变不离其宗，不管如何开发利用英语教学资源，都不能完全脱离教材。一般而言，教材为前后课文、新旧知识之间的内在联系搭建了桥梁，也为教师进行课堂教学、讲授新课与复习以及确保学生学习知识的系统化提供了丰富的语言素材。

总之，教师要将教材作为设计并实施其他教学环节的重要依据，根据学生不同层次的需要及实际水平，及时对教材内容、编排顺序以及教学方法等进行适当的取舍和调整，整合"死"教材为"活"教材，真正"活用""死"教材。事实上，每个学生都有一定的潜在创造能力，但这种潜在创造能力必须依托教材加以发掘。所谓"活用""死"教材，就是指教师能在潜心钻研教材的基础上，深入挖掘教材中蕴含的创造性因素，以便在随后的备课、课堂教学等环节就此艺术地进行充分展现，从而达到超越教材的理想境界。

任课教师都有这样的深切体会：尽管新教材选材的面很广，但只要潜心钻研了教材，熟悉了教材，对其重点、难点和疑点就必然会了如指掌，备起课来就会感到得心应手，制作的多媒体课件也有一定的创意，极具吸引力。只有精心备课，才能在课堂教学过程中真正做到胸有成竹、因材施教。依我之见，只有精心备课才能形成成功的教学方案，而衡量备课方案成功与否的标准无非是两条：一是做到备而不"漏"，就是指在备课稿即教案中一定要突出重点、明确难点、解析疑点，这"三点"一个都不能漏，这样备课基本上可以说是大功告成了；二是做到备而不"死"，就是指能将教材的重点、难点和疑点同任课班的学情即学生不同层次的需要与认知水平和理解能力紧密结合起来，通过授课环节，不仅使全体学生都能在同一节课内接受、消化所教知识，而且能起到不断励志并激发其创新思维的作用，举一反三，超越时间与空间，这样，由教师指引、兴趣导向，学生在知识的海洋、太空中畅游、翱翔并产生丰富的联想和想象，从而收到事半功倍的教学效果。

在整个教学过程的各个环节中，组织教学看似简单——只是促进形成并保持良好的课堂纪律，分配一下课堂教学进程中各个具体细节的内容、时间与任务而已，其实不然。我认为，有了潜心钻研教材和精心备课这两个好的基础，还不能有效进行课堂教学，而必须对此后的其他环节进行很好的策划和编导，方能取得最佳预期效果。例如，当上课铃声响过之后，如何使学生迅即从课间休息状态转入听课状态，并做到始终精力集中、积极思考？怎样导入新课？展开英语阅读教学、演讲训练、布置与阅批作业、课后反思与意见反馈等活动，教师应将各段的有限时间安排得科学合理，以确保既环环相扣，又活跃课堂气氛且并然有序，其中自有无穷奥秘。课堂教学决不可"一刀切"，如何进行差异化的因材施教？以及采取何种教学策略与教学步骤、方法，如何引发学生思考、合作探究并解决问题？其中更是大有学问，所以，决不能忽略组织教学这个环节。

课堂导入是指教师在课堂教学始初阶段利用各种教学手段为学生创设有效的学习情境，以利于激发他们浓厚的学习兴趣，使学生迅速进入学习状态的教学环节。显然，成功的课堂导入就是这堂课的精彩开端，它不仅能激发学生的学习兴趣，使每个学生都能积极参与课堂教学活动，逐渐养成自主学习的良好习惯，而且能激活学生思维，引发师生间、生生间的交流与共鸣，营造一个民主、宽松、和谐的课堂教学环境，从而为后续的教学活动做好铺垫。由此可见，课堂导入具有多元教学功能，我们对此应有足够的认识，也要高度重视这个环节。实践表明，有效的课堂导入，一是可以激发学生的学习兴趣，使其变被动学习为主动学习；二是可以帮助学生全面了解学习内容及其重点、难点和疑点所在，明确学习任务，以便尽快做好适应新课教学的心理准备，释放焦虑，减轻压力；三是可以重温相关知识，"温故而知新"，如此导入必然有利于建立新旧知识的内在联系，由此达成知识的自然过渡，从而使学生学得的知识更加巩固和系统化。相对于其他学科而言，英语课堂教学更应着眼于不断提高学生的综合语言运用能力。为此，英语教学要改变传统的课堂教学模式，通过各种途径，充分调动一切教学资源，找准每堂课的切入点，设计好导入环节的内容，选择好导入环节的形式，运用引导式、启发式的教学方法，真正实现师生之间、生生之间的合作互动和课堂教学的优质高效。

不言而喻，讲授新课是全部教学环节的重中之重，而其他所有的教学环节不是为此环节做铺垫，就是对此环节进行验证。从一定意义上讲，有教材钻研得深、课备得细、组织教学的顺利和课堂导入的有效做铺垫，结果肯定是功到自然成，也必将为后续的布置作业与阅批作业、教学反馈与反思环节的实效所验证。可以说，这也是我们从事英语教学长期实践得出的正确结论。但也不可否认，要切实做到在有限的宝贵的课时内驾驭自如、得法高效地讲授新课绝非一件易事。毫无疑问，以讲授新课为主的课堂教学应坚持以人为本的科学发展观,以先进的教育教学理念为指导,尊重、关注全体学生,发挥学生的主体作用,以促进每个学生的发展为宗旨。因此,英语教师在讲授新课时要严格遵循客观的认知规律和语言学习规律,采取教学相长、学以致用、取长补短的教学思路、教学策略和教学方法,以师生共同对话、学生合作探究为主,以培养学生的听、说能力和学习策略、学习风格为重点,突出教学重点,突破教学难点,解析教学疑点,讲练结合,精讲多练,以练增效,想方设法为学生自主学习、独立思考留足时间与空间,着力培养他们的科学思维能力与质疑创新精神,善于引导他们通过观察、分析、联想、归纳,自己发现问题、提出问题和解决问题。这样,教师在英语课堂教学中讲授新课时使用的教学手段必然会灵活多样、丰富多彩,呈现的教学艺术必然会娴熟自如、炉火纯青,形成的课堂氛围也必将是动中有静、静中有动、充满活力,如此讲授的新课必将优质高效。

本文提及的布置作业与阅批作业,主要是指在课堂教学过程中布置的书面和口头的课堂作业,而作业的阅批也基本当堂完成,不占用学生的课外活动时间,这样安排完全符合减轻学生课业负担的要求。教师在布置作业时必须考虑以下几个因素:首先,不能忽视学生在英语基础、学习兴趣、动机、特点等方面存在的个体差异,绝不能"一刀切",而要有灵活性、创新性。这就要求教师熟悉学生的情况,然后根据不同学生群体布置不同的作业,使得各个层次学生的认知水平通过完成作业在原有的基础上有较大的提高。其次,教师在布置作业时应将作业意图、形式和完成时限等要求明确告诉学生,并给予必要的指导,注意学生对作业所持的态度、完成的速度与质量,并据此分析、判断学生的学习状态。最后,除分层布置作业外,还可以组为单位来布置作业,而后按小组或单个形式相互交替阅批,而教师再就作业中普遍存在的问题加以总结、剖析、指正,个别存在的特殊问题视情况可进行面批,但切不可只布置,不批改,不评判,不指导,要通过各种努力,使布置作业与阅批作业成为师生之间、生生之间沟通情感、教学相长、交友联谊的平台和过程。

我们教师大多还有一个深刻体会,那就是在日常教学过程中绝不能轻视教学反馈与反思这个环节,只有将教学反馈与反思真正融入教学过程且演变成一种自觉的教学行为,才能不断提高教学效率和质量,课堂教学才更具实效。教学反馈与反思相结合,关键在于"以学论教""以学促教"。教师可在每节课后或每节课间某个时段进行教学时，自行回顾和评价上课情况以及反映在教学过程中的教学思路、教学设计、教学内容、教学行为、教学方法、作业布置等各个细节，密切关注学生参与课堂教学活动的程度，仔细分析其成败得失的经验教训、问题、薄弱环节及其原因，并适时征求、收集、听取学生甚至家长反馈的意见、建议与要求，据此反复进行思考和反省，随时予以纠正、改进，及时将正反两方面的教学案例以教育日志、教学随笔的形式记录下来。待这种教学反馈与反思经过一段时间的实践，一旦时机成熟，教师可对此做进一步的梳理、归纳、研究、探索，专门行文论述，形成专稿，使之升华成理性认识，这样持之以恒，必将走出一条"实践—反馈与反思—再实践—再反馈与反思"循环往复的专业成长之路，使自己的教学经验日趋丰富，教学艺术日益完美，专业素质也必将得到迅速提高。

中学英语教学实践表明，整个教学过程中的各个环节联系紧密，互为前提，互为因果，相辅相成，过程蕴含环节，环节统一于过程，二者既互相制约，又相互促进。只要我们坚持以科学发展理念指导教育实践，注意充分发挥各个教学环节的重要作用，并对其实施进行有效整合，那么，这样的教学过程对于减轻学生的课业负担不仅具有重大的现实意义，而且具有长远的积极意义。

基于大数据分析的初中英语学习改进策略

在传统课堂中，如何应对英语教学中学生掌握水平差异过大的问题始终是困扰广大初中英语教师的教学难题。我也不例外。长期以来，我多方探索，期盼找到应对策略。2017年11月，我和同事曾经以当时八年级班的100多个学生为对象进行过抽样调查。调查采用"问题寻踪"的方式展开，对检测结果的分析发现：在教师已经重新讲解、学生自我订正过的前提下，仍然有三分之二的学生在二次检测中错题率达到56%，其中有80%的学生两次检测错题原因相同。这次抽样调查让我们深刻地认识到：教师面向全班的"大水漫灌"式的纠错讲解效率太低了，必须转变教学方法。

同年12月，我校引进了基于大数据分析的多学科智能教学平台（简称AI教学平台）。我们积极应用该教学平台，探索基于大数据分析的初中英语学习改进策略，并通过一年半的实践，提出改进策略，经过实践应用，有效提升了初中英语教学效果。

一、厘清概念，明晰技术支持条件

（一）大数据

教育的核心是学生，一切教学活动都应该立足于学生的发展，教育信息化不仅仅要求教师将信息技术有效应用到教学活动中，更重要的是提升学生的信息素养和综合素质，培养适应信息社会要求的创新型人才。因此，本文所述大数据特指面向教育全过程的教育大数据，并限定为来自在线教育平台的学习者的学习相关数据等，通过数据挖掘和学习分析支持教育决策和个性化学习。在教育教学领域内普遍应用数据分析技术，可以深入推进教学改革和发展，提升学生信息素养和综合素质，提高教师的教学质效，推进教育现代化的进程。

（二）学习分析

学习分析是一个搜集学生的学习信息、解释信息，并以此改进教与学决策的过程，主要用于对学习者及其学习环境数据进行测量、收集、分析和报告，以优化学习和学习环境。学习分析不仅可以帮助该系统中的学习者达到最优化学习，而且可以帮助教师不断调整优化教学，还可以帮助教育管理者有效评估和管理教学。学习分析最主要的功能有以下四个方面。

1. 学习诊断功能

通过学习评价，可以了解学生学习已达到的水平和学习中存在的问题，如学生在学习上的难点是什么，有哪些缺漏，由此分析造成学习不利或有利的原因，确定进一步学习的对策和措施。

2. 反馈调节功能

学习评价所获得的结果可以提供学习过程的各种信息，这些信息的分析和及时反馈，不仅可以对学习过程的各个环节（包括学习目标）进行有效调节和控制，而且能让学生及时了解自身学习和发展存在的优势与不足，不断提高学习效率，使学习活动进入良性循环。数字化学习评价的反馈调节功能可以通过交互式平台评价的方式反馈给学生，有利于引导学生自我评价并通过自我调节不断实现自我超越。

3. 激励功能

科学、合理的学习评价可以激发学生学习的内在动力。通过评价，学生学习上付出的努力以及获得的成绩与进步得到教师、家长的肯定和赞扬，其心理上获得满足；而且学习中存在的问题能及时发现，并转化为继续努力的方向和动力，这有助于帮助学生认清自己的学习现状，看到自己学习的进展和成效，增强学习的自信心和主动性、积极性。

4. 学习导向功能

学习评价对现实的学习活动具有定向和引导功能。

（三）AI教学平台

基于AI等深度学习技术，提供垂直AI教育的语音识别、图像识别、大数据分析等技术服务，为教师的教学提供多种教学手段，并评判学生的学习过程与结果；提供点对面、点对点的师生互动、生生互动通道，使教学更具针对性，促进教学质量的提升；在评价方面，AI教学平台通过文字识别功能，识别试卷以及学生作业文本，实现智能阅卷与作业批改。

综上所述，基于AI教学平台的大数据分析技术既帮助教师建立了更通畅的教与学的联系，又强化了数字化评测的分析与反馈，为基于大数据分析的初中英语学习策略改进提供了强大的技术支持。

二、策略改进，促进自适应的深度学习

改进策略，教师必须尊重教育规律和学生成长规律，进行因材施教、分层教学、分类指导、分类推进和变式训练。只有这种个性化的差异教学，才能实现有效甚至高效的课堂教学。基于大数据的统计与分析，能让教师充分掌握学情，也能使学生找到自己的短板，知道自己应该学什么、怎么学，强化弱项，发展强项。因此，我从以下三个方面改进了教学策略。

（一）锚定困惑点，基于活动参与的个性优势识别与个别指导

我们将基于大数据分析，设计综合活动促进深度理解。通过对学习活动过程和行为进行评价，精准地测评学习者的知识水平和能力特征（包括外在行为，如访问学习资源、测评考试、互动交流等；也包括内在性向，如学习偏好、思维特征、能力倾向等），洞察学生的真实学习过程和能力，识别出其个性优势，进行个别化指导。

课前，教师根据学情报告直观了解学生对知识点的掌握情况，进行有针对性的备课；课上，根据学生的困惑点设计综合活动，进行梯度式讲解与递进式强化训练，促进学生的深度理解。

课堂上，教师要善于用自己的创新思维和丰富的想象力，从一个全新的角度去设计综合活动。教师通过丰富多样的情境和多元文化的语境，观察和分析师生、生生互动间碰撞出的各种突发性问题，并适时提出解决这些问题的学习策略和教学方法，给予学生提问与质疑的自由，把思考与想象的空间留给学生，把认知与理解的权利还给学生，把知识运用、语言表达的机会让给学生，真正打造开放的课堂。

从某种意义上说，基于困惑点，设计综合活动的教学正是在不断设疑和解疑的过程中进行的。从某种意义上说，基于困惑点，设计以学生为中心的自主性学习活动，可以把课堂交给每一个学生，让他们主动地参与各项学习活动，从而提升其学习动力，使其化被动学习为主动学习。有效的自主学习不仅能培

养学生主动学习的良好习惯，还能够培养学生的探究能力等。在此过程中，教师根据每个学生的问题点，更加明确学生的学习意向，了解学生的学习情感，进而把握学情，更好地进行教学设计，设计行之有效的教学策略，实现以学定教。只有这样，学生才能在综合活动和实际应用过程中不断地增进理解。

（二）变式训练，基于大数据分析的能力分层学习任务智能匹配

一般而言，学生开展深度学习时会在各种知识及概念、表象间建立必要的联系，并通过基于各种真实问题情境设计的系统训练如何有效进行知识迁移，逐渐建构自己新的知识体系，从而顺利甚至事半功倍地完成学习任务。

一言以蔽之，变式教学是一种教育理念不断更新的实践创新或创新的教育实践。教育综合改革以此作为改变传统教学模式的突破口，深度学习不仅应运而生，而且必然导致变式教学。教育实践令我们印象最为深刻的是，每个学生都有其特殊性和唯一性，他们兴趣禀赋不同，性格潜质各异，尤其是他们不一样的知识基础客观上成为我们运用变式原理进行教学的重要依据。为此，教师在教学过程中必须牢固确立以学生为主体、以学生学习为中心、以学生全面发展为本的教育理念，自我要求由知识的传授者、灌输者转变为学生主动建构知识的帮助者、促进者和引领者，由此推动深度学习课堂的常态化发展。这实际上意味着我们应当创造和运用全新的教学模式。

实践表明，教学是以课程内容为中介的师生双方教与学的共同教育实践活动，教师与学生绝不是割裂、孤立的存在，而是教学实践的双主体，形成相对独立又联系紧密、相互制约又相互促进的对立统一体——教学共同体。教法与学法密切相关，相互依存，相互制衡，以学定教，以教导学，教中有学，学中有教，教学相长，二者辩证统一于整个教学过程。也就是说，有怎样的学习方法，就必须有怎样的教学方法与之相适应、相匹配；学法体现了教法，教法中缊含了学法；学是教的前提，教是学的保障；学是教的先导，教是学的跃升；学是教的检验，教是学的增值。总之，教服务于学，学体现于教，教是为了不教，学是为了好学，这才是教学的至高境界。

综上所述，我们不难理解，变式教学既是高效促进深度学习的教学模式，也是能够实现深度学习的重要途径；既是教育理论化的教学实践，也是发展和丰富了的教育理论。但切记避免单一的教学模式，在当前信息技术与教育教学深度融合、教育与大数据相伴同行的大背景下，我们更应加大教育科学研究力度，以期不断改进教学策略。例如，以精准分析学情为前提，常州开展因人而异、因时制宜、因材施教的差异化教学、个性化指导，为教育的高质量发展做出了应有的贡献。

例如词汇句式教学：

在变换各种词汇、句式等事物的过程中，通过不同策略去引导学生理解其本质，从而深刻掌握其本质。

比如，在区别in，on，at三个介词的用法时，通过作业反馈，暴露出混淆用法的问题。针对这一问题，我通过对比分析进行归纳梳理，再通过口诀激发学生兴趣，最后用不同语境中的真实运用达成变式强化的目的。

关于in，on，at介词的用法

in the evening / morning / afternoon
in winter /spring /summer/autumn
in 2019   in November
$\left.\right\}$ in 用在 ＿＿＿＿＿＿＿＿

on Sunday
on October 1
on the morning of March 15
on a cold evening
on Children's Day
$\left.\right\}$ on 用在 ＿＿＿＿＿＿＿

at 7：00 o'clock
at the age of 7
$\left.\right\}$ at 用在 ＿＿＿＿＿＿＿

【小窍门】介词in，on，at的用法口诀：

at用在时刻前，亦与正午、午夜连；黎明、终止和开端，at与之紧相伴。

周月季年长时间，in须放在其前面；泛指一晌和傍晚，也要放在in后边。

on指特定某一天，日期、星期和节日前；某天上下和夜晚，依然要在on后站。

今明昨天前后天，上下这那每之前；at，in，on都不用，此乃习惯记心间。

【试一试】同学们，有了小窍门，是不是更好记忆了呢？那你们能根据以上规律选择适当的介词正确填空吗？

—When were you born?

—I was born ＿＿＿＿＿ a cold winter morning in 1998.

A.on   B.in   C.at   D.from

【题源变式】

① —When did he leave for China? —_____a sunny morning.

A.In   B.At   C.On   D.For

② —When was David born? —He was born_____June 12，1989.

A.in   B.at   C.on   D.to

③ Steve was born_____1955 and died last year.

A.in   B.at   C.on   D.to

④ Everyone knows there was a serious earthquake_____2：28 p.m，____May 12th，2008_____Sichuan Province.

A.on；in；at   B.at；on；in

C.in；at；on   D.in；on；at

【注意】表示在具体的某一天或（在具体的某一天的）早上、中午、晚上等，须用介词on。

语法运用教学：

—Being a student is too hard！

—I agree. We have_____subjects and_____homework.

A.too many，too much   B.too much，too many

C.too many，too many   D.too much，too much

【题源变式】

① There isn't_____interesting news in today's paper.

A.a few   B.a lot   C.too many   D.too much

② —Can you speak Japanese，Mr Wang? —Yes，but only_____.

A.little   B.a little   C.a lot   D.a few

③ —Whose T-shirt is this? —It_____be John's. It's_____small for him.

A.can't，much too   B.can't，too much

C.mustn't，much too   D.mustn't，too much

（三）问题跟踪，基于内容掌握的个性化学习路径引导

我们将基于大数据分析，以掌握时间为变量，根据学生的掌握程度和进度动态规划学习内容和活动路径。

1. 生生间互学互出"问题跟踪"卷，加强习惯养成

在每个单元的教学结束后，我都会让学生相互出"问题跟踪"卷，即交换"问题跟踪"本，再让学生以小组为单位两两结对，各自根据对方标记的错题、定型题、定题量相互出卷进行检测，这样做可促使其自觉地进行自我跟踪和个别学习。由于学生水平存在差异，所以学困生的错题较多，而给优等生选题的难度又偏大，致使部分学困生的信心倍受打击，故而不做"问题跟踪"卷；而有些学困生为优等生出的"问题跟踪"卷字迹潦草、丢三落四，使优等生对此"不屑一顾"；再则，学困生、优等生在相互批阅时因问题不懂或字迹难以辨认，不负责任地乱批，"问题跟踪"卷自然起不到应有的作用。针对这些情况，我进行分类指导，安排优等生之间相互出"问题跟踪"卷，还允许他们在"问题跟踪"卷上留一两个可以自由发挥的题目。在竞争心理的驱使下，优等生出"问题跟踪"卷的积极性增强了，质量也提高了。我对学困生则统一要求，让他们就基本知识和基本技能相互出"问题跟踪"卷，使学困生也都顿生会做错题的喜悦之情，一同分享学习进步的乐趣。这种精准问题针对个人学习情况检测的策略也极大地促进了学生反思学业中存在的问题，不仅反思知识巩固度，而且反思学习方式，有助于良好学习习惯的养成与改进。

2. 根据突出问题进行微讲座，构建知识图谱

在平时教学过程中，每次统一诊断后，我都会及时收齐学生的"问题跟踪"卷，逐个分析问题，并整理出错误较多的共性问题或进行好题再现，在全班进行点评，往往会产生意想不到的效果。优质高效的教学是建立在学生理解的基础之上的，教学就要解决学生的困惑和疑点。因此，我每两周总会询问一次学生近期学习中的问题，进行问卷调查，一是获知学生的疑惑之处，二是让学生做一个阶段性的自我认定和评价。而后，我还会根据学生的问题开一个专题讲座，及时将零散的知识点梳理归纳成系统的知识新结构，便于学生记忆和理解，并进行点评和鼓励。同时，布置家庭作业，我要求学生以讲座内容为主题完成一份专题理解反馈单，或在课堂上进行反馈。

3. 针对同分异质现象，分层指导个性化进阶训练

针对同分异质现象，分层指导个性化进阶训练是指教师基于标准，预设课内课外的线上评测练习，学生根据自己的学习能力选择教师推送的分层作业并自主参与不同层次的变式训练。

例如，以前，如果遇到两个同样分数的学生，教师难免会认为他们处于同一认知水平。但基于大数据分析可知，两个学生虽卷面分数相同，但实际上无论在语言认知方面还是在综合运用方面都存在差异。教师根据后台实时的数据反馈，对比分析后进行精准干预，为不同学生开出量身定制的"诊断单"和"改进单"。

这样，借助大数据学习分析，精准锁定问题，并采用个别指导的策略进行"问题跟踪"，效果显著，如图4-5所示。

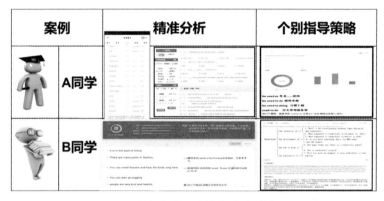

图4-5 分层指导，个性化进阶训练

教师根据"问题跟踪"记录，就学生存在的普遍性问题和一个阶段内知识的重难点问题制作"问题跟踪"卷与单元互测单，并辅以专题讲座，对全体学生进行跟踪检测，督促那些没有做到每周一清和每单元一结的学生及时查找和修正学习中的错漏之处，从而加深他们对重难点知识的理解。这样，在教师的督促和引导下，无论是优等生、中等生还是学困生，都学会和掌握了自己进行"问题跟踪"的学习方法，真正做到融会贯通，学以致用，学习质量有了明显提高。

4. 依据阶段评估，推送个性化学习路径，自主掌握学习进度

依据阶段性评估，根据学生特征精准推送个性化学习路径，提供具有针对性的学习材料，为学生搭建学习支架，并提供最佳学习方法和建议，以利于学生明晰"学什么""如何学"的问题，同时使学生可以按照自己的节奏掌握学习进度，始终保持清晰的学习思路，从而确保学习的有效性，发挥自身最大的学习潜能。

学习不是结果，而是一种过程。布鲁纳说过，学习不是把学生当作图书馆，而是培养学生参与学习的过程。学生只有参与探索新知识的全过程，才能领悟知识的奥秘，才能感受到学习的乐趣和成功的喜悦，从而激活内驱力，提升自主学习的能力。

教师对课时和单元进行规划，并且创建相应的评价方法，对学生达到标准的每一步进行评估，将帮助学生在学业上取得成功。学生的学习激情高涨，主动完成系统推送或教师精选的"变式训练"学习任务，提升自己应对复杂学习情境的能力。

三、实践建模，促进策略的广泛应用

基于上述实践和探索，我应用框图对基于大数据分析的初中英语学习改进策略进行了初步建模，如图4-6所示。

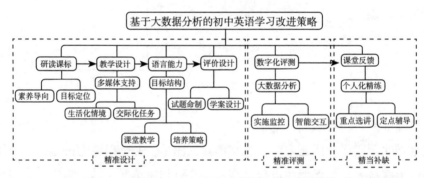

图4-6 基于大数据分析的初中英语学习改进策略进行初步建模

从上图可以看出，基于大数据分析的初中英语学习改进策略主要包括研读课标、教学设计、语言能力、设计评价、数字化测评、课堂反馈、重点选讲、定点辅导等。实践建模，让基于大数据分析的初中英语学习改进策略的内涵和实施可视化，有利于每一位教师实践应用。

从来没有一个时代，如此接近"以人为本""因材施教"的教育理想——借助人工智能、大数据等互联网技术，我们可以精细地记录学习者的学习行为，精确地诊断其个性特征和学习状态，精准地推送最适切的学习资源甚至是学习伙伴。也从来没有一个时代，面临着"数字移民"培育"数字原住民"的巨大挑战——教师作为"数字移民"，需要以自己的专业发展满足作为"数字原住民"的学生全面发展的要求。"互联网+"时代，在教育领域中，理想与挑战并存，我们教育工作者将在教育技术的促进下，潜心践行，努力实现教育人的最高境界——为天地立心，为生民立命，为往圣继绝学，为万世开太平。

参考文献：

［1］邵朝友.基于学科素养的表现标准研究［M］.上海：华东师范大学出版社，2017.

［2］何笑霞.大数据对初中英语教学的影响：以翼课网数据为例［J］.英语教师，2016（19）：75–80.

［3］孙曙辉，刘邦奇.基于动态学习数据分析的智慧课堂模式［J］.中国教育信息化（基础教育），2015（11）：21–24.

［4］吕林海.教师教学信念：教学活动中技术整合的重要影响因素［J］.中国电化教育，2008（4）：16–20.

［5］鲍建生，黄荣金，易凌峰，等.变式教学研究［J］.数学教学，2003（1）：11–12.

基于大数据分析的"问题跟踪"实施策略研究

——以初中英语教学为例

　　熊川武先生倡导的"自然分材教学"提出了"让教学任务随学生差异自然分化"的设想。"自然分材教学论"包含以下三项内容：①学习任务不再通过人为分配，而是按照学生的学力等因素分层；②学生能主动进行反思性学习，主动针对自己存在的学习问题进行研究；③形成自然分材教学的理论系统。十多年来，"自然分材教学"在全国各地的实验说明，这是一种有利于减轻教学负担，提高教学质量的先进教育理论与方法。为此，从2013年起，我一直致力于"自然分材教学"的英语课堂教学实践。但是，学生英语学力的检测和判别是一个浩大的工程，用人工计算的方法实在难以应对海量数据。因此，研究常常受到数据分析问题的困扰。随着数字化教学技术的突飞猛进，基于数字化平台的学习检测与反馈技术臻于成熟。从2018年12月起，我应用基于大数据分析的多学科智能教学平台（以下简称"教学平台"），以"自然分材教学"理论为指导，开展了"基于大数据学习分析的精准教学案例研究"。在近三年的研究中，课题组将数字化平台和学生专用终端相结合，研究基于大数据分析的"问题跟踪"学习改进策略，形成了较为有价值的研究成果，详述如下。

一、基于大数据分析的"问题跟踪"现实迫切性

　　学者刘天认为，学习问题指学生学习特定内容时遇到的或提出的需要回答或解释的有较为确定答案的疑惑（是question不是problem）。而"问题跟踪"中的"问题"特指学生尚未理解的学习内容。由于学生的学力差异，每一个学

生的"学习问题"都各不相同,教师以学生的"学习问题"为起点展开教学,以解决问题为学习终点,实施强针对、高效率的教学活动。据此,课题组提出了"问题跟踪"的"一三三策略":一套习题、三类题册(试题册、解题册、纠错册)、三重跟踪(自我跟踪、同伴跟踪、教师跟踪)。

"问题跟踪"在常态课堂的实施绩效如何呢?作为数字化学习研究的行动前研究,我和同事在2018年11月,以当时八年级两个班的100多名学生为对象进行过抽样调查。"问题跟踪"的过程包括学生自主完成作业—教师批改—教师选取作业中的错题二次讲解—学生订正—教师选取二次讲解订正过的错题重新组卷—学生参与检测—教师分析统计检测结果等七个环节。研究获取的数据如图4-7和图4-8所示。

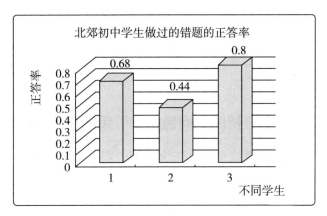

图4-7 学生做过的错题的正答率

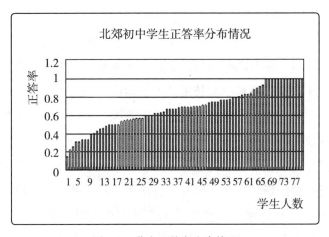

图4-8 学生正答率分布情况

如图4-7所示，1为学生的平均正答率，2为通常意义上的不及格学生的正答率，3为及格以上学生的正答率。总体正答率平均值为0.68，其中，三分之一的学生的正答率不到0.6；正答率低于0.6的学生的平均正答率为0.44，三分之二的学生的正答率高于0.6，这部分学生的平均正答率为0.80。由图4-8可知，有三分之二的学生已经做过的错题的正答率只有0.44，这反映出本校离考100分还有一段距离。这组数据还给了我们明确的判断概念：如果是学生没有做过的题目，则属于可接受；但这些数据都是来自学生已做过的题目，且经教师批阅过，这样的结果当然不在可接受的范围内。经分析发现，由于人工统计数据有限，教师对学生学习问题的分析不够精准，因此，在教师已经重新讲解、学生自我订正过的前提下，仍然有三分之二的学生在二次检测中错题率达到56%，其中有80%的学生两次检测错题原因相同。这次抽样调查让我们深刻地认识到：教师手工统计错题，再进行全部纠错的讲解效率太低了，必须引进技术支持，采用基于大数据的"问题跟踪"策略，以提高教育教学成效。

二、基于大数据分析的"问题跟踪"策略的实施机制

2018年12月，本研究采用了基于大数据分析的多学科智能教学平台，积极探索基于大数据分析的初中英语学习改进策略。在加入数据分析要素后，我们将"问题跟踪"的"一三三策略"转化为基于大数据分析的"问题跟踪一四四"策略：一个平台（AI教学平台）、四类数据（正确率、失误率、翻转率、订正率）、四重跟踪（AI跟踪、自我跟踪、教师跟踪、同伴跟踪）。

一个平台指基于大数据分析的多学科智能教学平台及其对应的一对一学生专用智能学习终端。平台内部包括以下几个主要模块：①一个覆盖全国各地各学科的超级题库；②一套基于AI技术的习题检测、分析、订正系统；③一套分别面向学生、教师、教学管理者的数据反馈系统；④一个细分为具体知识点的微视频、微音频资源库；⑤一个师生、生生互助共享的展示讨论空间。

四类数据指对学生习题进行混合评判（客观题系统评判、主观题教师人工评判）并进行数据分析，形成正确率、失误率、翻转率、订正率四类数据推送的AI数据。其一，正确率、失误率是AI系统对学生解题情况的智能分析。这一分析功能将试题册、解题册、纠错册合并为一个可视化数据窗口，教师依据

教学目标命制分层试题，系统根据数据积累，直接推送给学生最贴近其学力水平的试题。学生答题后，系统同步分析出正确率、失误率，反馈给学生，学生可以按照系统分析数据，持续跟踪自己的"学习问题"，并努力解决问题。其二，翻转率是应用微课为学生解决学习问题提供个别辅导，并统计分析学生自学效能的数据。这是教学平台在"问题跟踪"学习中的灵活应用。在"自然分材教学"中，有一个关键环节——"释疑"，就是教师针对学生在自学与互帮中提出的带有普遍性的问题有重点地讲解，启发学生自解疑难。在真实教学情境中，受课堂容量的限制，教师的"释疑"很难惠及每一个学生。而基于知识点的微课，能实现对于学习问题的一对一"释疑"。例如，A同学在现在完成时态的检测中出现错误，如：He learned（learn）two thousand new words since 1990.（错误）。学生在接到系统"你因为没有理解一般过去时这一知识点而导致错误"的提示后，可以双击题号后面的链接，打开与试题有关的微课进行翻转学习，也会有时态对比训练题，针对该题会给出一般过去时进行对比以促进其思考，如：He learned（learn）two thousand new words in 1990.（正确）。学生如果感觉弄懂了，可以申请再次检测，系统依据申请，推送平行试题，通过变式训练强化理解，学生进行二次检测。如果订正成功通过，系统会自动记录订正率；如果依然出错，系统会提示学生继续跟踪问题，直至解决问题。其三，订正率是记录学生解决问题的数据。教师可以通过系统提示，跟踪每一个学生"学习问题"的解决情况，持续保障学生学习的成功。

四重跟踪包括：AI跟踪，智能教学平台对学生学习的全面跟踪；自我跟踪，学生在平台支持下对自我学习问题的个别化跟踪；教师跟踪，即教师在平台支持下对学生学习问题的全面跟踪，包括学生的学力分组、个别化学习问题跟踪等；同伴跟踪，即在组内，同伴之间互相帮助，共同学习。

三、基于大数据分析的"问题跟踪"的教学改进

基于大数据分析的"问题跟踪"的实施旨在精准分析学生学习数据的基础上，提高教与学的针对性和有效性，同时让学生更加自主、有效地学习，具体如下。

（一）基于数据结果，提高教学针对性

教师通过平台直观地看到课堂上学生的习得情况，快速准确和真实全面地

呈现现场分析。教师根据平台上的数据反馈进行教学,如每个题目的正答率、错误率,针对共性问题,集中解惑;如针对个性问题,课后进行分层推送,使问题跟踪更有效。学生在平台上学习,完成检测,可自我监管习题时间,并查看错题的归因分析,进行自主学习,独立思考,逐步培养良好的自我认知能力。平台还可以定期为学生分层推送训练项目,为学生量身定制错题集,为学生自我分析与自主诊断搭建平台。

需要指出的是,基于大数据分析的"问题跟踪"策略对学困生的帮助最为明显。学困生比例达到三分之一将成为制约学生发展与教学改革的短板,如何设法提高学困生错题的正答率?教师可以及时跟进,根据教什么、练什么的原则精心设计选题。除原有的学科问题外,还要加上元认知问题,并在实施相互监督的前提下,引导学困生监控自己的解题过程,有针对性、有步骤地培养其解题策略和纠错能力,不断提升其元认知水平。

根据数据统计,针对共性问题,集中解惑;针对个性问题,课后进行分层推送,对不同层次不同问题的学生进行线上精准指导,可以使"问题跟踪"更有效。

教师根据数据反馈,了解全体学生问题解答情况,并对个别问题进行进一步了解。教师端呈现每道题的正答率、错误率,可查看学生名单与试卷,结合该生近期的答题反馈情况,分析其薄弱之处,提出改进方案。学生完成并提交,在此过程中极大地培养了自适应能力。学生通过自查自纠、自主分析、独立思考的方式逐步提升自我认知能力。结合阶段学习情况,教师以主动布置和平台智能推送两个方面共同为学生量身定制专属错题集和改进方案,为学生自我分析与自主诊断搭建平台。教师基于大数据对每个知识点学生的掌握过程和反馈情况进行分析,为学生提供有针对性的辅导和讲解,如此一来,师生互动方式更加灵活和多元。

(二)强化过程检测,让学习的每一步都扎实展开

对于我们习惯的结果性测试,似乎学生得分率越高就越好,而对于过程性测试则恰恰相反,学生考的分数越多,越意味着做这些试卷的题目是白白浪费时间。过程性测试的目的在于查漏补缺,如果从题目上没有发现学生的学习漏洞,学习便是低效的。要想提高过程性测试的效果,最好的方法就是采用"问题跟踪"策略。应当指出,安排学生只做自己出错的那些题目,这样的测试其针对性最强，学习的成效也最高。对于优等生而言，基础性内容出错的概率较小，教师应在有限的时间内给予他们快速提高的机会和指导。教师要给优等生选择难度较大、带有参考答案与解题方法的资料，如阅读理解难度大、单词量要求多的阅读理解材料。这样，一旦他们熟悉了难度大的阅读材料以后，参加低难度的测试就可以更加自信，增强胜任感。而对于相对学习能力较弱的学生而言，可以更多地增加基础性检测的题目，发现问题，及时修正，让这些学生掌握每个知识点。

例如，在每个单元的教学结束后，我根据单元小测验后数据分析获得的信息，组织学生开展相互制作"问题跟踪"试卷的学习活动：让学业水平差不多的学生自由结对，先了解对方在本单元练习和测试中存在的问题、出现的差错，然后针对这些问题和差错为对方设计一份"问题跟踪"试卷，每份试卷至少有5个试题。在交换试卷各自作答之后，再以交流研讨的方式相互批阅，经交流研讨仍有疑义或困难的问题，在试题旁边写上说明。我建议英语学习水平较高的学生设计的"问题跟踪"卷适当拓宽加深，可以有一两道开放性试题；而学习基础较差的学生，仅就本单元练习和测试中出现的错题设计"问题跟踪"试卷。在学生交互设计、批阅"问题跟踪"试卷后，我收上来逐份阅读分析，整理出一些有创意的试题和需要进一步予以指导的共性问题在全班进行分析点评。开展这样的活动，不仅有利于激发学生自主学习、主动发展的积极性，有利于帮助学生及时解决本单元学习中存在的问题，而且能引发学生的学习需求，激励学生在深度学习和探究中创意创新、动态生成。

（三）更深入地分析问题的原因，真正做到因材施教

基于大数据分析的"问题跟踪"个性化教学策略实施路径，不仅就学生整体的阶段性问题进行剖析，还对学生个体的具体问题进行剖析，引导学生根据问题清单出"问题跟踪"试卷和单元互测卷。同时，构建教学互动社区，通过借助屏幕共享、电子举手、语音连麦等功能进一步增强师生间和生生间的多维互动，从而加深学生对重难点知识的理解，帮助教师全面了解学生的学习情况。这样，在教师的督促和引导下，每个学生都学会和掌握了自己进行"问题跟踪"的学习方法，真正做到融会贯通，学以致用，学习质量和成效有了明显提高。

基于大数据学习分析的精准教学案例研究表明，数字化平台为"问题跟踪"的实施创设了一个良好的教学环境，使师生关系更加密切和融洽，教与学形成良性循环，知与行和谐统一，新课改之路越走越宽广。今后，我们将与时俱进，继续开拓创新，真正成为"实践的思考者"和"思考的实践者"，成长为符合新时代要求的探索型、研究型的名副其实的教育工作者。

简析中学英语教学中两极分化的成因及其对策

在中学英语教学过程中，学生始终是学习的主体。每当学生积极、主动地采用正确的学习方法学习的时候，成效就好些；而每当学生消极、被动地采用错误的学习方法学习的时候，成效就差些。如果不及时采取措施缩小这种差距，那么，势必会出现两极分化现象，产生学困生。两极分化的成因究竟是什么？如何才能更好地避免两极分化？这已成为英语教学中不可回避的问题，这种现状应当引起我们的高度重视。

一、两极分化产生的原因

（一）学生学习方法不当、综合素质的个性差异是导致两极分化的主要原因

从学生心理发展的角度来讲，中学生的知识能力尚未得到充分发展，不仅是因为他们的感知、记忆、语言、理解力、想象力等虽有较大的发展，但他们的情感自我调节、自我控制能力和水平仍不够高，而且因为他们的心理发展在不同的个体上总是存在着迟早的差异。

应当肯定，每个学生这种心理上的个体差异会造就他们不同的学习习惯和方法：有的学生逐渐养成预习和自学的习惯，主动思考，力求理解，不但能带着不懂的问题进入课堂，而且能积极善用英语思维，加深理解和记忆，主动参与小组活动，大胆开口、质疑、探讨，学习效果明显；有的学生却与此相反，不但课前缺乏必要的预习，而且往往在课堂上注意力不集中，羞于开口，不善于独立思考和提出问题，学习效果差。再者，同一班级的学生由于环境、家庭、智力和已掌握的基础知识均有差异，因此，英语学习进度存在快慢差距，出现上、中、下水平完全是正常的情况，不必太过在意。

（二）教师教学方法不当、整体观念不强是导致两极分化的重要原因

诚然，学生自身综合素质的个性差异是导致英语学习成效两极分化的主要原因，但是，如果教师教学方法不当、整体观念不强、缺乏设置课堂情境应有手段，那么，不难设想在教师没有"培优补差"意识、没有实施兴趣化、差异化教学和个别指导的情况下，学生也就不可能有强烈的学习渴望，更不可能有渴望学习和掌握英语知识与技能的内在动力，于是只会出现唯一的后果——产生并加剧两极分化，这也成为导致两极分化的重要原因。例如，在日常课堂教学过程中，有的教师缺乏科学规划和长远计划，只满足于完成具体的课堂教学任务，教单词就只单一教单词，阅读课文就只是单一地阅读课文，不是将教学作为一个系统工程来对待，人为地割断整个初中阶段英语知识的内在联系：教初一时单纯讲初一知识，不为初二的学习做铺垫，而教初二时又不联系初一时所学知识。这样教学的结果可想而知：部分之和不等于整体，更不可能大于整体，学生仅仅是学了一个又一个英语知识点，直到初中毕业，也难以系统掌握教材规定的英语语言知识和技能。更有甚者，有的教师不能平等地对待每一个学生，忽略了学生的个性差异和发展不平衡等实际情况，没有运用因材施教的分层教学策略，更没有将注意力放在培养学生的竞争意识和创新精神、教导学生学会思考、帮助学生掌握学习策略等方面，其后果显而易见。两极分化不仅体现在学习成绩的分数悬殊上，而且更为严重的是学生掌握知识的广度与深度必将出现巨大反差，久而久之，教师难免产生偏向心态，对一部分学生偏爱有加，而对另一部分学生则放任自流。如不及时采取积极的补救措施，两极分化的现象不但得不到有效遏制，而且会不断加剧。

二、避免两极分化的对策

（一）加强课前预习指导，让"笨鸟先飞"学英语

教师应在熟悉和钻研教材的基础上，结合学情，加强对学生课前预习的指导，以期使学生提前了解每堂英语课的学习重点和理解难点。这样，每当教师讲授新课时，学生因为心中有数，心理压力就不会那么大，每个学生都会积极主动地参与课堂教学活动，专心听讲，乐意学习，全体学生哪怕是少量的学困生学习与消化知识的过程也会变得轻松自如，亲身体验到学习的快乐。同时，教师要给予学困生更多学习上的关心，可经常对他们的作业进行面批，及时纠

正其作业中出现的错误，对于容易出错的问题不论大小都悉心指点，做到让学困生"笨鸟先飞"，防患于未然。

（二）营造课堂气氛，让"快乐学生"学英语

毋庸置疑，"兴趣是最好的老师"。作为英语教师，要有效消除两极分化，必须采取各种方式，通过各种途径，大力培养学生浓厚、持久而积极向上的学习兴趣。课堂是学生学习的重要场所，也是最主要场所，当然课堂教学也是培养学生浓厚学习兴趣最重要、最主要的途径。因此，教师在课堂教学过程中应想方设法，采取各种形式着力营造良好的课堂气氛，使所有学生都能自觉养成浓厚、持久又积极向上的学习兴趣。这就对教师的课堂教学提出了更高的要求，甚至要求其课堂教学达到艺术化的境界。

何谓良好的课堂气氛？我个人认为，那是一种民主、开放、宽松、和谐、交流、合作的学习氛围。要营造良好的课堂气氛，教师应当牢固树立学生是主体的意识，从学生的生理和心理特点出发，精心设计教法，使课件生动形象，讲授声情并茂，提问答疑巧妙，师生、生生互动，教师的主导作用、学生的主体意识、课件的直观效果都能充分地发挥和展示，整个课堂自始至终洋溢着一种引人入胜、扣人心弦、融合融洽、互动互济的亢奋氛围，呈现出一幅竞争有序的场景，这就是我们孜孜以求创设的有效课堂教学情境。学生在如此的课堂教学情境中学习，必定会激发浓厚的学习兴趣，从而表现出旺盛的求知欲，学习成效也将与日俱增。

此外，要营造良好的课堂气氛，教师还应该满腔热情地关心和帮助学生克服心理障碍，点燃学生进取的火花。尤其要格外关爱学困生无论是源于智力因素还是非智力因素，教师都不能有丝毫的埋怨情绪和嫌弃言行。相反，教师应在课堂上多给他们提供发言、表达和表演的机会，从而使他们深切地体验学习英语的乐趣，彻底消除他们学习英语的畏惧心理，使他们真正成为"快乐学生"。

（三）课后整体融合，让"自信学生"学英语

从事英语教学工作多年给我一个至关重要的启示：要设身处地为学生排忧解难，尽力帮助他们树立自信心。虽然每个学生的智力发展有快慢之分，记忆力有强弱之别，理解知识程度有高低之异，但只要有足够的自信，那么，就没有什么克服不了的困难，包括学习上暂时落后的学生，也都能成为优秀的学

生。因此，教师对每个学生都要切实做到一视同仁，不能有亲疏之分，对他们动之以情，晓之以理，指导帮助他们牢固树立坚定的、宝贵的自信心。对待学困生，教师应经常约其进行个别谈话，多接触，多交流，多沟通，与他们共同分析暂时落后的原因，针对其薄弱环节，帮助其制订学习计划，明确学习方向，指点学习方法，分享学习经验，争取更大的进步。

同时，教师要努力做好"培优补差"工作，在摸清学生学习现状的基础上，根据学生各自特点因材施教，分类指导，有针对性地开展对尖子生设"宴席"、学困生起"小灶"和"一帮一"的互助活动，使尖子生吃得好，中等生吃得饱，学困生吃得了，进而逐步缩小两极分化程度，促使全体学生齐步走，共同前进。

综上所述，教师要在英语教学实践中面向全体学生，力求变授之以鱼为授之以渔，注重培养他们的自学能力，不断研究并改进英语教学方法，鼓励学生在使用中学习语言，在学习语言中使用，充分调动其自觉性、主动性、积极性和创造性，持之以恒地做好学困生的转化工作，最终消除两极分化，使每个学生都成为优秀的学生，以达到英语教师不懈追求的最佳目标。

变式教学原理在中学英语课堂教学中的
具体实践

　　教学是教师与学生相互作用的互动辩证过程，其突出矛盾是教师的教的共性与学生的学的个性之间的矛盾。实践表明，所有学生都是具有差异的个体，任何学科的课堂教学都具有不确定性，英语教学也是如此。这不仅反映了变式教学原理在中学英语课堂教学中运用的可行性，而且体现了这种具体运用是教育理论与教学实践紧密结合的必然产物，是新课程改革深入进行和持续发展的助推剂，是切实提高教学效率和教育质量的新路径。顾明远主编的《教育大辞典》对"教学变式"做了这样的解释："在教学中使学生确切掌握概念的重要方式之一，即在教学中用不同形式的直观材料或事例说明事物的本质属性，或变换同类事物的非本质特征以突出事物的本质特征，目的在于使学生了解哪些是事物的本质特征，哪些是事物的非本质特征，从而对一事物形成科学概念。"不难理解，如此界定变式教学，是对我国已有变式教学实践经验进行深刻总结和深入研究后得出的一个正确结论。事实上，我们广大教师大多在各自的教学实践中自觉或不自觉地对这一变式教学原理进行了有益尝试，只是对此在思想上尚未高度重视，在认识上还不够全面深刻，而且与教学实践的结合也不够紧密，自觉性与普遍性也不太高，因而效果不够明显。我们应当想方设法努力改变这种现状。本文将以此为出发点，并联系我多年从事中学英语课堂教学的实践得失，就这些方面逐一加以论述。

一、变式教学原理体现了科学性

　　变式教学原理实现了教育理论与教学实践的有效结合，符合教育规律和学生身心发展规律，是教育理论实践化的结果，是发展了的教育理论，充分体现了科学性。

所谓变式，是指我们在研究一些具体的教学问题时，应立足于变换问题的情境，变换问题的形式，变换问题中的条件或结论，其目的是排除事物非本质特征带来的干扰，从而更加突出其本质特征。这样，通过变式教学可以丰富学生的感性认识，帮助他们抓住事物的本质。有研究表明，抽象的概念往往需要熟悉广泛、众多的事物才能形成，我认为这就是教师运用变式教学原理进行教学的最重要依据。所以，变式教学就是教师从不同角度组织感性材料变换事物的非本质特征，在各种表现中突出事物的本质特征，从而使学生对概念的理解达到更高的概括水平。从学情角度来看，这又是教师进行变式教学的另一个最重要的依据。一般而言，中学生不仅具有丰富多彩的个性，而且具有不成熟性和成长性，而每个学生的禀赋、兴趣、认知与理解能力、思维与想象力和生活经验的差异性便成为课堂最宝贵的第一资源，而学生获取的知识更多的是一种体验性知识，是要从自身角度来建构知识与能力、情感与态度的，同时，由点到面、由内到外逐渐演变成一个系统方法。这就说明，每个学生的学习与知识形成、积累的过程都会受其认知、语言、社会、情感以及自身身体发展多方面因素的影响。正因如此，教师必须尊重教育规律和学生成长规律进行因材施教、分层教学、分类指导、分类推进。只有这种个性化的差异教学，才能实现有效甚至高效的课堂教学。中学英语教学实践使我深刻体会到，学生的想象力、模仿力虽强，但缺乏自我约束和控制能力，而语言学习，其知识的传授、习得、形成与巩固具有很强的生成性特征，使得课堂教学活动复杂多变，始终存在不确定性，永远是个未知数。这一方面给教师带来了一定的教学难度，但另一方面给了教师一个更大的教学自主空间。作为英语教师，应当站在现代英语教育的理论高度，按照新课标的要求，更多地考虑如何自觉地将变式教学原理具体运用于课堂教学过程，努力做到教得更加科学，使学生学得更加有效。因此，教师不能一味机械地讲解、填鸭式地灌输，而要用自己的创新思维和丰富的想象力，善于从全新的角度去观察、分析和透视英语教学中的各种突发性问题，并提出解决这些问题的教育策略和教学方法，进行开放的课堂教学，不再将教材这种书本知识作为学生学习知识的唯一途径，而是还学生以提问与质疑的自由，把思考与想象的空间留给学生，把认知与理解的权利还给学生，把知识运用、语言表达的机会让给学生。从某种意义上说，教学正是在不断设疑和解疑的过程中进行的，当一个学生提出问题和见解的时候，即使这些问题和见解似乎没有多少实际价值和意义，教师也不要轻易去制止和否定，因为它很可能会引发其他学生的思索和联想。教师要注重认知教学与实践体验相结合，切实做到因学情而变，据此灵活引导学生交流互动，合理调节课堂氛围，生成新的教学流程。

毫无疑问，课堂教学活动是师生围绕知识技能的建构而展开的交流对话活动，教的理论决定教的意识，而教的意识决定教的行为；教的变化影响学的变化，而学的变化也影响教的变化。教的本质和重要意义就在于其适应于学。世界上没有教学风格一成不变的教师，也没有学习方式一成不变的学生，理念先进、思维创新的教师总是在不断尝试不同的教学方式，因为教的方式将会决定和影响学的方式。鉴于此，我们在教学实践中应多考虑怎样才能适应每个学生的学习需要，以及兴趣、思维、技能和情感的个别差异，在变换各种词汇、句式、语法等的过程中，从正反两方面去讲解，结合学生的生活经验去讲解，联系学生的社会阅历去讲解，并通过设计各种变式练习，创设不同的教学情境，引导学生应用已经习得的英语知识，从而深刻掌握其本质。其本身表明变式教学是教育理论实践化的结果，即变式教学原理，是发展了的教育理论，科学性在它的具体实践过程中也得到了充分体现。事实上，变式教学原理不仅在各学科的教学实践中被广泛运用，而且在积极探索的过程中取得了实践的成功。因而，我平时注重通过各种渠道学习借鉴其他各科教师运用变式教学原理于课堂教学实践的经验，取长补短，不断补充和完善自己具体运用变式教学原理的英语课堂教学实践。

二、变式教学原理具有很强的实践性

变式教学原理始终以教学实践为基础，既来源于教学实践，是教学实践经验的总结与提升，又回归于教学实践，指导和推动教学实践的发展，是教学实践的理论化过程，具有很强的实践性。

众所周知，课堂教学是教学领域中诸多因素的矛盾统一体，是一种特殊的教学活动。在教学过程中，教师是主体，学生则是客体；而在学生知识习得的过程中，学生是主体，教学内容是客体，而教师则是主导者。这样，教学中学生不只是"配角"，教师也不完全是"主角"，师生主体地位的角色转换便成为一种常态。在同一个班级里，不同学生的学习能力和学习基础总是参差不齐的，而教师的教必须适应学生的学，学生之间存在的这种差异决定了教也应有所差异。显而易见，变式教学原理是以教学实践为基础的，实践性强是其最本质的特征。其实，变式教学由来已久，可以说自实行班级授课制以来即为广大教师自觉或不自觉地运用了，其与教学实践相生相伴，只是面临教育形势的不同背景罢了。依我之见，其区别无非在于：以往教师进行变式教学，旨在服从并服务于"应试教育"，且处在不自觉的状态，似乎仅仅停留在教学方法的层面，运用也不普遍；现今在教育改革逐渐深化、实行新课改的背景下，学校一切工作以学生为本，就教师而言，其在思想上已经确立变式教学的理念，行动上进行变式教学的自觉性大为增强，目的也更加明确，即提高教学效率和教育质量，一切为了学生的全面发展和终身发展。同时，一个时期以来建构主义学习理论的兴起，对于教育教学的影响十分深远，其中具有代表性的奥苏贝尔有意义学习理论认为：有意义学习的根本要素是新知识与学习者原有知识建立合理和本质的联系。这种合理和本质的联系指的是新知识与学习者认知结构中的某些特殊的方面有关联。如此看来，学习不只是教师将知识简单地传授给学生、学生被动接受的过程，而是由学生自己建构知识、理解学习意义的主动接受过程。因此，教师的主要职责应当是帮助学生建立和巩固这种联系。正是由于建构主义学习理论的推动，整个教育领域运用变式教学原理的成果日益显著，教学实践更趋成熟，而具体运用变式教学原理实践经验的总结与提升，体现了以先进教育理念引领的教学实践的理论化过程。变式教学原理作为一种理论形态也将伴随着教学实践的发展而发展，并不断指导和推动教学实践的持续发展，达到了前所未有的新高度。这在施行新修改的英语课程标准后的英语教学中尤为明显，我对此感触颇深。英语新课标蕴含了六个鲜明的教育理念：一是注重素质教育，体现语言学习对学生发展的价值；二是面向全体学生，关注语言学习者的不同特点和个体差异；三是整体设计目标，充分考虑语言学习的渐进性和持续性；四是强调学习过程，重视语言学习的实践性和应用性；五是评价方式，着重评价学生的综合语言运用能力；六是丰富课程资源，拓展英语学习渠道。新课标还突显出四个重点：一是加强社会主义核心价值体系在英语课程中的渗透；二是充分体现对新课程改革理念的巩固和深化；三是突出对学生综合语言运用能力、创新精神和实践能力的培养；四是根据学生的认知发展规律，体现英语课程目标和内容的循序渐进。很显然，这些理念和重点不仅意味着英语教学实践将更为丰富多彩，而且表明与此相应的变式教学将日趋多元、开放，这就预示着变式教学的新征程即将开启，并展现出广阔的前景，为英语教师运用变式教学原理进行课堂教学实践搭建良好的平台，提供了用武之地。不难设想，只要按"知识与技能、方法与过程、情感态度与价值观"的三维目标进行变式教学，就一定能够谱写英语课堂教学更加灿烂辉煌的崭新篇章。

三、变式教学原理成为提高教学效率和教育质量的重要途径

变式教学原理在中学英语课堂教学中的具体运用，因其科学性与实践性的并存而成为切实提高教学效率和教育质量的重要途径。

英语是一门实践性很强的学科，英语课程标准明确要求教师把英语教学与情感教育有机结合起来，努力营造宽松、民主、和谐的教学氛围。教师要特别关注性格内向或学习有困难的学生，尽可能多地为他们创造语言实践的机会。由此可见，英语课堂教学应自始至终高度重视学生的语言实践过程，这与变式教学原理本身内隐的实践性相一致。然而，目前中学英语课堂教学中普遍存在着教师教的活动多、学生学的活动少，语言知识讲解多、实践训练操作少，英语作业书写多、听力训练少，书面考试多、口头测试少，受制于教材多、灵活运用教材少等种种不合理现象，直接影响了教学质量的提高和学生能力的发展。加之缺乏应有的语言环境，教学呈现出教师耗时多，学生负担重、学得苦、成效少的教学低效局面，这是一个不争的事实。究其原因，最根本的一条恐怕还是教学不得法，严重脱离社情与学情。因此，在新课程背景下，面对这样的现实，教师应当反复深思：如何做到在有限的课堂教学时间内有效且高效地完成教学任务，并能无限地提高教育质量？教学效率和教育质量在整个教学过程中具有全局意义，必须认真对待。教学过程是一个教师与学生双方互动、对话、交流的过程，也是一个由许多环节构成的连续性、整体性、渐进性过程，而师生双方与所有环节又都是相互联系、密切相关、相互制约和相互促进的，忽视其中某一方面或某个环节，就会影响全局。鉴于此，教师要全面、辩证、理性地分析、认识和把握好这个现实与全局，再在这个基础上进行课堂教

学的创新，关键是要紧紧抓住教师教的方式和学生学的方式的创新不放。只有这样，才能切实提高教学效率和教育质量。

如上所述，变式教学原理既具科学性又具实践性，是科学性与实践性并存的统一。中学英语课堂教学运用变式教学原理，既有利于改善教师的教学方式，又有助于形成和巩固学生自主学习方式。如果我们坚持不懈地运用变式教学原理组织课堂教学，并将其贯穿于听说读写以及句型和语法等课堂教学的全过程，那么，就能逐步建构一种变式教学原理统领、教学内容与教学形式完美统一的课堂教学模式，从而使得课堂教学实现从理论到实践的创新，真正成为切实提高教学效率和教育质量的重要途径。

实践表明，英语语言及其知识是抽象的，但又是生动而富有情趣的，无论对教师还是对学生，教学过程都是他们一个亲历体验、感受的过程，其间，教与学互相转化、互相促进，彼此有机地融为一体，形成动态的、生动的课堂生态系统。变式教学不仅可以丰富学生的感性知识，而且可以帮助学生抓住事物的本质。当然，变式的核心是在变化中求不变，万变不离其宗。因此，教师在日常教学中要正确把握英语教学的本质特点，遵循学生的认知发展规律，不断调整自己的教学方式，以期使其更加符合学生的英语学习特点，并注重阅读教学、写作教学与口语交际教学之间的联系，善于将"听"与"读""说"与"写"紧密结合，引导学生"做中学、学中用"，促使学生在实践中建构多方面的知识，增强语言文字的感受力，从而在不知不觉中充分理解英语语态、动词时态，掌握语言文字运用的能力，时时产生一种豁然开朗、茅塞顿开之感，真正达到事半功倍的教学效果。所以我们常说，好的课堂教学一定始终处于变化之中。

教师是教学的实践者，教学规律来自教学实践，而变式教学实践也必然有其内在的教学规律。变式教学原理在中学英语课堂教学中的具体运用，科学性与实践性并存，体现了教育理论指导教学实践成果的最大化和教学实践遵循客观规律效益的最优化，这也是我通过这些年来的英语教学实践得到的深切体会。用哲学的观点来看，部分之和不等于整体，既可小于整体也可大于整体。英语语言是一个有机整体，绝不能简单地将其分割开来进行教学，那样既费时耗力又不能取得理想效果，导致部分之和小于整体；如果教学得法，也就是教师运用变式教学原理进行教学，注重知识的整体联系，努力从英语基本知识的特点、内在联系和学生认知的角度精心设计教学，关注学生对重点、疑点、难点问题本质的理解，激发其学习热情，培养其学习兴趣。同时，精讲且词不离句，句不离篇，使得学生多练且触类旁通、举一反三，如此进行"听、说、读、写"，学生的观察联想能力、归纳概括能力、类比转化能力和创新思维能力就一定会大幅度提高。这样先学后教，以学定教，学教综合，教中学，学中教，在应用中学习，在学习中应用，看似控制了课堂教学的"量"，实际却是有效实现了课堂教学"质"的提升，最终结果是部分之和大于整体。

总而言之，变式教学原理在中学英语课堂教学中的具体运用有助于学生从运动变化的、相对更为宽泛的角度去提出问题、思考问题、分析问题，并在深刻揭示问题本质的基础上解决问题，是课堂教学的一种创新实践。今后，我们要更加自觉地在英语课堂教学中运用好变式教学原理，并致力完善这一已被实践证明能够切实提高教学效率和教育质量的全新课堂教学模式，从而实现从"自由王国"到"必然王国"的过渡。

参考文献：

鲍建生，黄荣金，易凌峰，等.变式教学研究［J］.数学教学，2003（1）：11–12.

明达事理　德行天下

——学校构建全员、全科、全程育人模式的实践探索

近几年来，我国生态文明建设理论与实践蓬勃发展，人们对生态系统的认识也越来越广泛、越来越深刻。在此大背景下，全社会对教育生态系统先进理念的认同和传导也达到了前所未有的高度与深度，这正是人类社会文明的一大进步。无疑，教育也是一个有机的、复杂统一的生态系统，教育系统与外部社会生态系统之间以及教育系统内部各个子系统之间相互依存、相互影响、相互制约、相互促进，构成一个既与整个社会生态文明紧密联系又相对独立的教育生态系统。当前，我们在深入学习贯彻党的十九大精神的过程中要以习近平新时代中国特色社会主义思想、教育思想为指导，把握教育的正确方向，理解教育的本质要求，明确立德树人的根本任务，不断深化教育改革，加快教育现代化建设，努力办好人民满意的教育，使得每个学生和全体公民都享有公平而高质量的教育。一言以蔽之，就是要有一个良好的教育生态系统。笔者从教育管理者和教育工作者的双重视角，以全局整体性与系统生态化思维，紧密联系我校近两年来进行全员、全科、全程育人模式的实践探索过程，逐步形成"明达事理 德行天下"的育人生态链并取得初步成效的实际，阐述一所学校加强教育生态系统建设的必要性、重要性和可行性。为表述清晰起见，笔者认为必须就教育生态系统学的概念做一简介：教育生态系统学是一门新兴学科，它是20世纪70年代先在西方兴起的一门教育边缘学科，是教育学与生态学相互渗透的结果。教育生态系统学依据生态学的原理，特别是生态系统、生态平衡和协同进化等原理与机制研究各种教育现象及其成因，进而发现和掌握教育发展规律，揭示教育发展的趋势和方向。简言之，教育生态系统学是研究教育及其周围环

境之间相互作用的规律和机理的学科。本文结合教育生态系统学的基本原理，从全员育人、全科育人、全程育人三个方面分述。

一、全员育人成为全校教职员工的言行准则

中共中央办公厅、国务院办公厅2017年9月联合印发的《关于深化教育体制机制改革的意见》强调，要全面实施素质教育，全面落实立德树人根本任务，系统推进育人方式、办学模式、管理体制、保障机制改革，使各级各类教育更加符合教育规律、更加符合人才成长的规律、更能促进人的全面发展，着力培养德智体美劳全面发展的社会主义建设者和接班人。笔者认为，这既是对各级各类学校全员育人、全科育人、全程育人成功经验的总结与肯定，也对今后更好地全方位育人提出了更新更高的要求，规划了育人蓝图，规定了策略方向。我们倍受鼓舞，不仅更加坚定了奋勇前进的信心，而且更加明确了继续前行的路标。

常州市明德实验中学作为北郊初级中学分校，是一所组建近两年的新校。鉴于此，我们建校伊始就做到了立意高远，创意无限，在教育管理与教学实践中从这方面入手，高起点，立足于构建以理解为核心的学校文化，将"办有灵魂的理解教育 育全人格的未来公民"与"立德固本 和爱润心 知行一体 实践创生"作为办学使命和理念，大力倡导学生"懂情理 明事理 求真理"。同时，我们将工作重心放在教育和引导全体教职工通过政治理论学习和外出学习培训、参观考察、交流互鉴上，不断解放思想、更新观念，促使大家达成以人为本、以学生发展为本、以育人为本、以德育为先的共识。正因为如此，包括从事后勤工作与安保勤杂人员在内的全体教职员工都争当教育者，不当旁观者，牢固树立大教育观，坚定不移地贯彻执行党的教育方针，以培养学生德智体美劳全面发展并为其终身发展奠基，使其成为合格的社会主义建设者和接班人，堪当中华民族伟大复兴大任的时代新人为己任，不忘教书育人初心，牢记立德树人的使命。人人都是德育教师，个个都是班主任。为人师表、言传身教成为大家的言行准则，我们同心协力，将学校建成"和谐共同体"，变成一个大教育场、师生共同成长的"幸福家园"，真正形成"时时育人、处处育人、门门育人、人人育人"的全员育人的浓厚氛围。这样的生态育人营造出的教育环境就是良好的教育生态系统。

二、全科育人成为广大教师的教学原则

教育教学实践表明，课程是学校教育的核心，是实施素质教育的重要载体，而转变育人模式是培养学生核心素养的素质教育的必要前提与关键所在。为加强课程建设，我们专门设立了校级课程研发中心，以便从全局着眼进行顶层设计，从系统着手进行思路谋划，从生态着力进行动态平衡，既有条不紊地统筹协调了国家课程、地方课程与校本课程体系规划设置、实施评价等方面的诸多事宜，又卓有成效地顺利进行了探索实践，增添了课程形式，创新了课程资源，丰富了课程内容，发挥了各科课程育人功能，逐步形成了全新的课程生态，全科育人模式日益完善。

教学实践还使我们深刻体会到，学生学习其实是一个综合性概念，涉及认知、情感、动机、生活、实践等多种因素。教师教学同样如此，无论哪门学科，其课程标准都强调"知识与技能、过程与方法、情感态度与价值观"的三维目标，这也是学科育人共性的体现。而且，单就课堂教学这一过程而言，围绕师生的教与学，必然会包含预习、备课、教授、听课、师生与生生交流互动、复习、作业布置与批改、考试、评价等一系列相关的教学环节与活动细节。很显然，整个过程便是由一个个这样微观的教育生态系统组合而成的。由此可见，学科育人若要取得显著成效，绝不可搞一个维度的单项改进，而是必须搞多维的整体推进，只有经过复合型、立体式的改变才能实现教学效益的最大化，即教育的高质量。但实际情况往往是，大多数教师在教育教学实践中总是不经意间在传授知识与技能方面，或在过程与方法两方面花费更多的时间与精力，而在情感态度与价值观方面却关注不多，使其成为一个薄弱环节。另外，受师生知识面、性格特征、兴趣爱好等因素的影响，其薄弱程度更不如人意。对此，我们予以重点突破，采取教研组加强课例研究与集体备课、相互观摩评课等举措加以改进，申报江苏省、常州市级教育科学研究课题项目及其实施过程，搭建各种平台，通过请进来走出去开阔教师的视野、外聘专家学者对教师进行专业指导，广泛动员组织全体教师积极参与教育科学研究。全科育人成为大家的自觉行动和共同遵循的首要教学原则。我们凭借校园网络平台，使共建教学共同体、共享教研成果的效应更加快捷显著，使原先的薄弱环节大为改观，突变成现在的教育强项、教学特点。全校构建了以社会主义核心价值观

为引领的全方位、一体化德育体系，使习近平新时代中国特色社会主义思想入教材、进课堂，充分发掘各门课程中的德育内涵及跨学科内涵之间融合的交叉点、联系点，从而达成互补、共育，教师互学互助互鉴，教师学生亦师亦友，相处更为和谐，同步做到内化于心、外化于行，学科育人价值得以充分展现，教育功能趋以极致发挥。

我从事中学英语教学近20年，对于学科育人功能的理解与认识随着教学实践经验与教训的不断积累、汲取而越来越深刻。这些年来，我在英语教学中更加注重引导学生将中华传统文化与西方文化进行对照，以加强对学生的爱国主义教育。同时，通过翻转课堂、分层教学、与E学习整合的理解性云课堂、小组合作学习、研究性学习、深度学习、问题跟踪策略乃至作业批改方式改革等多项尝试实践，充分调动了学生学习的主观能动性，以培育学生的学习品质，使其养成浓厚的学习兴趣、良好的学习习惯和有效的学习策略，拓展了创新思维，增强了其交际能力，发展了其核心素养。此例便是我校全科育人实践探索的一个缩影。

三、全程育人成为家校协同的信守法则

在大力推进信息技术在教育教学过程中的广泛应用，尤其是与学科课程深度融合的大趋势情况下，学校教育教学的时间与空间得以无限拓展与延伸，无论是课内外还是校内外，教学不再局限于单个的教室，也不再局限于每节45分钟的课时。可以这样说，互联网、大数据、云计算等现代线上线下的"智能"力量打破教学时间、空间等各种限制，并正在颠覆教与学方式的现实是我们时刻面临的一个大挑战，也是需要我们不断深入研究的一个大课题。鉴于此，全程育人就是我们应对挑战而明确提出的一个指导思想。为此，我们秉持空间即课程、时间即资源、社会即课堂的新教育理念，在新校舍落成时便将五个楼层的共享空间确定为五大课程空间：一层为智艺学堂；二层为悦享书吧；三层为艺术殿堂；四层为科创中心；五层为生态讲堂。这样的布局与整体建筑群浑然一体，并在此基础上进行系统性的绿化和美化，室内、户外均有与之功能相匹配且简朴、典雅又醒目的装饰布置与文化氛围。与此同时，学校还精心设计每学期的开学第一课，组织安排好体育运动会、文艺演出活动。每周一的升旗仪式和晨会以及每日夕会等，由此构成一个形式与内容相对完美统一的学校生态

教育大环境。正如我们最初预期的那样，全体学生在环境如此优美舒适、文化内涵如此丰盈厚重的校园里经过日积月累的熏陶、感染，精神面貌焕然一新，学习积极性空前高涨，核心素养更是得以充分展现。

其实，我们进行教育生态系统建设的过程也并非一帆风顺，而是在不断总结正反两方面的经验教训后才有了今天这样的良好格局，不仅走出了一条学校、家庭、社会各方协同育人、多位一体的生态教育之路，而且这条路越走越宽广，越走越平坦，是一条新校迅速崛起、优质高效发展之路。我们通过实践充分认识到一所学校建设良好教育生态系统的重要性与必要性，以及实施良好生态教育的可行性。在此期间，我们成立了主要领导挂帅，由教师、家长代表组成的家校教育协作委员会，研究、制定学校与社会协同育人的中长期规划、短期具体计划并组织实施，还举办了家校共育课堂，分期分批轮训学生家长，定期开设家长学堂系列课程，建立微信公众号，征求意见，保持联系，沟通协商，增进共识：社会是最大的公共教育资源，家庭是学校没有编制序号的教室，父母是学生的第一任教师，这一切都是可以开发利用的重要教育资源，也都是建设良好教育生态系统的关键因素。这种具有共同理念、相互支持理解的信守法则成为全程育人的可靠保障机制。例如，近年来推行的研学旅行综合实践课程便是这三者紧密结合形成全方位育人生态的成功范例，是一种广义的全员、全科、全程育人模式。每学期各年级、各科共同组织开展的研学旅行社会综合实践课程活动是学校教学计划中明确安排的一项研究性学习和旅行体验相结合的校外教育活动，是突破传统固化的学习时空、校内外教育有效衔接、全程育人的一种创新形式，开辟了全方位育人的新途径，但鉴于中学生的心理、生理特点，又是乘车赴上海、苏州、南京等地外出旅行，路程较远且需在外集中食宿，而学生普遍生活自理能力较差，慎重起见，在行前将此作为家长会的主要议题，向家长详细通报情况，听取意见建议，各科制定了研学单，发放了研学安全手册，活动结束后又印发了学生撰写的研学报告、小论文和研学体会，如此有始有终，深受家长的喜爱，活动真正成为一次次家校社互动协同的共育课程，教育生态系统也随之得到明显改善。

总而言之，开放式视野、生态化思维推动了全员育人、全科育人、全程育人模式的探索实践持续向纵深方向发展，课程边界的拓展与教学时空的放大进一步催生了大德育生态、大课程生态和大课堂生态，从而真正实现了学校内外教育生态系统的良性循环，不断提升了教育教学的效率与质量。

参考文献：

［1］舒远招，周晚田.思维方式生态化：从机械到整合［M］.长沙：湖南
　　师范大学出版社，2015.

［2］陈旗敏.教育生态系统学视野下的课堂教学［J］.内蒙古师范大学学报
　　（教育科学版），2018，21（1）：109–111.

理解教育理念助推课程建设和优质教学实践

工作室和培育站的研修，促使我们再次回顾建构体系，更深刻地理解其真谛。

一、教你一个考试方法，即拓展一种考核思路

今天的研修不同往常，是以考试的形式拉开序幕的。试卷上共有三道简述题：你对"理解"的理解是怎样的？你对"理解式教学"的理解是怎样的？你认为理解性教学的操作要点有哪些？这三道题的设计很讲究，并呈层进式递进，内容关联，环环相扣。

通过笔试，我们再次对知识进行了梳理。教育是从发现和理解学生开始的，这符合教育规律和学生成长发展规律，是教育的基石。"理解"是手段，也是目的。无疑，"理解"的外延与内涵都表明，教育是一个整体，各个要素联系紧密，不可分割，"你"中有"我"，"我"中有"你"，"教"中有"育"，"育"中有"教"，它们相互依存，相互作用，和谐统一于教育的全过程。但我们也应清醒地认识到，目前教育系统还存在一些不可忽视的矛盾和问题，如教书与育人、教学与教育、教师与学生的对立或不协调之处以及应试教育所带来的教学方式单一、课业负担过重等问题。实践证明，理解式教学是一种理想的教学形态，完全能够最大限度地缩小、解决这些矛盾和问题，可以在有限的教学时空实现理解的无限，即不仅能逐渐缩小教学过程中教师理解与学生理解之间的差距，而且能最终实现向零距离的过渡。总之，理解式教学就是面向全体学生，在一视同仁的前提下照顾多数，兼顾少数，倡导"自主、合作、探究"理念，分层教学，以学定教，因材施教，先习而后学，先学而后教，教学内容和教学方式满足学生多样性、个性化的选择需要，从而达到教学的

优质高效，既促进学生的全面发展和终身发展，也促进教师的专业成长和可持续发展。

我们开展理解式教学，具体如何操作呢？实际上，这是一个教学流程采取什么方法的问题，大的原则是任务活动、小组合作、表达共享，细化一下则需把握以下五个要点：

一是评估先于教学。教学目标清晰、合理、可测，相应的手段要与其紧密关联。

二是科学制定理解单。理解单是服务于教学内容的手段，寻找前见（旧知）且遵循学生的认知过程而构建的认知结构是完成教学目标的载体，是认知脑图，它可分解教学目标并使之结构化、清晰化和理性化，从而增进学生的理解，帮助学生建构知识体系，从而提高教学效率和质量。由此可见，实施理解式教学首要也是最为关键的一点，就是要在刻苦钻研教材内容和充分研究学情的基础上科学设计、制作、修订理解单，力求教学计划更加周密、教学内容更加丰富系统，以期更好地使用理解单来组织教学，实现教学目标与教学实践、教学内容与教学形式的完美结合，大幅提高教学效率和质量。当然，理解单的制定是一个动态过程，绝不是一旦制定好就一成不变的，而是应在教学过程中根据实际情况适时进行调整和修订，使之更加完善、成熟。这正体现了它的科学性。同时，要合理确定弹性的教学目标。教师应根据班上学生情智现状合理确定弹性的教学目标，即基础性目标、提高性目标和拓展性目标，再以目标导学。这样，教师运用分层教学法，面向全体学生可以不强求时间和水平的统一，并适当放宽条件，允许他们在不同的时间和条件下完成不同的学习目标，使那些一时理解不透教学内容的学生，也能比较顺利地完成学习任务。不过，我们在确定弹性教学目标时还要掌握一个原则，就是应明确一个限度：其下限是每个学生的学习必须达到最基本的要求，上限则是不能产生过重的学习负担，以利于学生在这个弹性空间内追求自身发展的最优化。

三是任务驱动。设计参与性强、参与面广的活动任务，根据"我言说，我记得；我参与，我掌握"的原则，促使学生言说，帮其掌握。这就警示教师正确定位师生角色。实施理解式教学，其内在要求最根本的一条便是正确定位师生角色，即从"以教师为中心"转变为"以学生为本"。这样，教师只是主导，学生才是主体。理解具有互动性，一方面，教师应尊重学生的人格和权利，理解并体谅学生的情感与需求，鼓励学生敢于质疑教师、超越教师；另一方面，学生应尊重教师的劳动，理解并体察教师的爱心和要求。师生换位思考，有利于相互促进、彼此作用，组建教学发展共同体。教师是课堂教学的组织者、指导者、帮助者、合作者、促进者，不仅一改师道尊严为亦师亦友，而且师做良师、友为益友，教师由"主演"变为"导演"，学生由"观众"变为"演员"，课堂也由独唱演变为联唱、大合唱，师生心灵相通，课堂气氛活跃，教师教得轻松，学生学得主动，双方互动交融，情智共济，共同创建轻负高质的快乐课堂，一起收获教学硕果累累的幸福。

四是感情先行。德国教育家第斯多惠曾说："教学的艺术不在于传授本领，而在于激励、唤醒、鼓舞"。的确，激励会激发出学生的感情，而这种对学习具有动力作用的感情，会产生学习的内驱力。融情于教，施爱与生，寓情于教，感情先行，则必会情智相长。

五是大力提倡合作学习。理解式教学中的合作目的是扩大参与度，促进学生言说。出声思考，让思维在课堂上看得见，利于学生思考，便于教师掌握学情，从而促使知识清晰化。同时，理解式教学倡导研究性学习。学生在组内或组间探讨学习、研究的过程中，主动获取知识、运用知识、解决问题的学习活动，更利于其内化知识，掌握新知，学习互补。并且，每当一个学生提出一个问题或是见解的时候，总会激发其他学生的联想，引发一连串的问题和见解，这时教师在课堂上就要及时回顾、总结和反馈，既检测了教学的有效性，也与课程内容相辅相成，相得益彰，生成许多新的不可多得的教学资源，有效整合这些资源即可使其成为学生建构新的知识体系的重要组成部分。

诚然，笔试不仅促使我们对知识进行了梳理，加深了印象，也教会我们在检测学生的知识时，多了一种知识回顾与梳理、阶段考核与检测的方式。

二、教你一个评分方式，即创新一种评价体系

笔试后，我不急于收卷，而是在黑板上带着大家再次对三道试题进行诠释。接着，我根据事先准备的评分标准和评分表，将我们的试卷打乱，开展了背靠背评价，即德尔菲法。在预测过程中，评委彼此互不相识、互不往来，这就克服了在专家会议法中经常发生的专家不能充分发表意见、权威人物的意见左右其他人意见等弊病，使各位专家评委能真正充分地发表自己的预测意见。

采用匿名或背靠背的方式，能使每一位评委独立地做出自己的判断，不会受到其他繁杂因素的影响。预测过程必须经过几轮反馈，使专家评委的意见逐渐趋同，最终实现结论的统一性。

这个方法完全可以在进行学生作文评析时采用，使学生在背靠背的评价过程中，相互间利用该手段自然地进行作文赏析与写作交流。

三、教你一个评课流程，即创设一种评课范式

本次的五节研究课，我们采用课前会议、课堂观课和课后议课的模式。课前会议上，由执教者进行简要说课。由于都是专业教师，所以说课的重心放在教学目标的定位和解说每个环节中所采用的手段，以及其采用目的和预期效果上。观课教师带着这样的目标走进课堂，教者有方向，听者有思考，这正是我们所期待的指向课堂教学改进的听评课。

这种听评课是一项完整的、专业的教学研讨活动，因此在开展过程中重点关注教学改进环节，我们甚至在一位教师的一节公开课的基础上再思考，再讨论，再切磋，由另一位教师以同题再现的方式提供一节研究课。采用这种方式，我们不在意是否是一节课是否是所谓的"好课"，不在乎该课是否是所谓的"成功"，因为我们懂得课无好坏之分，无成败之说，重要的是，是否目标明确、教有方向；是否以学生主体，亲身体验；是否使学生学会学习，感受过程。这一模式的活动流程如图4-9所示。

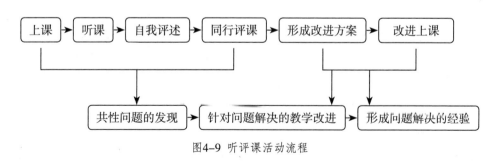

图4-9 听评课活动流程

这种指向课堂教学改进的听评课关注课堂教学中存在的问题，以及所出现的问题是否得到有效解决。一次听评课之后会紧跟着一次甚至数次针对所发现问题的"改进"，在一次又一次的"改进"过程中，不断完善教师的教学实践，提高课堂教学的质量。当我们带着问题进课堂时，就意味着要用一种研究

的心态对待听评课。听评课前，我们通过授课者的说课已熟悉授课教师所讲内容，也明确了自己为什么听评课，这些充分准备为我们的课堂观察打好了基础。观课过程中，我们随时记录教学过程中的生成性问题，并随时写下自己的疑问或困惑；听课后，我们与授课者又进行了及时的交流和讨论，提出了改进的策略。个人觉得，这种听评课模式既实在具体，又高质有效，为我们提供了一种全新高效、操作性强的听评课范式。

简言之，研修过程是累而充实、痛并快乐的，研修的目的清晰，教育的真谛再度明晰。

浅谈多媒体的运用与英语教学的优化

实践英语教学是基础教育的重要组成部分，也是外语学科的起始阶段。这个阶段的教学目的在于帮助学生掌握学习策略，建立初步的语感，掌握一定的语言基础知识和技能，从而为其今后的发展和终身学习打下良好的基础。倡导素质教育是我国教育改革的基本思路，具有极其丰富的内涵，是一个自上而下的完整体系，也是现代化教育事业日趋完善的一种境界。无疑，英语教学实施素质教育自然成为教改的一个重点。时代的发展呼唤英语教学的现代化、最优化，而多媒体作为现代化的教学媒体，集知识、游戏、动画于一体，能快速传递教学信息，创设生动活泼的教学情境，理应成为优化英语教学的手段。我们必须充分运用这一新型的教学手段。

一、多媒体在初中英语教学中广泛运用的必要性及重要意义

初中英语教学是基础教育的重要组成部分，也是外语学科的起始阶段，其目的在于激发、培养学生的学习兴趣，使其掌握有效的学习策略，养成良好的学习习惯，建立初步的语感，掌握一定的语言基础知识和技能，为其今后的发展和终身学习打下良好的基础。应当指出，由于受一些陈旧的教学观念和教育体制等诸多因素的制约，英语教学至今仍然有"费时多、收效差"的问题，这种客观现实与当今知识经济时代的要求极不相称，因而时代呼唤英语教学的现代化、最优化。

多媒体作为现代化的教学媒体，集知识、游戏与动画于一体，能够快速高效地传递教学信息，全方位、多渠道地向学生提供生动、鲜活、清晰的感性材料。相对于旧的教学手段而言，它不仅有利于学生通过视、听、说途径直观地接受知识，并经过大量的模仿性实践尽快吸收、运用和巩固所学知识，而且可

以根据不同学生的需要提供反复的语音、语调的标准示范，针对学生具体情况进行个别化教学，既具有普遍的教学意义，又具有特殊的现实意义，即能最大限度地满足个别学生的特殊要求，为学生个性化学习创造便利条件，实现教学过程中共性与个性的完美统一。同时，运用多媒体进行英语教学，可以在节省课堂教学时间的前提下拓展学生知识理解的深度和语言实践的广度，有效提高教学质量。现如今，计算机在人们日常生活中的普及与互联网的建立为广大英语教师利用网站构建与教材相关的资料库提供了自由空间。

显而易见，多媒体的这些优势为实现英语教学的现代化、最优化开辟了最理想的捷径。这两者的有机结合必然会加快推进英语学科实施素质教学的步伐，这也正是多媒体在英语教学中广泛应用的意义所在。

二、运用多媒体进行英语教学实践应注意的几个问题

（一）主体与载体的观念定位

我们在运用多媒体进行英语教学过程中应当树立这样一种定位观念，即教与学信息的双边交流活动是主体（这其中包括学生间的语言信息交流），而多媒体（无论是硬件还是软件）是教学信息的现代化载体。毋庸置疑，衡量多媒体教学成败得失的关键不在于多媒体教学手段本身，而在于完成教学目标的过程及结果。应当明确，无论采用多媒体这种现代化的教学手段和方法，还是沿用传统的教学手段和方法，都只不过是教学的一种形式而已，所显现的只是事物的表象，我们更应注重教学内容，这才是事物的本质，这是因为内容决定形式，形式服从、服务于内容，形式与内容的完美统一才是我们追求的目标。

多媒体辅助教学为英语课堂教学改革增添了新的活力，有利于教师更新教育观念，发展素质教育，营造民主、生动活泼的课堂氛围，增强英语教学效果。我认为，广泛运用多媒体进行英语课堂教学，是改革传统教学模式的一个创新之举，反映了科学的教育观念和先进的教学手段，极大地丰富了教学手段和教学方式，从而不断完善新的英语教学方式，开创英语课堂教学的全新境界。我和许多同行近年来适当运用多媒体取得初步成效的实践表明，它可弥补传统教学手段较为单一的诸多不足，在同一时段将听、说、读、写的训练有机结合起来，创设良好的英语阅读、交际情境；同时，多媒体辅助教学有利于突

出英语教学内容的重点和难点，激发学生的学习兴趣，拓展他们的思维空间，充分发挥其学习的主动性和创造性，发展其形象思维，有效开发其智力，增强其在学习过程中的理解、记忆、巩固效果。师生在这样的课堂教学中还能实现网上资源共享，大幅度提升英语教学的效率和水平。由此可以断言，主体与载体相辅相成，只有实现了二者的有机结合，方能产生最佳的教学效果；倘若没有主体的积极参与，那么载体再好也无任何意义。但从相关调查反馈的信息来看，在教学改革中穿新鞋走老路、重形式轻内容的现象确实不乏其例。正是一些教师对主体与载体这两者如何定位认识不清，其在潜意识中才会产生多媒体即等于素质教育这样含混的错误观念。

我认为，素质教育是我国教育改革的总体思路，具有极其丰富的内涵，是一个自上而下的完整体系，也是现代化教育事业日趋完善的一种境界，绝非配置一批计算机及其软件就能解决的问题。就实践英语素质教育而言，其着眼点首选是在面向全体学生、全面发展能力的前提下，以提高学生英语综合素质为目标，以基础知识教学为根本，在激发学生学习兴趣、培养学生创新精神和实践能力的同时，发展学生自主学习和终身学习的能力。这才是素质教育的实质、核心。多媒体为素质教育的实施提供了前提条件，也就是说，借助多媒体可以更高效、更科学地培养学生的诸多能力。由此看来，对于初中阶段的基础教育而言，多媒体这个载体无论多么完备，也无法替代英语课堂教学活动中学生所处的主体地位。当然，我们还必须承认，在运用多媒体进行教学时，同样不能忽视的是教师主导作用的充分发挥。

（二）教师的主导作用与学生的主体作用

学校为学生而设，教师为学生而教，学校的一切工作都以学生为中心。现代教育再次将教师定位于主导，而将学生定位于主体，这是遵循教育规律的具体体现。多媒体运用为主导与主体提供了最佳结合点，因为在多媒体的教学环境中，教师给学生提供支持和帮助，引导他们利用各种信息资源，主动建构知识，教师成为整个课堂学习活动的设计者、指导者、组织者和促进者，从而与学生之间互动，利用网络形成有效的学习共同体，形成师生之间、生生之间互相交流、讲授、获取并理解知识的局面，构成教师—计算机—学生三位一体的"人—机—人"三维互动方式，为多媒体进入学校教学程序开辟广阔的发展空间。新版《九年义务教育全日制初级中学英语教学大纲（试用修订版）》首次提出，教师要帮助学生形成外语学习策略（包括情感策略、认知策略和交际策略等），同时提高对学生语言应用能力的要求，注重学生语言实践能力的培养。这就对教师的主导作用明确提出了更高的要求。我想，在运用多媒体进行英语教学时，从抓主要矛盾入手，关键在于紧紧抓好落实学生的精读。因此，教师必须着力于主演示区内的课文动画教学，努力做到基于课本又不局限于课本，体现出其灵活、综合的特点。

例如，我在利用多媒体教学初中第三册Unit 3 *Make our world more beautiful*！时，首先挖掘该单元的主题Planting Trees，明确其思想性在于倡导热爱劳动、植树造林、绿化祖国、建造The Great Green Wall。本课语言技能是让学生掌握how to plant a tree的英文表达及must/should be + *adj.* 的结构，还有neither...nor；knock into等语言点。为此，我先从图库中调出一些关于four seasons的图片，让学生观察、鉴别是什么季节，并回答为什么，然后讨论：What can we do in different seasons? 我将这两者的重点都放在有关spring的信息点上，通过问答引出planting trees的活动，然后通过画片和字幕显示的方法，介绍Tree Planting Day。这里我采用了diagram（about the forests of the USA in the last 350 years）用以表明树木日益减少的现状，然后简单地利用a map of China的画片，介绍了Sanbei shelter forest—China's Great Green Wall，讲明planting trees的重要意义（这样，既增加了知识性、趣味性，也为后边的学习做了铺垫，从每一个单元的共性和整体出发，又可具体到每一课）。接下来我以选择问句的方式导入Instructions—how to plant a tree.

T：Is the ground too wet or too dry?

（with the teacher's help）

Ss：Neither too wet nor too dry.

T：Right，the ground must be right. （显示字幕）

（repeat twice）

Go on asking. （插入自做的种树课件）

T：Is the hole too deep or too short?

Ss：Neither too deep nor too short.

T：Right，the hole should be right. （显示字幕）

（repeat twice）

然后，我通过动感画面（植入树苗、填土浇灌等）和字幕显示，帮助学生学习复述后面的说明，教学新的知识点。在这些逐一完成之后，我返回到对话主演示区中的课文动画教学，放两遍录音，要求学生仔细听记，然后转到中文译文，由两个学生做对话示范，其中一人扮演不会种树的新同学，要求对方教自己，从而把课文两部分有机地结合起来。至此，教师的精读内容和新知识的导入基本完成。接下来就是学生自己的操作和练习时间。练习之后，我要求学生在有声字典的帮助下，仿写一篇instruction—how to plant flowers的文章，并通过对话表演给大家，学生表现出极大的兴趣，完成得也很不错，这表明他们已经掌握了这种语言技能。

学生的主体地位在多媒体教学中体现最明显的便是学习积极性的提高，能针对自我的薄弱环节不断强化实践，实现多练。教师在教学中既顾及大部分学生的学习共性，也注意到个人之间的差异。主体与主导关系的和谐有赖于教师结合实际情况精心备课。电脑备课一改往日的单调、沉闷与重复，可以不断更新，也更具挑战性。学生也因其活泼的形式、较强的实践性而极大地调动了积极性。

（三）致力于实现从培养兴趣向培养发展能力的转化

兴趣是最好的老师，激发和培养学生的学习兴趣是义务教育阶段英语课堂教学的目的之一。多媒体可视性强、授课方式新颖等特点，很容易引发学生的好奇心，继而使学生对英语产生浓厚的学习兴趣。

例如教学Where are you from? 时，在讲到中国时，可制作象征中国的国旗以及代表中华民族优秀文化的长城、陶器等图片，配以国歌和重点标志的解说字幕（We are from China. We are Chinese. China is our motherland It is famous for its Great Wall in China. It is great. We love our motherland—China）、庄严的乐曲、清晰的图形、感情充沛的解说词，震撼学生的心灵，激发学生的爱国之情。图文声共同构建的媒体氛围，将学生的学习情绪调节到最佳状态。这就表明，利用多媒体可以创设良好的学习情境，取得潜移默化的思想教育和学习效果。但这仅仅是学习的第一步，掌握英语语言技能，发展学生英语能力，才是英语语言学习的主要目的。如果多媒体教学仅仅满足或停留在激发学生兴趣方面，而忽略了学生能力的培养，无疑失去了其意义。

良好的学习习惯、有效的学习策略的培养在兴趣的基础之上更需要毅力、勤奋和对知识的领悟。基于青少年身心发展的特点（身体发育快、朝气蓬勃、勇往直前，认识能力扩大、缺乏耐力、独立性与依赖性矛盾共存），要实现兴趣和能力的转化，其关键在于教师主导作用的发挥：在了解学生，熟练掌握多媒体技术的基础上，教师要认真备课，制作课件，为语言实践创造更多的语境，既给学生动手操作、开口实践的机会，又能总揽全局，在开发学生智商的同时，引导他们进行听说读写分阶段训练，既各有侧重，又综合考查。处于主导地位的教师一定要克服流于形式的短视行为。在大力倡导可持续发展的今天，英语学习的可持续教学也引起了人们的重视，正如一些有识之士所倡导的那样：着眼于未来，培养学生可持续发展的英语学习素质。

三、多媒体的运用与教学的完美结合，面向全体，区别对待，加大个别辅导的力度

实践证明，多媒体既可辅助学生自学，也便于教师辅导个别基础较差的学生，使他们从各自的实际情况出发，在教师有针对性的指导下进行学习，起到拾遗补阙的作用。课件及动画的教学设计能调动学生的各种感官，诱使学生练技能、激兴趣、悟得失。多媒体在英语教学中的运用，不断更新着人们的观念，但这并不意味着我们要完全摒弃传统的教学手段和方法。例如，多媒体软件中的中英文互译、重难点释疑就极大地弥补了交际法教学的不足。处于基础地位的初中英语教学对four skills的夯实、正确的发音示范、规范流利的书写、新旧知识的融合贯通，都离不开好的传统教学手段和方法。实践证明，多媒体的运用与传统的教学手段和方法完美结合确有必要，如果两者结合得好，不但不会有矛盾，相反会相得益彰、非常完美，要达到该目的，还要在今后的英语教学实践中不断进行探索和尝试。

总之，运用多媒体进行教学，在激发学生学习兴趣，使学生集中注意力、形成良好的学习氛围，调动学生的非智力因素，开发学生智力，使学生提高教学效率等方面都起到了很好的促进作用，无疑是现代教育的先进手段。但我们应当认识到，借助多媒体进行英语教学必须把握好度，绝不能顾此失彼，忽视

常规的、传统的教学手段而滥用多媒体。二者不可偏废，正确的态度应是致力于实行两者的有机结合。鉴于此，我们要学会根据教学内容的需要来选择并正确使用多媒体，以期取得运用多媒体进行英语教学的理想效果。因而，刻苦学习、熟练掌握并尽快精通多媒体技术便成为英语教师的一门"必修课"，它值得我们为之付出精力去认真探讨和实践。

中小学英语课程衔接中课堂教学模式
改革的实践探索

本文简析中小学英语课程衔接的系统性和英语课堂教学的整体性相统一，完全符合教育教学规律和学生的生理特征、心理特征、成长发展规律与认知规律，其内在统一性有利于推动英语课堂教学模式改革不断深化的实践发展，是新课程标准下教学实践的有益探索和创新。

这些年来，我在中小学英语课程衔接背景下进行中学七年级英语课堂教学的过程中，通过借鉴旁人成功的教学经验和自己的实践探索深切体会到，把握好解决中小学英语课程衔接问题这个环节，是科学合理整合这方面教学资源的重要前提。

我国长期的教学实践表明，课程是规划的蓝图、教学的载体，教学则是依托规划并实现规划的途径，也是助推载体前进的不竭动力。教学模式在一定程度上揭示了教学实践活动内含的普遍性规律，所以说它是一种具体化、操作化的教学思想或理论。换言之，它就是教育思想或理论在教学实践活动中的具体运用。基于此，我还深切体会到，教学资源的整合与课堂教学模式的改革两者密切相关，既互相制约又互相促进。从某种意义上说，教学资源的整合是否科学有效，取决于课堂教学模式改革的深化程度。为此，我们一直致力于中小学英语课程衔接中课堂教学模式改革的实践探索，积极尝试，反复实践，最终通过以下三个方面对此逐渐深化了认识。

一、中小学英语课程衔接体现了学科知识的系统性，符合学生的生理特征、心理特征、成长发展规律和认知规律

马克思主义唯物辩证法认为，世界上任何事物都不是孤立存在的，而是相互联系、互为依托的，但又是相互制约、互为对立的，都是矛盾的统一体，中小学英语课程衔接也证明了这一点，我们应持这种辩证统一的衔接观。按照教学大纲的规定，就英语课程而言，从小学六年级至中学七年级，既同属于一种学科知识的大系统，又处于小学阶段子系统与中学阶段子系统的衔接处，这无疑表明中小学英语课程衔接充分体现了学科知识的系统性。中小学是两个不同的教学阶段，其教学对象、教学目标、教学内容、教学组织形式也不尽相同。尽管实施新课改后，国家规定的中小学英语课程标准适当降低了学科知识的难度，又相应增加了广度，即扩展了知识面，但绝不可能影响和改变其系统性。这样，从整体上说，中小学英语课程衔接的学科知识必然在呈现出连贯性的同时呈现出差异性。也就是说，中学七年级的英语教材知识编排是建立在小学六年级以及整个小学阶段的英语教材知识编排基础之上的，它们相互联系、相互交叉、相互渗透又相互分离，具有相对独立又有所区别的特征，是两个独立又有联系的系统。

不可否认，七年级对于学生而言，意味着小学阶段教育的结束与中学阶段教育的开始，处在这个崭新阶段的学生，在身心成长发展方面似乎突然上了一个台阶，其记忆力、想象力、知识接受能力等较之小学阶段也有了明显的增强，这就使得原先他们在小学阶段已经显露出的差异性不但没有缩小，反而进一步扩大，英语学科知识本身呈现出的差异性也将造成一定的负面影响，我们对这些不利因素都应高度重视，并据此随时修订课堂教学设计。当然，我们的教学目标之一就是要想方设法地将这双重差异性减至最小，但同时必须大力张扬每个学生的个性。因此，扩大差异很有必要，这样做并不矛盾，因为这是两种内涵截然不同的差异。由此可见，这种英语学科知识所具有的系统性、连贯性和差异性完全顺应、适合中学七年级学生的生理特征、心理特征、成长发展规律和认知规律。

二、英语课堂教学反映了师生教学实践的整体性，与中小学英语课程衔接的系统性相统一，符合教育教学规律

实践给了我们这样的启迪：中小学英语课程衔接体现的英语学科知识的系统性反映在英语教学过程中则体现为整体性，这种整体性是广义的整体性，内含教学内容的整体性与教学对象的整体性两个方面。凡从事中学英语教学的教师都有这样的共识：英语课程学科知识系统无论是整体还是局部，也无论是从词汇、音标的角度来看还是从语法修辞等多个角度来看，它总是遵循着一个由少到多、由浅入深、由简至繁的规律，这也必然为师生教学实践所遵循，从而决定了教师进行课堂教学与学生学习、积累和掌控英语学科知识的过程都是一个承前启后的过程，是一个循序渐进的过程，也是一个与时俱进的过程。

显而易见，中学七年级英语课堂教学实践的整体性的实质反映了中小学英语课程衔接的系统性、连贯性和差异性。具体而言，中小学英语教材及其各种英语知识之间存在一定的交叉和重复，这在中学七年级尤其是第一学期阶段反映得更为突出。因此，教师作为主导方在对中学七年级学生进行教学时，应特别注意把握它们的内在联系，适当巧妙地进行穿插，以期促进中小学英语教学资源的整合和共享，这是英语课堂教学过程中反映的师生教学实践整体性的一个重要方面。同时，我们应充分认识到另一个重要方面，即中学七年级英语课堂教学实践的整体性更多地体现为教学对象不是一个个体，而是一个群体，教师面对的是所有学生。从以上两个方面可以看出，师生教学行为的这种整体性正与中小学英语课程衔接的系统性相统一，所以才能伴生共存于教学实践中并使实践不断发展，这也充分证明了它完全符合教育教学规律。

三、中小学英语课程衔接与英语课堂教学的内在统一性有双重作用

在新的时代背景和实施新课程标准的前提下，如何更好地遵循教育教学规律和学生的生理、心理特征与成长发展规律，促进他们德智体美劳全面发展并为其终身可持续发展奠定坚实的基础，同时，更新自身的教育观念，创新教学模式，不断提高教育教学水平，是中小学教师面临的最大课题和肩负的最重大使命。如前所述，中小学英语课程衔接的系统性与英语课堂师生教学实践的

整体性相统一，具有内在统一性。按系统论的观点，内在统一性客观反映了中小学英语课程衔接中英语知识系统对于英语课堂教学的必要性和重要性，也为教师主观上能够合理掌控课堂教学节奏与进度、追求英语课堂教学效果的最佳化、最大化提供了科学依据。这种主客观因素十分有利于推动英语课堂教学模式改革深化的实践发展，更有益于英语课堂教学活动由实践升华成理论的探索和创新。

毫无疑问，教学理论源自教学实践又指导教学实践，提升教学实践水平，实践—理论—再实践，如此循环往复。实践启示我们，一旦形成一个较为固定的课堂教学模式，便会相应展现一种行之有效的教学方式、教学方法；而每当课堂教学实践活动产生一种新的教学方式、教学方法的时候，也就意味着我们正在改革原有的课堂教学模式了。由此可见，改革课堂教学模式的原动力仍来自教学实践。

教育是科学，教学是艺术，艺术的教学就是教学的智慧。不同教育阶段的课堂教学模式也不应趋同，应真正体现因材施教、有教无类的精神，反映教师的教学智慧。中学英语课程同其他课程一样，既有文化内涵的提升目标，又有语言表达能力、逻辑思维能力、社会评价能力、想象力和创造力的培养训练任务，从而使得学生在增长知识的同时，增强自身的综合素质。学生从小学六年级升入中学七年级，其身心发展规律具有特殊性。教学大纲对小学、中学两个不同教育阶段英语教学的要求大不相同，教学内容以及教学环境也有明显区别，而具体任课教师的教学方法、教学风格也各有不同，这对每个学生而言，他们自然都将面临和经历由不习惯到习惯、由不适应到适应的过程。因此，英语教师要充分发挥"导航"与"桥梁"作用，实施与小学不同的全新教学模式，并在课堂教学内容的安排、提问设置以及读、写、听、练和作业布置等各个环节把握好度。通过这样的课堂教学实践活动，不断追求中小学英语课程的有机衔接，实现教学内容的"无缝对接"即"无痕教学"，努力建构教学共同体，帮助所有学生做到"学—思—行"一体化，融会贯通中小学的英语知识，从而顺利度过这个"磨合期"，以较短的时间实现从小学到中学的平稳过渡。

总之，中学七年级的英语课堂教学因与小学六年级的英语课程内容相衔接将使其教学资源生成更加丰富、精彩、有效，从而也为教师进行教学科研提供更多的教学案例，而借此研究素材升华了的教学理论又将进一步指导英语课堂教学模式改革不断深化地实践。

参考文献：

教育部.普通高中英语课程标准（2017年版）［M］.北京：人民教育出版社，2018.

基于大数据分析改进初中英语教学实践

在初中长期存在着学生学业基础、学习能力、学业水平差异较大的问题，甚至出现了明显的两极分化现象。虽然广大教师积极探索和实施差异教学，努力加强对学生的个别辅导，但总体来讲成效不大。

2017年12月，我们明德实验中学引进了基于大数据分析的多学科智能教学平台（简称AI教学平台），力求通过数据诊断分析来加强差异教学，促进学生的个性化学习。我们英语教研组积极应用该教学平台，深入探索基于大数据分析的初中英语教学，在两年的研究与实践中，提出和采取了许多改进策略，对提高本校英语教学效果和学生英语学业水平起了很好的促进作用。

大数据是指一种在获取、存储、管理、分析方面大大超出传统数据库软件工具能力范围的数据集合，具有极大的数据规模、快速的数据流转、多样的数据类型和价值密度低等特点和优势。本文所述的大数据，是指面向教育全过程的教育大数据，并限定为来自在线教育平台关于学习者学习的相关数据。我们利用密集、客观的学生学习数据，对学生的学习进行跟踪分析、个性化分析，以更好地基于学情实施差异教学，指导学生个性化学习。

学习分析是一个收集、解释学习者的学习信息，对学习者及其学习环境数据进行测量、收集、分析和报告，从而为改进教与学提供学情依据的研究过程。学习分析具有诊断功能，教师通过学习分析，可以及时了解学生学习已达到的水平和学习中存在的问题，如学生在学习上的难点是什么、有哪些缺漏、存在哪些障碍等。学习分析具有调节功能，教师通过学习分析，能正确把握学生整体的学习情况和学生个体的学习成效与存在的问题，并以此为依据及时调整教学目标与内容，改进教学过程与方法；将学习分析结果反馈给学生，引导学生总结反思自己在学习过程中遇到的问题，及时对自己的学习进行调控和修正。

AI教学平台是基于数字化技术、人工智能与合作共享相结合的教学系统，能为学科教学提供语音识别、图像识别、互动交流、检测评价、数据分析等技术服务。这一平台能通过识别功能正确识别、批阅学生的试卷和作业练习，能通过计算功能对学生的学习检测、作业练习进行多角度的数据分析。因此，AI教学平台是教师对学生的学习情况进行大数据分析的有效工具。

我们基于大数据分析改进英语教学，主要是应用AI教学平台上的数据诊断技术，对学生的英语学习进行经常性的大数据分析，进而根据数据分析所掌握的学情改进英语教学策略、优化英语教学过程，有效实施精准的差异教学和个别指导。近两年来，我们英语教研组主要做了如下几项工作。

一、基于数据分析找准学生的困惑点，加强教学内容的针对性

我们借助AI教学平台，加强对学生英语学习的检测评价和数据分析，以此深入了解学生的学习情况，正确把握学生英语学习方面存在的优势和问题，特别是找出学生在英语学习中存在的困惑点，即学生学习中存在的难点、疑点，根据学生的困惑点设计教学活动，加强对学生的指导与点评。

我们在课前根据每个单元或每个课时的教学目标与内容，联系以前的教学内容，设计自学任务和自学检测题，布置学生开展自学与自测相结合、旧知识与新知识相结合的课前预习活动；再利用AI教学平台对学生的自学检测情况进行数据分析，了解学生预习情况和认知水平，发现学生以往学习中存在的问题和新知自学中遇到的难点、疑点；然后根据学情进行有针对性的备课，把通过预习检测数据分析所发现的困惑点作为课堂上的教学重点，围绕困惑点设计有意义的课堂学习活动，设计引领学生进行深度学习，助力学生解决困惑点的教学情境和学习支架，设计重在帮助学生解决困惑点的教师指导和作业练习。

在课堂上，我们就学生共同存在的困惑点展开教学，既帮助学生解决以往学习中存在的困惑和差错，又指导学生通过阅读、探究、交流自主解决新课内容中的困惑点，并以"困惑点"为抓手，纵横勾连、拓展延伸，形成开放的知识结构。同时，我们关注学生个体存在的困惑点，在课堂上一方面给学生以质疑与提问的自由、思考与表达的时空、感知与理解的权利，在学生质疑提问、自由表达的过程中发现其存在的困惑点，及时予以帮助和指导。另一方面，我们借助AI教学平台，在课堂上穿插即时检测，进行数据分析，从中发现学生

存在的困惑点。对具有共性的困惑点，我们主要让学生通过小组合作探究来解决，对个别学生的困惑点，教师直接予以指点。

二、基于数据分析把握学生的差异，加强教学活动的层次性

教学中借助AI教学平台对学生的学习进行数据诊断分析，能及时发现、客观掌握同年级和同班级学生在学业水平及学习成效上的差异，为实施分层教学提供依据。

我们英语教研组借助AI教学平台，基于学生日常的作业练习和学习检测评价，对学生之间存在的学习差异进行大数据动态分析，研究存在差异的关键点和主要原因，观察学生个体差异的变化情况；然后根据学生之间现实存在的认知基础、思维方式、学习能力等方面的差异，分析预判学生在新课学习中可能出现的困难和差异，进而围绕预习检测所确定的困惑点设计分层次、逐步递进的问题情境和学习任务，设计开放性、可选择的变式练习，既使学生能循序渐进、步步深入地学习，又给学生以选择学习的空间，使不同认知水平的学生都能参与探究活动，都能利用自身已有的认知与经验，在活动中有较大的收益。

我们设计的分层次的问题情境，是围绕前面所说的学生学习中的困惑点，分别设计识读、理解、评判、应用等不同能级要求的问题以及语言实践活动，使学生的学习由浅入深、由易到难、由认知到应用，逐步拓展和深化，同时体现层次性、选择性，以关照不同层次学生的学习水平和学习需求。

我们在课堂上应用的变式练习，也是围绕前面所说的学生学习中的困惑点来设计的，是就同一语言知识、语法知识或文化意蕴，在同一能级要求上设计不同情境、不同条件或不同形式的练习。例如，关于in, on, at三个介词的用法，检测诊断和数据分析表明，学生经常因混淆而出错。我一方面对三个介词进行对比分析、归纳梳理，为学生编制了理解和应用的口诀；另一方面设计了几个不同语境下应用的变式练习，让学生在比较中深化理解、掌握用法。设计的变式练习虽然是同一主题、相同能级要求，但也会有难易之分，因此我们让学生基于自己的能力水平自主选择。在教学中这样设计和应用变式练习，既能使学习水平较高的学生拓宽思路、深层探究，又能使学习水平较差的学生有所作为、有所收获。

三、基于数据分析了解学生的变化，加强教学过程的生成性

学生群体在学习上存在的差异、学生个体在学习上存在的困难和问题，都不是一成不变的，而是在不断变化的。利用AI教学平台对学生的学习进行数据诊断分析，可以及时了解学生群体和学生个体的学习变化情况，了解学生个体动态的学习需求，为我们促进学生发展提供真实可靠的依据。

我们借助AI教学平台，通过日常作业练习、单元检测等，对学生的学习情况进行跟踪数据分析，及时发现学生学习的变化和需求；然后在教学中有计划地促进动态生成，既适时对学生提出新的学习要求，为学生提供新的学习材料，使学生不断面临新挑战进而奋发进取，又激励和支持学生在学习中创意创新、动态生成，确立自己的努力目标，创出自己的学习方法，生成自己的观点。

我一般是在每个单元小测验后，结合一个阶段以来学生的作业练习情况以及日常教学中我对学生的观察，对任教班级学生的学习情况进行数据分析，逐个分析学生在学习态度、学习方式、学习成效等方面的变化。有些学生进步了，有些学生解决了旧问题又出现了新问题，我根据学生学习的新情况，以个别交谈、在作业本上作注等方式，对一些学生提出新要求或给予新期待，给一些学生制定新任务或提出新建议。

四、基于数据分析研究学生的学情，加强跟进式练测和指导个性化学习

利用AI教学平台对学生学习进行数据诊断、分析，有助于我们全面研究学生的学习情况，深入分析学生具有的学习潜能和存在的薄弱环节，从而更好地基于学情实施跟进式练习和测试，以及选择有意义的资源，指导学生进行个性化学习。

我们英语教研组分工合作，在进行教材两个单元内容的教学之后，根据对学生日常作业练习和学习检测评价的数据分析，深入研究这一阶段学生的学习情况；然后就这一阶段的学习重点、学生出错率比较高的练习和试题，设计编制一份以变式题为主、全新题为辅的综合试卷，或作为练习发给学生限时完成，或安排时间组织学生集中进行规范测试，我们称其为跟进式练测或问题跟踪性练测。开展这样的跟进式练测，对学生进一步巩固这一阶段所学的知识与

技能，进一步解决这一阶段学习中存在的疑点、难点起到了重要作用，同时引导学生掌握"问题跟踪"的学习方法，有助于增强学生自主学习和勤于总结反思的意识与能力。

我们结合两个单元的教学内容，根据各年级学生的学习情况，精心选择一些有简有繁的课外英语阅读材料，设计一些有易有难的习题，制作一些短小精炼的微视频，撰写一些具体的学习方法，发送到AI教学平台和本校英语学科网站上，指导学生根据自己的兴趣和能力，在课外校外利用空余时间进行选择性学习和个性化学习。教师通过网络平台的交互功能了解学生的学习情况，与学生互动交流，为学生点赞点评。这项工作旨在更好地培养学生的自主学习能力，开发学生的学习潜能，使不同水平的学生都能获得最大限度的发展。

参考文献：

［1］邵朝友.基于学科素养的表现标准研究［M］.上海：华东师范大学出版社，2017.

［2］何笑霞.大数据对初中英语教学的影响：以翼课网数据为例［J］.英语教师，2016，16（19）：75-80.

［3］孙曙辉，刘邦奇.基于动态学习数据分析的智慧课堂模式［J］.中国教育信息化（基础教育），2015（11）：21-24.

［4］吕林海.教师教学信念：教学活动中技术整合的重要影响因素［J］.中国电化教育，2008（4）：16-20.

［5］鲍建生，黄荣金，易凌峰，等.变式教学研究［J］.数学教学，2003（1）：11-12.

推行课堂观察是教学改革的方向

——《课堂观察——走向专业的听评课》读后感

　　假期，我认真阅读了《课堂观察——走向专业的听评课》一书，看了又看，爱不释手，想了又想，收获良多。我反复琢磨，自认为自己对于目前教育战线正在进行的课堂观察教学实践探索有了一个比较系统、比较全面的了解，深为其成功而感到由衷的高兴，从而坚信推行课堂观察是我国教学改革的方向，必须牢牢把握并坚持。我想能够得出这个结论，是自己这次寒假中一个最大的收获。

　　这本书的许多篇章立意高远，观点新颖，从理论与实践的结合上对课堂观察的定义、意义、程序、类型、工具以及发展趋势等进行了比较深入的阐述，同时收录了各种课堂观察的课例范本，尽管有24万余字，但读来并不感到枯燥乏味。作为教育工作者，华东师范大学课程与教学研究所崔允漷教授等专家从理论高度对课堂观察不仅见解精辟、独到，而且深入浅出娓娓道来，令我有茅塞顿开之感。而书中收录的北京海淀区中关村中学、浙江余杭高级中学、宁夏银川一中、杭州市余杭区实验小学的10余位同行关于研究课堂观察理论与实践探讨的文章让我感到尤为亲切，真有亲临其境之感。他们总结的课堂观察教学实践的成功经验可操作性强，值得我们借鉴、效仿，而遭遇的一些挫折与教训足以引起我们的高度重视，可使我们未来推行课堂观察时少走一些弯路。正是他们这些教改的先行者使我对课堂观察这一新生事物的关注和认识实现了"三级跳"——从"一无所知"到"似曾相识"继而产生"跃跃欲试"的内驱力，这是连续上了不见教师面的系列专业听评课才有的质的飞跃，就我个人而言，受益终身！

通过阅读和思考，我对课堂观察有了全新和深刻的认识。课堂观察有别于传统意义上的教学公开课、观摩课、演示课，也不是一般意义上的教学展示和评优，更不是以往习惯性的上课、听课、评课、议课的简单重复，而是通过观摩课堂的运行状况进行记录、分析和研究，并在此基础上谋求学生课堂学习的改革、促进教师发展的专业活动。从这个意义上讲，课堂观察是一种由明确观察目的、选择观察对象、实行观察行为、记录观察情况、处理观察数据、呈现观察结果等一系列不同阶段不同行为构成的行为系统，是一种从时空角度透过课堂复杂情境中的各种信息进行反思、分析、推论的研究方法，是一种包括课前会议、课中观察与课后会议三个阶段的工作流程，是一种由彼此分工又相互合作的团队进行的团队合作。由此看来，推行课堂观察教学实践，是体现教育战线以人为本、学习实践科学发展观的重大举措，是解放思想、与时俱进的具体体现。该书列举的课堂观察的成功实践表明，其出发点和归宿总是指向学生课堂学习的改善，主要关注学生如何学习、会不会学习以及学得如何，这与传统的听评课主要关注教师的"教"而忽视学生的"学"大相径庭。同时，对于教师而言，由于以往的教学展示课多以教研组或学科系统的团队合作的形式进行，课堂观察常态化推行更有助于教师以日常课堂的课堂教学为平台，自觉地检视和反思自己，改进教学，提高教学水平。这样课堂观察专业化听评必然成为提高教师专业素质、促进教师专业发展的重要途径。

我祝愿并期望课堂观察之花迅速在明德实验中学以及整个常州盛开并结出丰硕之果！

从大课程观审视学生英语语言能力的培养

任何一种语言都具有创造性、结构性、意义性、指代性、稳固性、社会性、民族性与个性等多种特性，它既是人类最重要的交流工具，也是人类最重要的思维工具。英语是世界上使用最广泛的语言。科技、信息的现代化与经济全球化的发展大趋势给我国教育事业带来了极大的挑战。小学开设英语课程便是适应这一形势的重大举措，这也反映了英语学科的重要性。培养学生英语语言能力是英语新课标的具体要求，有趣的语言内容是培养学生英语语言能力的内在动力，认知能力的协同发展是培养学生英语语言能力的必要条件。

一、大课程观对于培养学生英语语言能力具有指导意义

这里提及的大课程观实际上是一个广义的课程概念，它是科学的课程概念，是指学校为实现培养目标而选择的教育内容及其进程的总和。按照这个定义来理解，课程实际上是师生在具体教育情境中联合创造新教育资源的过程。也就是说，课程不仅仅是国家课程、地方课程和校本课程整合而成的课程体系，更不是单一的学科教科书、教辅材料和教学过程，其纵横无限延伸的各种教育资源具有无比宽阔的广度与厚度。如此理解，可以说课程资源无所不包、无处不在，如社会生活、技术资源、自然资源、校园资源、网络资源、人的外部世界和内心世界、有形的实体和无形的氛围等；再如，教师、学生、家长、社会上的专家学者及知名人士等一切人力资源；还有诸如静态的教材、参考书、课外读物、课程设计、实施与评价等一切教育活动。这就是我们应当树立的大课程观。大课程观具有开放性、一致性、人文性、发展性和创造性，究其本质就是科学性，核心就是教育理念的创新。我曾根据实际教学需要调整教材的教学顺序，压缩、拓展、补充、开发与教材有关的内容，甚至打破了学科界

限，这便是在大课程观指导下开阔教学思路后才有的举措，实践证明这是行之有效的做法。因为具备了教育理念的前瞻性，所以才能明确教学实践中学生的主体性，教学原则也才富有灵活性，顺利实施"先学后教、以学定教"的有效教学便是最好的例证。不难设想，这样的大课程观对于包括以培养学生英语语言能力为重要目标的英语学科在内的各科教学必将具有普遍的指导意义。

二、培养学生英语语言能力是英语课程标准的具体要求

英语课程标准规定：基础教育阶段英语课程的总体目标是培养学生的综合语言运用能力，并指出综合语言运用能力的形成建立在学生语言知识（语音、词汇、语法、功能、话题作为语言能力的内容）和语言技能（听、说、读、写作为语言能力的表现）的基础之上，还规定九年级学生的语言能力应达到五级水平。这就明确提出了学生英语语言能力的具体要求，我们必须保质保量、不折不扣地完成这个任务。上述规定显示，语言知识和语言技能是综合语言运用能力形成与发展的基础，表明语言能力的内涵极其丰富。语言是一个系统，而语言系统中的各个构成要素又是相互联系、相互影响的，语言还会因受到社会的发展变化和各要素相互影响的促进而变化发展。这样理解语言的渐变性，对我的英语教学很有帮助。实践使我深刻体会到，语言能力的内容包括语音识别、词汇选用、语法运用、篇章组织等能力，内化、体现于听、说、读、写等语言实践之中。从一定意义上说，语言能力是语言运用能力发展的基础，是其重要内容，也代表着它的发展方向。

应当指出，由于受应试教育大环境的影响，以往我在英语教学中也有过分强调语法和词汇等基本知识的讲授而忽视对学生实际语言运用能力培养的倾向，走了一段弯路。语言技能包括听、说、读、写四个方面的技能及其综合运用能力，学生英语语言能力的培养绝非一朝一夕能够达到的目标，而是一个缓慢的进程。我们必须在英语教学中积极探索，勇于实践，正确处理好两者之间的辩证关系，将语言知识与语言技能各个环节的教学紧密结合起来，促使学生英语语言能力的培养取得事半功倍的效果。

三、创造性的语言输出是培养学生英语语言能力的重要途径

新课标突出强调对学生综合语言运用能力、创新精神和实践能力的培养，

重视英语学习实践的过程性和应用性,这表明英语学科的实践性很强。英语学习是一个积极主动的学习过程,也是一个不断提高语言运用能力和人文素养的过程。建构主义理论认为,学习的本质是个人主动建构意义的过程,是主体对客体的建构。也就是说,知识是主动建构和社会建构的。以前,我对此缺乏深刻认识,在英语教学中一味讲授语言知识,搞"满堂灌""填鸭式",布置作业也是"题海战术",即只有"语言的输入",学生在课堂内外没有太多的语言实践,语言输出的机会较少。可想而知,学生既不会拼也不会念,更不会说。这种"哑巴英语"式教学的局面持续了很长时间。后来通过不断探索实践,我逐渐认识到,语言的输入与输出是相互促进、相辅相成的两个方面,即没有输入就无所谓输出,反之,没有输出,输入就无意义可言;输入是输出的前提和基础,输出是输入的提升和发展。这表明,输出对于输入而言,层次更高,意义更大,这是创造性的输出,有了这样的输出,输入才会变得更有意义。当然,这种语言输入与此前的"满堂灌""填鸭式"大不相同,有着本质的区别,是可理解性的输入。

例如,我在进行英语词汇教学过程中就注重通过创设语境引导并帮助学生学习理解各种英语语言信息,并做到音形结合,让学生掌握拼读规律。不久,多数学生一看到单词就能拼读,还能在不借助国际音标和英汉词典的情况下自行解决读音问题;学生在进行阅读教学和朗读教学的跟读和模仿的过程中也能较快地体验英语、感悟英语、吸收英语,快速形成语感,英语课堂教学模式一改原有的程式化倾向,彻底改变了费时低效的被动教学局面。由此可见,只有通过语言输出的途径,即让学生用所学语言进行口头或书面表达才能使学生有效习得语言知识和技能。语言输入只是培养学生理解力的过程,语言输出才是在此基础上通过师生共同的创造性思维和创造力解决问题的语言实践过程。正如美国教育家杜威所说,教育过程是一个不断改组、不断发展和不断转化的过程。也只有通过这一语言实践过程,动态生成新的语言知识,才能有效培养学生的英语语言能力。所以说,创造性的语言输出,不断实现语言的"改组""改造"和"转化"是培养学生英语语言能力的重要途径。

四、趣味性的语言内容是培养学生英语语言能力的内在动力

教育心理学研究表明,学生的学习兴趣是推动其学习的内在动力,也是主

要动力。中学生有着该年龄段特有的心理特点，兴趣在他们的学习过程中起十分重要的作用。兴趣是一个人发展的内在动力，一般而言，根据兴趣做出的选择都比较容易取得成功。爱因斯坦也曾说过："兴趣是最好的老师。"因此，激发和培养学生的学习兴趣是提高其学习效率和质量的最佳途径，语言的学习更是如此。

新课标强调综合语言运用能力的形成建立在学生语言知识、语言技能、情感态度、学习策略和文化意识等素养整体发展的基础之上。语言是文化的载体，它不只是一种交流工具，如果我们只认识到语言的工具性和应用性而忽视其人文性，那么，不仅难以激发和培养学生学习英语的兴趣，而且难以达成培养学生语言能力的英语教学目标。英语是一门西方语言，其中蕴含了大量有关西方文化传统、风土人情、宗教意识、自然科学等方面的内容。

我曾有幸被委派到英国访问学习，更直接地接触了原汁原味的纯正英语，感受了英国文化，亲身体验了英国的风土人情，许多见闻对于我的英语教学大有裨益，精准地道的英语发音以及丰富多彩的教学内容大大提高了学生的学习兴趣。同时，我加强了阅读教学与朗诵训练，也取得了明显的成效。实践使我更加明确，开展英语教学应精心指导学生阅读课文和其他英语材料，可以通过阅读前的预测和阅读后的质疑训练学生的创新思维。阅读之前，我会让学生借助课文或课件中的标题、关键词、情境等对阅读的内容进行自我预测，继而口头表述。我则根据学生复述的内容进行点评，启发学生进行联想，深入挖掘教学内容的深刻含义，培养学生的发散性思维。这样进行阅读教学往往能收到较好的效果。再说朗诵教学。其实朗诵既是一种"说"的形式，也是一种"读"的形式和"听"的形式。总之，整个朗诵过程就是一个语言输入过程。朗诵实际上就是将无声的文字作品转化为有声语言的创作活动，是口语交际的一种重要形式。无论是朗读还是背诵，都是通过语言手段来完整地表达思想感情的一种语言艺术。一般来讲，我在进行英语泛读之后，经常使用全班或小组齐读、个人朗读、小组或个人轮流读、小组分行排读甚至男女声分读等方式让学生在反复朗诵中整体感知，在朗诵中掌握语音和语速，在朗诵中发展思维能力。我发现，经过一个时期有效的英语阅读教学与朗诵训练，学生的求知欲与表现欲激增，他们基本上养成了每天进行英语朗诵和课外阅读的良好习惯，自觉复习和预习课堂教学内容，及时查找相关资料，英语信息加工能力、英语口头表达能力和英语写作能力大幅度提高。为增强学生学习英语的趣味性，我在课堂上力求做到教学语言的工具性和人文性融为一体，改变陈旧的教学内容和机械的教学方法，组织了每日英语播报、分享故事、TED演讲、课本剧、诗朗诵、学唱英语歌曲等活动，为学生搭建形式多样的展示才华的平台，师生积极参与，共同展示自我，展示幽默风趣而生动活泼，营造了轻松的语言氛围。课外，我还让学生撰写英语日记，开设英语博客，极大地激发了学生学习英语的热情，增强了其自信心，使其克服了厌学情绪，变"要我学"为"我要学""我会学"，全班迅速掀起了一股"英语热"，人人学，人人讲，人人用，学生甚至连日常学习、生活交流都使用英语，其间种种无一不显示出趣味性的语言内容对培养学生英语语言能力的积极作用。

五、认知能力的协同发展是培养学生英语语言能力的必要条件

人的语言能力不是一种独立的能力，它与人的一般认知能力密切相关，也与一个群体其他人的认知能力密切相关。建构主义学习理论强调以学生为中心，不仅要求学生由外部刺激的被动接受者和知识的灌输对象转变为信息加工的主体、知识意义的主动建构者，而且要求教师由知识的传授者、灌输者转变为学生主动建构意义的帮助者、促进者。这一理论还强调，合作和对话是教育过程的核心。它首先给了我们这样一个重要启示，要培养学生的英语语言能力，提高英语教学质量，必须实现两个转变：一是学生转变为主动的英语学习者，主动获取和加工信息，主动建构知识的意义；二是教师转变为学生主动学习的帮助者、促进者。第二个重要启示是，同其他学科一样，英语教学同样要坚持面向全体学生，关注学生不同的特点和个体差异。每个学生都具有内隐的认知学习潜能，师生是一个教学共同体，教师要充分发挥每个学生的认知潜能，积极倡导合作和对话，取长补短，教学相长，共同发展。

如前所述，新课标强调知识与技能、过程与方法、情感态度与价值观三维目标的统一，而以往的英语教学通常只注重语言知识的灌输，一味强调背单词、记句型、抠语法、做习题，教学模式的程式化不仅影响了英语教学的质量，而且违背了语言教学的客观规律。实际上，认知能力的呈现方式与学生的认知规律相一致，都体现了由简到繁、由易到难、由浅入深这样一个循序渐进的过程，这也是教育最基本的客观规律。英语教学，尤其是其作为培养学生语

言能力的教学，必须严格遵循这个客观规律。当然，英语教学更应特别强调认知能力和情感因素的相互作用。语言的学习必须基于大量积累，从量的积累到质的飞跃，即从量变到质变是其发展的客观规律。从"量变"到"质变"的完成，也并非只是单纯的"量"的积累，而是这种"量"里已经含有"质"的因素。如果以这样的观点理解语言能力，其涵盖的内容则很广泛。所以，我始终不忘英语教学承担着"开发智力、开阔视野、启迪思维、陶冶情操、了解文化差异、树立正确的世界观"的历史重任，特别推崇英语的整体性教学：不只简单传授语言知识和技能，而且重视认知和情感的重要性，主张发展学生的社会人文知识，进而实现学生语言、文化、思维"三位一体"的全面发展。

关于英语单词的教学实践，我也走过一段弯路。学生学单词往往记得快忘得也快，且单词发音、拼写不准确，对此，我只是简单归咎于学生上课注意力不集中，没有养成良好的学习习惯和学习方法，却很少从自身去找原因。后来我经分析研究发现，这主要是由于我缺乏多样的教学策略和技巧，授课不具有吸引力。更重要的是，确立的教学目标与学生的实际水平和需求有差距，学生上课时精力自然就分散了。通过调查分析，我终于找到了教学过程中存在的问题，于是，从导课到教学中的每个环节我都着力加以改进，精讲多练，寓乐于教；同时，引导学生意识到英语学习中的隐性问题与隐性需求，及时整改，共同探求解决问题的途径和方法。

这些年来，我还注意采用以现代化信息技术为主的教学模式，让多媒体更好地服务于英语教学。课前，学生根据我所提供的理解单及已有的知识、经验和新获取的信息资料，利用学习平台上的微课助学，通过自主学习完成课堂前测，主动探究和思考加工，发现问题并提出问题，将自己的探究结果和想法"晒"在E平台互动区，与同伴进行在线讨论、交流，并获得教师的适时点评和及时指导。教师根据课程内容和学生在平台前测中呈现问题和提出的疑问，总结出一些有探究价值的问题，基于学生的困惑点，引导学生围绕教师设计的任务进行独立思考和合作探究，再利用变式训练达到让学生由领会到领教再到领悟的目的。课中，在课堂的交互性活动中，教师随时捕捉学生的动态并及时加以指导。教师以任务为驱动促使4人小组展开组内探究、组间协作，辅以适当的评价机制和激励策略来促进学生深度学习。学生通过学习指导和技术工具进行自我组织的探究性学习。这种个性化学习环境的创建能使学生成为自我激励的学习者，拥有强大的自主学习控制权，极大地激发学习热情、学习潜质、增强分析意识，提升探究能力。课堂成为教师集中答疑和学生共同思考并进行各种操练的场所，这种翻转式课堂教学真正实现了学生从依赖教师到独立自主学习的转型，学生的反响很好。师生深深体会到教师教会不如学生自主学会、自己会学的乐趣。

同时，英语单词的记忆有多种策略，而中学生的自主学习意识和能力以及自我监控能力普遍较弱，需要教师的引导。作为英语教师，我们应从师生双方视角，围绕学情、教材、教学环境等多个维度去假设并诊断教师与学生双方的问题，解析其内在的真正原因。通过这些方面的不懈努力，我的英语教学逐渐进入了新境界。这也充分反映出认知能力的协调发展是培养学生英语语言能力的必要条件。

毫无疑问，初中学生英语语言能力的培养是英语教学的重要目标，也是十分重要的环节。本文所述的各个方面并非互不相干，但也互不排斥，而是联系紧密、互相包容、互相影响、互相促进、相辅相成的，任何一个方面我们都不应忽视，不应放松，力争在英语教学实践中正确处理好各方的辩证关系。

有效整合课外资源促进初中生自主
学习英语的研究

  课程标准指出，教师"在教学过程中要处理好传授知识与培养能力的关系，注重培养学生的独立性和自主性，引导学生质疑、调查、探究，在实践中学习，使学习成为在教师指导下主动的、富有个性的过程"。这是对我们从事中学英语教学的教师提出的新的、更高的要求。为适应英语课程标准的要求，我们应坚持贯彻落实全面、协调、可持续的科学发展观，牢固树立"以人为本"的教育理念，严格遵循以学生终身发展为目标的原则，始终将培养学生的自主学习能力视为英语课程教学的灵魂，努力做到在抓好课堂教学的同时，注重有效整合课外资源，立足于帮助学生自主学习、自主发展，以此不断促进初中生自主学习英语的能力的提高，从而为学生的终身发展奠定坚实的基础。

  毫无疑问，课堂教学是学校教育教学活动的主要形式，也是提高教学质量最重要的环节。但我们必须认识到，单靠课堂教学难以完成教育、培养、发展学生的任务。作为教师，无论讲授哪门课程，心里都应当明白，自己的精力和心血不应只倾注于课堂内有限的教学时间，还要关注学生在课堂外的学习生活状况。也就是说，应当做到课堂内外、学校内外几个方面都不放松，齐头并进同时抓，并切实抓出效果。英语是一门实践性非常强的学科，因而教师在英语教学过程中更应把握好课堂内外与学校内外的有机结合，真正使英语教学的内容和形式从课堂内延伸到课堂外，从学校内延伸到学校外。一方面，教师要充分利用英语课程资源进行高质量的课堂教学；另一方面，教师还要科学、合理地整合一切课外资源，确保英语课堂教学效果的持续有效。可以想象，如此双管齐下，英语教学必然呈现出内容更加丰富、形式更加多样、效果更加显著的理想局面，这也正是英语教师不懈追求的目标。本文侧重从有效整合课外资源、促进初中生自主学习英语的高度进行探究，以就教于学校领导和英语教研组诸位同行。

我国著名教育家陶行知先生曾说过，是生活就是教育，是好生活就是好教育，是坏生活就是坏教育。教育即生活。美国教育家杜威也曾指出，生活是每个学生切实的经历，会对其产生最直接、最深远的影响，生活即最好的教师。我引用名人这样论述，其含义无须再做更多说明，论述本身已直接表明，这便是我们强调的必须同样高度重视课外一切活动资源的利用、进行有效整合最好的理论概括。因此，也就不难理解，在这样的理论基础指导下，我们有效整合课外资源、促进初中生自主学习英语的实践必将取得丰硕的成果。

众所周知，教育内在的本质要求，说到底，应该以培养学生的主体性为目标，致力于充分发挥学生学习的自觉性、主动性和创造性，使得素质教育更深层次地体现为学生自主学习能力的不断提高。中学英语教学的实践使我们深刻认识到，培养学生自主学习能力不只是一种具体教学方法的变革，更是一种教育思想、教学理念的根本转变。当今社会科技迅猛发展，处于一个信息化的时代。学校教育理应与这样的时代相适应，而其中英语教学所反映的这种适应的契合点将显得更为突出、更为鲜明。这是因为，英语教学的目的不仅是使学生掌握英语语言本身，而且更为重要的是，通过语言教学的手段与途径，无限放大英语语言的功能，培养学生观察、思维、想象的能力，培养学生的情感、交际和感知社会、了解和认识世界的能力与互助合作的精神，从而使学生受益终身，使得学生具有终身学习的能力，在具体工作团队的协力配合下，独立探究，独立工作，开拓创新，造福社会。显然，这种高品位的综合素质不是一朝一夕就能形成的，而是必须通过长期的学习与工作实践点点滴滴积累、时时刻刻渗透，从而在各个具体的教学环节和各项任务的完成过程中生成并升华的。

按照这种思路，中学英语教学从课内外到校内外都应力争实现在以学生为主体、教师以指导为主的前提下由"教"到"学"的转移，真正实现学生由"学会"到"会学"的转变，从而构建学生自主参与的英语课堂教学模式，使学生成为教学舞台的主角，构建学生主动自学的英语课外合作探究模式，使学生成为课外活动的主角。我们这样做，一方面可以进行高质量的中学英语课堂教学，另一方面可以有效整合丰富的课外英语学习资源，这两者相辅相成的完美结合，将会促进初中生自主学习英语能力的极大提高。

语言总是承载着一个国家的历史和文化。所以，学生如果能掌握好英语这门工具，既可为以后的终身发展打下坚实的基础，又能对全面了解外国的历史、科学和文化起到一定的辅助作用。基于这一认识，作为一名英语教师，不仅要在课堂教学中，还要在引导学生开展课外英语学习活动时，避免将英语语言简单地分割成符号而让学生死记硬背，因为这样做的结果是，学生会感到枯燥乏味，难以产生学习兴趣。我们要摸索总结并遵循英语教学的独特规律，注意留给学生足够的时间和空间，以培养学生的创新精神和实践能力为重点，指引他们展开想象的翅膀。如此知行统一，教学练三者合一，久而久之，就能使学生在丰富、生动、有趣的课内外英语学习活动中逐步实现从"数量"到"质量"的飞跃，完成从"自主学习""主动发展"到"终身学习""可持续发展"的跨越。

我们越来越深刻地认识到，教育本质的内在要求就是要最大限度地开发学生的学习潜能。因此，英语教师应更新教育观念，牢固树立全方位的新课程理念，不断提升自己的教学能力，改进教学方法，想方设法提高学生的学习效率，增强其学习效果。英语教学要切实做到与时俱进，立足于学生全面、协调、可持续发展。实践表明，课外活动为学生自主学习英语开辟了新的更加广阔的天地，可以引导学生走得更远、飞得更高。为此，我们要将生本化的国家课程、特色化的校本课程和个性化的活动课程融合在一起，从形式到内容实行课内外、校内外的结合，从而实现教学过程的连续性，以使教学符合全面、协调、可持续发展的客观要求。

毫无疑问，课外活动资源的有效整合有利于构建一个系统、开放、协作、能动的英语教学资源体系，更好地形成以学生为主体，以学生自我训练、自我探索为主旨的创新的教学方法。同时，课外活动资源有效整合的原则要求教师既考虑学生当前的求知需求，又兼顾适应学生长远发展的要求，既关注所有学生的共同学习需求，又兼顾满足不同层次学生个性发展的要求，从而真正实现因材施教，以利于发掘学生的创新潜能，培养学生的创新能力，使学生自觉转变学习方式，变被动为主动，真正成为课堂教学与课外学习活动的主人。可以设想，在英语教师对精心设计的形式与内容完美结合的课外活动资源进行有效整合后，学习内容从书本走向生活，学习空间从教室走向社会，学习方式从被动接受转向主动体验。这样，学生基础性学习和拓展性学习的有机结合更能反映师生双方教学自主性、拓展性和互动性的高度一致，必然大大促进学生自主学习英语能力的提高。

按照新课程的理念，英语课程资源包括人力资源，除英语教材外，还包括各类录音、录像资料、英文报纸杂志、多媒体光盘、图书馆、博物馆、自然风光、风土人情、文物古迹、广播、电视、电影等。而今学校教室、师生家庭基本上都开通了局域网和宽带网，网络为师生学习和查询相关资料提供了方便。总之，信息技术的广泛运用和互联网的建立，为英语课程资源的深度开发利用提供了多种媒体资源，专为英语教学服务的网站的开设更为英语教学提供了丰富的资源。全面提高学生的自主学习能力，有效培养学生利用课程资源的能力十分重要。英语教学的特点要求学生尽可能地从不同渠道，以不同形式接触和学习英语，亲自感受、直接体验英语语言及其运用的过程。而以往的教学由于利用课程资源少，导致学生获取的课程资源非常有限，大多依赖传统的课堂教学材料。英语教学实践使我认识到，学生自主学习能力在一定意义上表现为对课程资源的利用能力，而教师作为教学活动的组织者、管理者、指导者和监督者，应注重在教学过程中有意识地训练、培养学生利用和控制课程资源的能力。我认为，有效整合课外资源，要做到科学、合理、适度，即要适应环境、对象，难易程度、内涵及外延适度，以及符合学生的实际语言水平、接受能力、生活经验，更富灵活性，更具开放性。例如，引导学生阅读英文名著、报刊，观看英文原版电影，培养学生语感和语言感悟能力，还可开办班级英文快报、趣味英语角，刊登学生英文习作、名言名句、小故事，展示英语作文，并在校内举办"新课程背景下有效整合课外资源，促进学生自主学习英语能力提高"专题讨论会，由师生双方从如何组织英语课外活动、开展合作学习、自主学习英语的角度分别畅谈体会，互相借鉴，共同提高，以适应时代发展的大趋势。我们要不断充实、整合英语教材和课外活动资源，努力做到使书本知识与学生直接体验相结合，彻底改变教师讲、学生听的单一传授方式，广泛组织外籍专家、外企白领、工作多年的校友、非英语学科教师、学生家长及其他英语教师参加各类课外学习活动，编写适用的课外教学材料，以期活化教材，丰富英语教学活动的形式和内容，拓宽学生学习渠道，开阔学生学习视野，扩大学生参与面，提高学生参与度，着力营造一个对学生极具吸引力、能引发学生浓厚兴趣的英语学习环境。可以肯定的是，学生在这样的课外英语学习环境中进行观测、体验、实践、探究和合作，必将取得更大的学习实效。

我们在培养学生自主学习能力的过程中，绝不能以一种倾向掩盖另一种倾向，即一味强调学生的自主学习而忽略甚至放弃教师的指导和学生的互助，而应当经常组织学生开展小组活动，实现师生联动、生生互动，引导学生合作学习，指导他们利用网络查询有关资料，或到指定网站有目的地搜寻相关信息，给予学生更多的时间与空间去研究、探索、实践和交流，并在反复实践、探究和交流中不断提升学生自主学习英语的能力，为其终身学习奠定坚实的基础。

整合英语课程课外资源　培养学生自主学习能力

　　课程标准强调，教师"在教学过程中要处理好传授知识和培养能力的关系，注重培养学生的独立性和自主性，引导学生质疑、调查、探究，在实践中学习，促进学生在教师指导下主动地、富有个性地学习"。为适应英语课程标准要求，我们应始终坚持贯彻实施全面、协调、可持续发展的科学发展观，牢固树立以人为本的教育理念，严格遵循以学生终身发展为目标的原则，将培养学生自主学习英语能力视为英语教学的目标，努力做到一方面切实抓好英语课堂教学，另一方面注重有效整合英语课程课外资源，立足于引导并帮助学生自主学习、自我发展，以期不断提升学生自主学习英语的能力，从而为学生的终身发展奠定坚实的基础。

　　中学英语教学实践表明，英语课堂教学是学校整个教学活动的主要形式，也是提高英语教学质量的重要环节。但我们必须清醒地认识到，英语同其他课程一样，单靠课堂教学难以完成教育、培养、发展学生的任务。因此，教师的关注点不应局限于课堂内有限的教学时间，更要关注学生课堂外的学习与生活情况。英语是一门实践性很强的学科，因而英语教学在教学过程中理应特别注重把握好课堂内外以及学校内外的有机结合。也就是说，英语教学无论内容还是形式，都必须做到从课堂内延伸到课堂外，从校内延伸到校外。这就要求教师充分利用英语课程资源进行高质量的课堂教学，科学、合理地整合一切课外资源，以确保英语课堂教学成果的持续有效。如此双管齐下，英语教学必将内容更加丰富，形式更为多样，效果更为显著。本文侧重从有效整合英语课程课外资源、培养学生自主学习能力的角度进行探究。我国著名教育家陶行知先生曾说过，是生活就是教育，是好生活就是好教育，是坏生活就是坏教育。教育即生活。美国教育家杜威也曾指出，生活是每个学生切实的经历，会对其产生最直接、最深远的影响，生活即最好的教师。名人这些论述已经表明了教育的本真。不难理解，学校设置的一切课程，必须在高度重视课堂教学的同时，高度重视课外、校外一切活动资源的利用。英语教师理应在这样的教育理论指导下，注意通过各种方式方法，有效整合课外资源，努力培养学生自主学习英语的能力。

教育的内在本质要求教师转变角色，真正树立"以学生为本"的教育理念，不仅成为知识的传授者，而且成为学生学习的指导者和促进者、教学活动的设计者和组织者，引导学生彻底改变以往以知识为本的被动式学习。鉴于此，我认为，学校加强素质教育应立足于学生自主学习能力的不断提升，而体现自主学习能力最重要的一点便是质疑精神。要培养学生具备这种精神，教师不能局限于书本知识，必须引领学生通过广泛的阅读涉猎和参与各种社会实践活动，形成科学的思维方式和独立思考的习惯，不断拓展知识的广度与深度，并为学生终身学习、自我发展注入活力，奠定坚实的基础。中学英语教学实践使我深刻地认识到，培养学生自主学习能力，不单是一种具体教学方法的变革，更是一种教育思想、教学理念的根本性转变。当今社会处在信息化时代，科技迅猛发展，生活瞬息万变，学校教育应与时代相适应，而英语教学所反映的这种适应的契合点则更显突出、更加鲜明。

众所周知，英语教学的宗旨是不仅要使学生掌握英语语言，而且要通过教学的手段与途径，无限放大英语语言的功能，培养学生观察、思维、想象、表达情感、交际和感知社会、了解和认识世界的能力与互助合作精神，从而使其受益终身，促使学生具有终身学习、自我发展的能力，能够独立工作，互助协作，开拓创新，造福社会。显然，要形成这种高品位综合素质绝非一朝一夕之事，必须通过长期的学习与工作实践时刻渗透、日积月累，从而在各个具体的教学环节和各项任务的完成过程中生成并升华，达到全高全善的完美境界。因而，中学英语教学从课内外到校内外都应力争做到在以学生为主体、以教师为主导的前提下，真正实现学生由"学会"到"会学"的转移，从而构建学生自主参与的英语教学模式和学生主动自学的英语课外合作探究模式，让学生始终成为教学舞台与课外活动的主角。这样，课堂教学效率高、质量好，课外活动资源又能得到有效整合、充分利用，两者相辅相成，互相促进，使得学生在丰富、生动、有趣的课内外英语学习过程中极大地提高自己自主学习英语的能力，从而逐步实现从量变到质变的飞跃，顺利完成从"自主学习""主动发展"到"终身学习""自我发展"的跨越。

应当肯定的是，英语课程课外活动资源的有效整合，既有利于构建一个系统、开放、协作、能动的英语教学资源体系，也有利于形成以学生为主体、以学生自我训练、自我探索为主旨，发掘学生内在潜能的创新教学方法。相对而言，学习内容从书本走进生活，学习空间从教室走向社会，学习时间从有限发展到无限，学习方式从被动接受转变为主动体验，这样必定会极大地促进学生自主学习英语能力的提高。

实践表明，英语课外活动资源的有效整合利用为学生自主学习英语开辟了更加广阔的天地。因此，我们要将生本化的国家课程、特色化的校本课程和个性化的活动课程融合起来，力求从形式到内容实现课内外、校内外的完美结合。具体地说，英语课程课外活动资源包括人力资源，除英语教材外，还有各类录音、录像资料、英语报刊、多媒体光盘、图书馆、博物馆、自然风光、风土人情、文物古迹、广播、电视、电影等。目前，全世界信息技术的广泛应用和互联网的建立，无疑为英语课程课外活动资源的深度开发、广泛利用提供了现实条件，而英语教学实践性强的特点更是要求学生从不同渠道、利用不同形式接触和学习英语，亲自感受、直接体验英语语言及其运用的过程。英语教学实践使我们认识到，学生自主学习英语的能力在一定意义上表现为对课程课外活动资源的利用。所以，英语教师要特别有意识地在培养、训练学生利用、控制英语课程课外活动资源的能力方面多下功夫、多花心血。当然，有效整合课外资源要做到科学、合理、适度，要充分考虑其适用的环境、对象和难易程度、内涵及外延以及学生的实际水平、接受能力、生活经验等各种因素从而灵活掌握。我们可以多引导学生阅读英文名著、报刊，组织学生观看英文原版电影，收看英语新闻和《希望英语》杂志，举办英语诗歌朗诵会、英语歌曲比赛、小品曲艺表演和"新课程背景下有效整合课外资源、促进学生自主学习英语能力提高"专题研讨会，还可开办班级英文墙报，刊登学生英文习作、名人名言，开设校内外英语角。如果条件成熟，可以组织外籍专家、外企白领、校友、非英语学科教师、家长及同行参加各类课外活动，自行编写课外活动教材，以拓宽学生学习渠道，开阔学生视野，使英语课程课外资源整合成效更加显著。

　　我们在整合英语课程课外资源、培养学生自主学习能力的过程中，决不能以一种倾向掩盖另一种倾向，即只重视学生自主学习而忽视教师的指导和学生的互助，也就是说不可以放任自流，而应当强调教师的启发式教学。我们应经常开展小组或联组活动，实现师生联动、生生互动，引导学生合作学习探究，指导他们利用网络查询有关资料，收集信息，帮助他们在共同探索、研究、交流和实践的活动中不断提升自己自主学习英语的能力，使得整个中学阶段的英语学习成为其终身学习英语和实现自我发展的良好开端。

提高学生外语记忆的效率

——新课程下的英语教学探讨

在新课程实施的过程中，教师应该注重培养学生的综合实践能力，注重在课堂教学中创设生动有效的教学情境，以新奇的方式呈现新知识，让学生深入感知印象，引起学生强烈的学习兴趣和研究欲望。在英语教学中，教师更应该有效贯彻这种新课程的理念。

教师要想提高学生的外语记忆效率，就更应该使教学活动符合心理学规律。心理实验证明，人最初感知印象的深浅，关系到记忆的速度和记忆的牢固程度。最初的印象深刻，记忆就快，也会记得更牢。根据这一原理，我在课堂上尽力使学生对所要记忆的知识形成深刻的印象，以为其长久记忆打下基础。

为此，我在教学过程中精心设计教案，想方设法使学生感到新奇，以非常规的方式呈现新词、新句、新语法，努力创设有效、生动的教学情境，满足学生的需要。这样有助于集中学生的注意力，给学生以强烈刺激，使其深入感知印象；这样也有助于形成学生学习的内部诱因，引起其兴趣，因为没有与兴趣结合的东西是记不住的。具体教学实施表现为以下几点：

（1）板书的形式、颜色和位置的变化。

（2）课件的可视性、全面性、生动性。

（3）示范朗读的节奏、情绪、语调、角色的变化。

（4）讲解的语气、手势、动作、表情的变化（特别是肢体语言和脸部表情的运用）。

（5）例句练习设计的多样性、实践性，更加贴近学生的实际生活，让他们能够充分接触社会、感知社会。

所以有效、生动的教学情境的创设应为学生创造学习、生活中的强烈刺激。板书时，字体突然变小，或者突然变得很大，用彩色粉笔画上各种记号。呈现例句时，突然写上一句错句（学生容易出错的句子）。有时甚至用粉笔画出呈现词，用线段、圆圈等几何图形来表现词与词之间的区别。例句、情境既要体现语言的特定场合，又要贴近学生的生活，并注意与社会生活相联系。新奇又现实的情境会对人产生强刺激，提高学生的兴奋感。例如，在虚拟语气的教学中，通过练习，学生很自然地得出结论：表示不可能实现或可能性极小的事情或与事实相反的事情，要用虚拟语气。反复听说后，板书真实句及虚拟句，引导学生观察辨析，找出表达虚拟语气时动词变化的规律，然后给学生一个话题：If I were the mayor of Changzhou.（假如我是常州市市长）。学生马上辨析出在这种语境中，该用虚拟语气（虽然他们还没有学过）。他们跃跃欲试，纷纷用新学的虚拟语气表达自己的想法：有的说要解决住房问题，有的说要解决交通问题，也有的说要解决污染问题，让常州人喝上清纯的水等有趣的话题。经过热烈的讨论，学生对虚拟语气的运用情景和动词的结构变化有了深刻的印象，这也验证和达到了我的教学目的。

通过平时的教学研究和分析，我归纳了以下几点有效记忆英语的方法。

一、在课堂上进行瞬间记忆训练

凡是已经识记的事物都会在大脑组织中以某种形式留下痕迹。这是教育心理学者研究"痕迹理论"所得出的结论。他们认为，记忆痕迹在脑中的储存分三种情况：瞬间记忆、短时记忆和长时记忆。瞬间记忆储存时间很短，但却在记忆过程中发挥着主要作用。在这个基础上，只要稍加启发，就能引起联想和回忆的是短时记忆。长时记忆是指存储时间在一分钟以上的记忆，一般能保持多年甚至终身。瞬间记忆是短时记忆和长时记忆的基础，有了在课堂上的瞬间记忆的基础，长时记忆就比较容易了。

进行瞬间记忆能力训练的方法是多种多样的，一般做法是先向学生宣布记忆指标，如要求学生在一段规定的时间内背出一段对话。学生为了快速记忆，必然高度集中注意力，非常认真地朗读，尽量找到能帮助自己记住对话的特征，强烈记忆的愿望可以提高记忆的效率。开始时，只有少数学生能按要求完成，经过一段时间的训练，基本上每个学生都能达标，在一段规定的时间内准确、流利、有感情地背诵一段对话。实践证明，即使那些学习成绩不佳的学生，其瞬间记忆的效果也很好。这说明，这些学生不是没有能力学好英语，而是他们平时不肯下功夫，这个训练不仅提高了他们的瞬间记忆能力，也增强了他们学好英语的自信心。实验证明，进行这种训练，对于提高学生瞬间记忆能力，增加其单位时间内的信息接纳量，提高其英语记忆效率是十分有效的。

二、化机械记忆为理解记忆

提高学生英语记忆效率的另一个尝试是化机械记忆为理解记忆。理解了内容，就容易记住，理解得越深刻，记忆得越牢固。

在学英语的过程中，学生普遍感到困难的是记单词。为了提高记忆效率，我根据单词的不同特点，采用不同的教学方法。例如，让学生在新旧单词的联系中记忆，在归纳比较中记忆。在教授新单词时，同时把音、形、义教给学生，让学生对新单词有全面的了解；具体设计某种特定场合，让学生在情境中学。教授一些表示抽象概念的词时，把它们放到短语或句子里教更为适宜。尽量用学生熟悉的语言材料，使学生对词义的理解具体化，还可以通过"温故而知新"，以旧联新、以新带旧，用新旧知识的联系加深学生的记忆。用得最多的是归纳比较法：多义词、同义词、反义词、同音异形，都宜做归纳比较，如此才能使学生正确理解、合理使用。归纳比较做得及时，对辨析词义、加深记忆痕迹、提高记忆效率十分有效。归纳要简明扼要，比较要切中要害，注意形象性、系统性、代表性。忽视归纳比较，学生对所学知识的遗忘率就高。教师尽量指导学生做归纳比较，记忆的效果才更好。

所以教师要想方设法化机械记忆为理解记忆，只有这样，才能使学生找出学习的规律，才能使他们对所学知识进行创造性的重新组合和联系，从而加深记忆痕迹，提高记忆效率。

三、根据遗忘规律安排复习

学过的知识，时间久了，不复习，就会遗忘。这是人脑活动的一个规律性的现象，心理学家称之为暂时神经联系的抑制，如果没有及时对所要记忆的知识反复强化记忆，这种抑制就会逐步加深，使已经建立的神经联系完全消失。克服遗忘最主要的方法就是复习。如何有效复习呢？最好的办法是根据记忆规律和遗忘规律进行复习。

德国心理学家艾宾浩斯的实验证明，遗忘的规律是先快后慢的，刚记住的材料最初几个小时内遗忘的速度最快，而且遗忘率最高，以后逐渐缓慢。如果4～7天内不复习，记忆将受到抑制，甚至完全消失。

总之，应当在遗忘还没开始的时候就进行有效复习，要先密后疏、形式多变、连续不断、密集多样地复习，这无疑会对大脑产生强烈刺激，留下深刻痕迹，这对于长时记忆会有很大的作用。

我们要努力探索新课程理念下的英语教学，创设有效、生动、多变的课堂情境，充分把学生的学习与社会生活和实践联系在一起，使英语教学更加符合语言学习的规律，更加符合心理学、教育学的规律。只有这样，英语教学才有科学性可言，才能提高效率，减轻学生的负担。这对于全面提高学生素质，让学生的个性得到健康发展具有重要意义。

以大教育观优化教育管理促学生发展之策略

在我国教育战线长期全面实施素质教育并取得丰硕成果的基础上，党的十九大报告强调要"全面贯彻党的教育方针，落实立德树人根本任务，发展素质教育，推进教育公平，培养德智体美全面发展的社会主义建设者和接班人。……努力让每个孩子都能享有公平而有质量的教育"。这充分体现了习近平新时代中国特色社会主义思想、教育思想，其是新时代中国特色社会主义思想的重要组成部分。以经济社会发展需要为导向发展公平而有质量的教育是新时代、新思想、新矛盾大背景下提出的深化教育改革发展的新要求，也为未来教育事业的快速优质发展指明了正确的前进方向，其实质就是大教育观的深刻内涵。为此，我在担任北郊初级中学分校（明德实验中学）副校长时，积极应用大教育观理念实施教育管理，在实践中探索促学生发展之策略。

一、从大教育观视域看学校发展的价值追求

学校是提供学习服务，教育人、培养人的地方，提升教育品质是学校教育目的的依据和价值追求。长期以来，教育战线不断进行改革，就是为了提升教育品质进而改革提升那些与教育品质的不相适应之处。无论是全面实施素质教育还是新高考背景下的课程改革，无一不是通过教育品质的迅速提高来实现学生综合素质全面提升的。

当今世界，数字化生存已成常态，未来许多人终身从事一种职业的概率十分罕见，一生更换数次工作十分正常。学校教育服务于培养担当民族复兴大任的时代新人的根本目标，立足于学生的全面发展、个性发展、终身发展和整体发展，注重自身的特色发展、内涵发展和可持续发展。因此，用大教育观理念培养学生具有高度迁移性的素养成为当前学校发展的价值追求。

近几年来，北郊初级中学以大教育观引领学校课程建设，成功开展了以"理解教育"理念为指导的教育改革，涉及翻转课堂、慕课、微课程、小组合作学习、零作业批改、课后"问题跟踪"等一系列课堂教学改革和校本课程、课例研究等课程改革实验与教学研究实践，取得了显著效果。教师为理解而教、学生为理解而学的风气在校园里蔚然成风，有效提升了教育品质，在促进学生综合素质全面发展的同时，促进了教师的专业成长以及学校的内涵发展、可持续发展。

二、从大教育观视域看学校教育的终极目标

从大教育观的视域看，教育的目标不应仅仅是知识传授和技能习得，更应使学生在知识、道德、批判性思维、创造性、想象力、价值观等多方面都得到提升，成为德智体美全面发展的社会主义建设者和接班人，这是学校教育的终极目标。

新颁布的国家课程标准明确要求，通过各科课程的实施、学校教育的部署等系统工程发挥学校教育的整体性作用。为此，学校管理者要积极制定"一切为了学生的发展、为了一切学生的发展"的学校管理策略，确保学生的全面发展和个性发展并为其终身发展奠基。

三、以大教育观优化教育管理促学生发展的策略

教育管理的根本价值追求在于科学合理地配置有限的教育资源，促进教育功能的最大化、最优化，不断提升教育品质。因此，作为校长，必须从整体规划学校发展方向、构建多元互融的学校管理范式、制定促进发展的管理评价体系三个方面入手，实施提升教育品质、促进学生发展的有效策略。北郊初级中学陈小平校长身体力行、整体规划学校发展方向的成功范型为打造符合校情和发展特色学校管理策略奠定坚实的基础。

（一）整体规划学校发展路向

《国家中长期教育改革和发展规划纲要（2010—2020年）》强调，要"把提高质量作为教育改革发展的核心任务"，建立以提高教育质量为导向的管理制度和工作机制，明确教育管理职责、管理任务和管理要求。校长在学校教育管理中是教育管理行为的实施者。

我们参照北郊初中三年主动发展规划设计范例，在北郊分校的整体规划中，努力实现学校发展目标、课程建设、环境建设一体化规划。例如，在新校区学习环境整体规划方面形成一个充满教育性的方案——在每个楼层设置面积较大的功能拓展区，将教学区从室内延伸至室外，作为学生课余时间聚集交流和休闲阅读的共享空间：一层为智艺学堂，二层为悦享书吧，三层为艺术殿堂，四层为科创中心，五层为生态讲堂。同时，专门辟出一块600多平方米的实验室空间以及走廊区域，用于建设开放式的展览互动区，拟建立包括智能机器人、木工手工艺术、3D建筑和打印、智能电子硬件和编程等不同主题的实验室……如此营造一个具有较高教育品质的校园硬环境；为学生营造陶冶情操的学习氛围；创造培养学生创新思维、各种兴趣爱好的学习乐园；创造培育学生良好交流沟通能力、学习习惯、学习态度、行为习惯、价值观念和强健的身心的七彩花园。

（二）构建多元互融的学校管理范式

构建多元互融的学校管理模式，就是建立开放的管理观念，使教育教学活动走向社会、走向生活，加强学校和家庭、学校和社区之间的互动，建设多元、动态的学校管理体系。建设教学共同体，加强校本研修，在教学研讨活动中形成开放性的学习习惯，对知识进行整合、吸收和学习。构建多元互融的学校管理模式，就是建立生成性的课程管理制度。基于本校、基于学生开发适切的学校课程，加强学生的生活积累和知识体验，在教学过程中建设开放的学习型组织。其核心是研制基于理解教育的"明德致远"课程体系，实施阳光体育课程创新……通过构建多元互融的学校管理范式，优化教育管理，促学生发展。

（三）制定促进发展的评价体系

分校秉承以大教育观优化教育管理促学生发展的理念，积极制定促进学生发展的评价体系。

我们在评价的过程中高度重视学生的全人发展，重视通过评价促进教师专业能力的发展。以教师评价为例，我们着力构建了标准多元、内容多维、主体多位、过程互动、方式多样的过程性评价体系，有力推动了教师专业成长和专业发展。就学生评价而言，一个重要原则就是既立足于当前又着眼于未来，不是只看考试分数，而是更关注综合素质或核心素养，即认知、合作、创新和职业这四个方面关键能力的养成。如此评价，有利于纠正和防止学校管理中过度功利化、科层化和秩序化的倾向，使管理学视域的人性假设和教育学视域的人性观点，在逻辑上高度融合于人的发展这一根本，其价值理想是通过评价促进教师发展从而促进学生发展。

只有平衡充分发展的教育才是公平而有质量的教育，才是适合的教育，也才是最好的教育。优化教育管理是提升教育品质、促进学生发展的有效途径。从一定意义上说，学校教育管理特色直接体现了学校的办学特色，教育品质代表了学校的竞争力，它是形成学校品牌的核心要素，也是衡量校长领导力水平的重要标准。因此，以大教育观优化教育管理，要将着眼点放在教育品质的可持续发展上，努力做到在教育管理中进行研究，在研究中进行教育管理，通过管理策略创新，促进学生的发展。

参考文献：

［1］曾天山，褚宏启.现代教育管理学［M］.北京：教育科学出版社，2014.

［2］杨鑫辉.现代大教育观［M］.南昌：江西教育出版社，1990.

附　录

指向深度学习的英语阅读教学问题链设计的问题分析与改进

常州市第四中学　徐秋娅

《普通高中英语课程标准（2017年版）》提出，要发展学生的语言能力、文化意识、思维品质和学习能力等英语学科核心素养。而学生学习的深度直接影响其思维发展的维度、学习的效度和核心素养的达成度。因此，深度学习是落实立德树人根本任务，培养学生核心素养的重要途径。

那么，什么是深度学习呢？

一、深度学习的内涵

深度学习是一种基于理解的学习，是指学习者以高阶思维的发展和实际问题的解决为目标，以整合的知识为内容，积极主动、批判性地学习新的知识和思想，并将它们融入原有的知识结构，且能将已有的知识迁移到新的情境中的一种学习。或者可以说，深度学习是学生在教师的引领下，全身心积极参与、体验成功、获得发展的有意义的学习过程。

那么，在英语阅读教学中，如何帮助学生实现深度学习，从而提升学生的英语学科核心素养呢？这一问题引发了很多教师的思考，他们将目光投向了阅读教学中的问题链设计。

二、问题链的概念和价值

问题链是教师为了实现一定的教学目标，根据学生的已有知识和经验，针对学生学习过程中产生或可能产生的困惑，将教材知识转换成为层次鲜明、具有系统性的一连串的教学问题，是一组有中心、有序列、相对独立而又相互关联的问题。

因此，在英语阅读教学中，问题链充分关注学生的"最近发展区"，问题设计由易到难，逐步推进，有利于激发学生的元认知，充分唤醒学生的主体意识，有助于批判性理解的实现。问题链中的主问题和子问题紧扣语篇的主题意义，彼此互相关联，高度融合，帮助学生整体把握、整合语篇内容，深挖文本内涵。问题链中的各个问题，既有层次性，又有逻辑性，能帮助学生形成清晰的思维路径，促进学生从低阶思维向高阶思维迈进。问题链引导学生审视、分析和调整已建构的新知识，并将其迁移运用在新情境中，帮助学生寻求解决新问题的方法和途径。

由此可见，充分发挥教师对课堂的主导和引领作用，在把握课标精神、研读语篇文本、深入了解学情的基础上，精心设计问题链是帮助学生实现深度学习的有效途径。

三、阅读教学中问题链设计存在问题的分析及改进

在日常的阅读教学中，教师的问题链设计依然存在不少问题，阻碍了深度学习的实现。下面将结合课堂实例对阅读教学中问题链设计存在的问题进行分析，并提出相应的改进建议，以期为促进学生的深度学习提供有益的借鉴。

（一）问题链设计无主线，缺乏整体性

部分教师没有意识到在阅读教学中探究主题意义的重要作用，没有从整体分析语篇，解读语篇，深入挖掘文本内涵，确定语篇的主题意义，课堂提问自然无主线可循。割裂的设问往往如同无本之木、无源之水，过于碎片，缺乏整体性，进而影响学生对文本的整体理解和对主题意义的探究，不利于育人目标的实现。

【课堂实例】

例如译林版英语8A Unit 8 Reading *The Taiwan earthquake*，该文本讲述了主人公Timmy在地震中所见所闻，被困，以及最后脱险的过程。从故事中，挖掘Timmy的勇敢、冷静、智慧的优秀品质并向他学习，即为该语篇的主题意义。教师通过图片、视频等导入新课，完成读前准备。进入读中的skimming环节，要求学生通读整个语篇，回答以下两个问题。

T：What was Timmy doing when the earthquake started?

S：He was sleeping when the earthquake started.

T：Was Timmy safe in the end?

S： He was safe in the end.

进入scanning环节，教师引导学生分小节细读全文，针对Timmy在地震中的遭遇，梳理文本信息，通过搭配信息、填写表格、完成笔记等形式来回答一系列问题，反馈阅读效果。

然而，这些问题更侧重于对细节的搜索，学生很快可以从文本中直接找到答案，思维含量较低。教师没有围绕文本主题意义思考问题的设计，导致问题过于零散，缺乏整体性。缺乏思维含量的问题，对学生不具备一定的挑战性，既无法帮助学生从整体上把握语篇，深挖文本内涵，也无法激发学生阅读欲望，促进学生的深度学习。

【改进建议】

在读前环节，除了图片、视频以外，教师补充了台湾地震的背景信息，通过一组how many问题的提问，引导学生关注本次地震带来的巨大损失，然后追问：What do you think of this earthquake? 学生回答：It is really big and terrible.

进入读中的skimming环节，教师要求学生通读语篇，然后回答：Was Timmy safe in the end? 尽管问题较简单，但能促使学生带着问题细读全文。学生在文章的末尾找到了答案，之后，教师再继续追问。

T：In the end，he was safe. He survived in such a terrible earthquake. Do you think Timmy was very lucky?

S：Yes.

T：Do you think Timmy could survive just because of luck? How did he survive this terrible earthquake? Let's read the text carefully to find out the answer.

读前背景知识的补充和教师有针对性的设问帮助学生填平了信息沟，也为后续教师的追问，引出本课的主问题做好了充分的准备。教师的不断追问又促使学生带着疑问和思考去细读文章，再次激发学生的阅读兴趣和参与主题探究的欲望。Do you think Timmy could survive just because of luck? 把这个问题作为本课的主问题，贯穿整节课。后续无论在对文本信息的梳理，还是对人物品格的挖掘，抑或是在新情境下问题的解决上，都从不同侧面回扣了主问题。教师以问促思，关注问题链的整体性，帮助学生形成完整的思维链条，深度解读文本，探究主题意义，体现了知识学习的广度。

（二）问题链设计无梯度，缺乏层次性

在阅读教学中，教师时常过多关注文本细节，设计的识记和理解类问题居多，课堂设问停留在低阶思维上，无法启迪学生并促进其思考，限制了学生高阶思维的发展。而有的教师则一味追求培养学生的高阶思维，没有意识到学生思维的发展是一个循序渐进的过程，高阶思维的形成有赖低阶思维的充分训练，课堂设问常常因铺垫不够而使学生无从下手，严重打击了学生参与的积极性，导致课堂设问趋于低效或无效。

【课堂实录】

例如译林版英语7B Unit 7 Reading *What a brave young man*！的第一课时，在处理课文第二小节和第三小节时，由于该部分主要描述了林涛发现火情，并从火场中救出孙老太太的经过，因此，厘清语篇的行文脉络对了解主人公的事迹，从而感悟主人公林涛的优秀品质有着非常重要的作用。因此，教师设计了如下问题链：

（1）When was Lin Tao alone at home?

（2）What did he hear suddenly?

（3）What did he see outside?

（4）Who did he find in the kitchen and what was wrong with her?

（5）What did he do to help his neighbour out of the fire?

（6）What do you think of Lin Tao?

由以上问题链可以看出，教师按照林涛救人的经过设计了整个问题链，确实能帮助学生了解故事的发生过程，但整个问题链基本都是展示型问题，只有最后一个是评估型问题，问题缺乏梯度，没有层次性，最后一个问题也会因为铺垫不够而导致学生难以回答。因此，这组问题链的设计无法拓展学生的思维，无法促进学生思维品质的提升。

【改进建议】

（1）~（5）为展示型问题，教师可利用思维导图，将语篇中该部分的行文逻辑可视化，帮助学生梳理故事发生和发展的脉络，这样既避免了因为过多低思维含量的展示型问题占用过多的课堂时间，提高课堂效率，又能避免因为展示型问题铺垫不足而阻碍后续参阅型问题和评估型问题的解答。

随后，再针对关键细节进行层层深入的课堂设问，帮助学生更好地理解语篇内容，品味文本细节，深挖文本内涵。

例如，教师在处理问题（5）（6）时，重新设计以下问题链。

（5）What did Lin Tao do to save Mrs.Sun out of the fire? （展示型问题）

补充（1）How did he feel at that time? （参阅型问题）

补充（2）How do you know it? （参阅型问题）

补充（3）Why did he run quickly into the bathroom instead of rushing into the kitchen first? （参阅型问题）

补充（4）Why did he pour water over his coat and put a wet blanket over Mrs. Sun before he saved her out? （参阅型问题）

（6）What do you think of Lin Tao? （评估型问题）

问题（5）引导学生全面概括林涛救孙老太太的具体过程。补充（1）~（4）让学生品读文本，感受林涛当时的处境及心情，思考在情急之下，为什么林涛冲向卫生间而不是直接去厨房救人，为何要先在自己的外套上洒水，再给孙老太太盖上湿毯子，最后再把她救出火场。问题（6）是让学生评价主人公林涛。通过这一系列问题，学生明白主人公能成功救出邻居，不仅是因为勇敢，更是因为有智慧。修改后的问题链，设计合理，逐层深入，环环相扣，前问是后问的铺垫，后问是前问的延伸，学生在问答中积极思考，深入理解文本，思维层次也得到不断提升，实现了知识的深度学习。

（三）问题链设计无逻辑，缺乏关联性

每一个语篇都有自己特有的行文逻辑。然而，在阅读教学中，一些教师往往由于没有整体把握文本或对文本解读不充分等，忽视了文本语言的内在联系，导致问题与问题之间关系松散，逻辑性不强，关联度不够。

【课堂实录】

例如，译林版英语8A Unit 6 Reading *Zhalong—a special place*是一篇观鸟协会的时事通讯，它围绕扎龙自然保护区的地理位置、生态类型和重要作用，保护区中鸟类的基本情况，面临的问题以及各方采取的行动等几个方面，向学生详细介绍了扎龙自然保护区，意在让学生明白湿地保护的重要性，唤起学生保护湿地、保护鸟类、保护自然的意识，并将这种意识落实到行动中。教师在

教授各方采取的行动这一部分内容时，设计了如下问题链，引导学生理解文本内容：

（1）What does the Chinese government do to protect the wetland?

（2）What do the members of Birdwatching Society do to help the birds in Zhalong?

（3）How about the tourists? What do they do?

（4）What does the writer hope?

根据以上设计可以发现，教师对于文本的解读不够透彻，仅仅对文本中提到的三类人进行了提问，没有挖掘文本背后的深层含意，且将其割裂开来分开设问，没有考虑问题彼此间的逻辑关系，致使问题间连接松散，关联度不够，不利于学生把握文本的整体意义、构建信息网，更谈不上提升学生思维品质，促进其深度学习了。

【改进建议】

仔细解读文本，可以发现文本提到的三类人是有一定逻辑联系的，即从政府层面，到观鸟社团的成员（专业人士），再到游客（普通大众）。由此可见，保护湿地，保护鸟类，需要我们每一个人的参与。而作者的写作目的也正是呼吁每一个人认识湿地的重要性，保护湿地，保护鸟类。因此，对该问题链可做如下改进：

（1）Who are mentioned in the text to protect the wetland and the birds?

（2）What do they do individually?

（3）Is that enough?

（4）Who else do you think can help?

（5）What do you think they can do?

（6）Why do the writer write this article?

以上设问关注了文本的行文逻辑和文本背后的深层含意，具有较强的逻辑性和关联度。问题（1）（2）引导学生通过图表的形式呈现三类人为保护湿地和鸟类所做的努力，能更清晰直观地表明三类人的逻辑关系，有助于学生对信息的识记和理解，属于展示型问题。问题（3）~（5）是在问题（1）（2）的基础上，对文本进行的深层次理解和延伸，可以引导学生思考除了文中提到的人以外，还有哪些人（包括学生自己）可以参与进来，还可以做些什么，属于参阅型问题。问题（6）虽然文中有明确的答案，但随着问题链的推进，这个答案不再单单来自文本，而是随着学生的深入思考自然而然地产生的。学生在问题的驱动下，随着与文本、与作者、与自我对话的深入，思维路径逐渐清晰，分析能力和思辨能力逐步提升。这个过程也充分体现了知识学习的广度、深度和关联度，促进了学生的深度学习。

（四）问题链设计无深度，缺乏思辨性

读后环节往往是教师基于主题意义的探究成果，创设关联学生实际生活的真实环境，设计语言输出活动，引导学生在新情境下解决问题的重要环节。但一些教师往往忽视学生的生活实际，或读中的探究成果，将问题设计得过于单一，既无广度，也无深度，缺乏思辨性，难以促进学生批判性思维和创造性思维的形成，阻碍了深度学习的发生。

【课堂实录】

依然以译林版英语8A Unit 8 Reading *The Taiwan earthquake*这一课时为例，读后环节，教师带领学生赏析文章的结束句——At last，I saw the bright daylight，并设计了如下下问题链：

（1）What is the meaning of "the bright daylight"？

（2）According to the story，what do you think of Timmy？

（3）If you meet the earthquake，what will you do？

文章的结束句，运用了隐喻的手法，一语双关。问题（1）可以激发学生的发散性思维。此处的"daylight"既是说主人公脱困后看到了日光，也是说主人公看到了生存的希望。但由于在读中环节已经分析了主人公的精神品质，问题（2）就显得重复，且缺乏思维含量，思辨性不足。而问题（3）创设的情境不够真实，作为江南地区的学生，无论是之前还是之后，遇到地震，特别是危害性较大的地震的概率都很低，所以学生也只能硬搬文中的信息，既无法做到活学活用，将知识和现实联系起来，也无法在语言输出中训练自己的高阶思维，提升自身的学科综合素养。

【改进建议】

基于本课主题意义探究的成果和学生的生活实际，教师对以上问题链做了如下调整：

（1）What is the meaning of "the bright daylight"？

（2）Why could Timmy see "the bright daylight" at last？

根据学生的回答，教师适时总结：Hope= self-help + others' help + luck。

（3）When you are in danger，who do you think is the most important，self-help，others' help or luck？

（4）What will you do if you meet some danger？

问题（1）引导学生思考"the bright daylight"的含意，进而适时追问问题（2），帮助学生再次回顾文本内容，提炼答案，有效提升学生分析、归纳和总结的能力。问题（3）则紧密联系学生的生活实际。虽然学生在生活中遇到地震的机会少之又少，但遇到危险的可能性还是很大的，学生也可能会有一些相关经历。教师借此情境引导学生结合文本辩证思考，如果自己身处险境，哪一种助力能起到关键性作用，并进一步思考具体可以做些什么。整个问题链，从文本情境迁移到学生的生活情境，引导学生在新情境中解决问题，使学生的批判性思维和创造性思维得到有效训练，其思维品质的提升显而易见，知识学习的广度、深度和关联度也得以体现，实现了深度学习。

四、结语

善教者，必善问；善学者，必善思。问题驱动思考，思考是学生主动探究问题的开端，是思维品质发展的关键。因此，在英语阅读教学中，精心设计问题链，关注其整体性、层次性、逻辑性和思辨性，可以助推探究文本主题意义，提升学生的思维品质，助力提高学生的深度学习能力，真正实现学科核心素养落地的课堂阅读。

深度学习视角下的初中英语阅读教学
"问题"设计与应用

——以译林版牛津英语九年级上册Unit7 Reading教学设计为例

常州市田家炳初级中学　张欣

提问是初中英语阅读教学中的一个重要手段，它既可以引导学生获取教材中的重要信息，也可以引导学生进行知识的构建，还能够促使学生主动思考，激发学生的创新意识，使学生实现深度学习。余文森就深度化教学策略提出了"倡导问题导向，鼓励批判性思维"的观点。他认为，问题是学生思维的引擎，学生在课堂上的思维就是围绕问题展开的。因此，初中英语阅读教学中的问题设计对于启发学生思维，提高学生的思辨能力与深度学习能力至关重要。

一、读前：设计导入性问题，激发学生的阅读兴趣

译林版牛津英语九年级上册Unit7 Reading中的阅读语篇介绍了著名影星奥黛丽·赫本的一生，包括她的演艺生涯、慈善贡献以及她热爱生命和关爱他人的品质。读前活动的主要任务是导入或引出话题，激发学生的阅读兴趣。教师可以根据语篇内容提出问题，列举与语篇话题相关的背景知识，巧妙切入文本。

（一）创设情境，激活思维

在本节课一开始，教师创设旅游的情境，向学生呈现Hollywood的相关图片，并通过free talk，帮助学生在情境中学习本课生词的同时了解学生对Hollywood的已有认知。随后，教师提问（Which is your favourite Hollywood film/ star? Why?）引导学生围绕语篇主题预先展开讨论，初步了解学生的偶

像观。在学生表述自我观点时，教师可以进行适当的补充和追问，发散学生的思维。

（二）解读标题，切入主题

预测是一种非常重要的阅读技巧，对语篇标题的合理分析和预测可以帮助学生快速锁定文本的主要内容，激活学生的阅读兴趣和动机，提升学生的英语阅读能力。

教师提问：What will the passage be about? What will be mentioned in it? 学生认真分析语篇标题，积极思考，给出可能的猜想，并带着好奇心展开阅读，努力去验证自己的预测是否正确。在这个过程中学生的分析能力和推断能力得到了培养。

二、读中：设计展开性问题，引导学生深度思考

读中阶段的问题设计主要是引导学生理解语篇内容，获取具体细节，分析语篇结构等。本节课，读中环节的问题设计旨在引导学生了解奥黛丽·赫本的成长经历、职业生涯和慈善贡献，并通过阅读技巧的总结、关键信息的提问等形式，引导学生深度思考。

（一）快速阅读，整体感知

Activity 1.Read quickly and answer the questions.

Who is Kitty's favourite film star?

What does the writer think of her?

鼓励学生对文本进行宏观把握，引导学生关注"great"一词。教师可以设计这样的提问：What do you think of Audrey Hepburn? What makes her great? 让学生通过思考，对语篇内容有基本感知，并为后续发现主人公的品质做铺垫。

（二）把握结构，梳理文本

Activity2.Read again and match the main ideas.

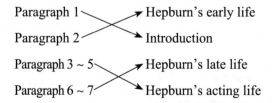

213

传记类文章通常按照时间顺序展开，因此，教师以Hepburn's early life，Hepburn's acting life，Hepburn's late life为明线帮助学生梳理文章结构。通过对语篇结构的分析和把握，学生系统地知晓语篇的脉络，理清阅读思路，从而建立起段落之间的联系，以便在后续阅读中准确理解信息，进行有效的推理与判断，从而推动深度阅读的展开。

（三）变换形式，提炼信息

Activity 3.Read paragraph 2 and complete the table.

Time	Things she did
On 4 May 1929	was born
As a child	loved dancing
After World War Ⅱ	moved to London with her mother
Before becoming an actress	worked as a model

通过上表，学生直观地了解了奥黛丽·赫本早期丰富的人生经历。在语篇阅读过程中，教师设计的问题不应该只是单一的语句作答类问题，而应该采用更加丰富的形式，如填写表格、绘制思维导图、模拟游戏等。多样化的问题设计有助于启发学生的思维，提高学生的信息整合与归纳能力，促进深度学习的发生。

（四）及时追问，解读主旨

Activity 4.Read paragraph 3 ~ 5 and know about Hepburn's works.

What films are talked about?

追问：What are the special meanings of them? What makes Hepburn a great actress?

教师先让学生通过斜体字找出奥黛丽·赫本的三部代表作，再追问这三部作品对于奥黛丽·赫本的重要意义，并进一步探究她成功的奥秘，从文本出发，基于文本而又高于文本。在师生互动的过程中，学生的语言表达逐渐丰富，思维更加活跃。

Activity 5.Read paragraph 6 ~ 7 and finish the T/F questions.

追问：What makes Hepburn a great humanitarian?

在正误判断问题之后，教师设计提问，引导学生找到过渡句"Hepburn's achievements went beyond the film industry"，并鼓励学生用文章中的细节来支撑这句话，引导学生更详细地了解语篇内容。在这个过程中，学生可以充分感受到奥黛丽·赫本崇高的人格。与此同时，教师可以请学生谈一谈奥黛丽·赫本投入慈善的原因，帮助学生对她形成更加立体饱满的认识。多个追问给了学生多角度思考问题的机会，进一步发展了学生的思辨能力和深度理解能力。

三、读后：设计巩固性问题，提升学生的思维品质

深度学习强调知识的迁移应用，因此，读后阶段的问题设计旨在帮助学生对阅读内容进行巩固与深化，并在此基础上，引导学生开展一些拓展与应用活动，帮助学生将所学知识转化为个人经验与能力。

青少年学生普遍有自己的偶像，这些明星偶像身上往往有着他们自认为重要的一些价值，本节课，教师除了带领学生完成语篇阅读的任务之外，还应该完成本节课的情感教育目标，引导学生形成健康向上的偶像观和人生观，对他们的心理发展、品格建立和人生观、价值观的形成产生积极影响。

（一）合作复述，内化语言

Activity 6.Work in pairs and retell Audrey Hepburn's story.（the order of time）

借助时间轴，鼓励学生合作复述奥黛丽·赫本的一生。学生在复述的同时，可以再一次借由奥黛丽·赫本的人生经历感受她优秀的品质，升华认知与情感。

（二）思维碰撞，迁移应用

Activity 7.Group discussion.

What do you think of Audrey Hepburn?

What is the most important point for a person to be successful? Why?

How can we be great like her?

教师为学生呈现了三个讨论的议题，让学生自主选择。三个问题有的聚焦奥黛丽·赫本的人格魅力与精神品质，有的引导学生讨论奥黛丽·赫本成功的奥秘，有的鼓励学生将主人公的优秀品质迁移内化为自己对人生的认识和感悟。三个问题各有侧重，但共同之处在于引导学生形成自己的看法与观点，培养学生的创新能力、思辨能力与批判性思维能力。

在深度学习视角下的初中英语阅读教学中，教师在进行问题设计与应用时，必须在充分研读和整合教学内容的基础之上，通过读前的导入性问题、读中的展开性问题和读后的巩固性问题，逐步引导学生深度理解阅读语篇，并通过一系列的分析、评价与批判性问题，促进学生在思考和表达中实现对新知识的掌握、迁移与应用，从而提升学生的思维品质、英语阅读水平以及进行深度学习的能力。

参考文献：

［1］何玲，黎加厚.促进学生深度学习［J］.计算机教与学（现代教学），2005（5）：29–30.

［2］余文森.核心素养导向的课堂教学［M］.上海：上海教育出版社，2017.

［3］龚作导.指向深度阅读的高中英语问题链教学［J］.中小学英语教学与研究，2020（4）：48–52.

［4］苏立平.初中英语阅读教学层级性问题的设计与应用［J］.中小学外语教学，2019，42（7）：39–43.

［5］陈雪颜.基于深度学习的初中英语阅读教学开放性问题的实践研究［J］.校园英语，2019（40）：119–121.

［6］孙银黎.对深度学习的认识［J］.绍兴文理学院学报，2007，27（11）：34–36.

深度学习视角下的初中英语阅读课活动设计

——以牛津译林版9A Unit 3 为例

常州市明德实验中学　许雅兰

在初中英语的学习过程中，对文本的理解能力是学生必备的一项基本技能。学生在阅读文本的过程中，不应当只注重对信息事实的简单获取，更需要关注的是对于文本深层的理解与自我思考。下面通过对一堂公开课课例Teenage Problems教学设计和教后反思的分析，探讨深度学习能力的培养在初中英语阅读课中的实施策略。

一、深度学习的定义及其特征

（一）深度学习的定义

深度学习（deep learning）是指学生在教师的引领下，围绕具有挑战性的学习主题，全身心地积极参与，体验成功，获得发展的有意义的学习过程。在这个过程中，学生将掌握学科的核心知识，了解学习的过程，掌握学科的本质和思想方法，形成积极的内在学习动力、先进的社会情感、积极的态度和正确的价值观，成为具有独立性、批判性、创造性的优秀学生。

（二）深度学习的特征

深度学习具有五个特征：①联想与结构。强调学习过程是经验与知识的相互转化，学习内容不是孤立存在的，学生可以通过原有经验和已知内容调动学习的动机以及新旧知识的内在联系。②活动与体验。作为深度学习的核心特征，它是深度学习的学习机制。在学生学习的过程中，坚持以学生为中心，让学生参与课堂活动，体验活动中的学习过程，促成深度学习的实现。③本质与变式。它的意思是学生能够抓住学习内容的本质属性，并能由本质推导出若干变式，它是一种学生对学习内容的内化过程。④迁移与应用，这个过程是学生将学习内容运用到社会生活实践中的过程，是学生学习结果的一种成果化呈现方式。⑤价值与评价。作为人成长过程中的隐性要素，价值观是学生深度学习的成果之一。深度学习有助于学生自觉形成正确的价值观，提升思维品质。

二、基于深度学习的英语阅读教学策略

英语阅读课是学生掌握和使用英语的突破口，既是学生学习的内容，也是学生学习英语的手段。在英语阅读课中，教师可借助英语阅读课的文本材料，在文本分析的过程中，提升学生深度学习的能力。本文将结合一节英语阅读课，探讨在初中英语阅读教学中实现深度学习的策略、方法。

（一）课例背景及文本选择

本课例是2019年5月常州市初中英语教师评优课的一节参赛课。教学文本选自牛津译林9A Unit 3 Teenage Problems中的*What should I do*？施教对象为八年级学生，课型定位为阅读课。文本以两封信件的形式展开，描述了Simon和Millie遇到的问题。在本节课中，笔者创设了学生熟悉的情境，铺垫了必要的语言知识；在教学过程中运用了不同的阅读策略，如提取关键词、运用思维导图、分析文章结构等，并在两封信的阅读中，锻炼学生深度阅读和深度思考的能力，让学生深入分析问题产生的根本原因，对后续课程的"解决问题"做了很好的铺垫。本节课不仅提升了学生的阅读方法和技巧，也关注了学生思维品质的发展。深度研究文本的同时，让学生表达并解决了自己生活中存在的问题。本课层次鲜明且形式多变，让学生在交流中产生思维的碰撞。

（二）学情分析

授课对象为八年级学生，而文本是九年级上册的一篇文章，这对于学生来说有一定的难度和挑战。从思想深度来说，八年级下学期的学生，独立意识逐渐增强，对问题的分析和处理已经不再拘泥于表面，教师应当注意把握机会，在平时的课堂中注重提升学生深度学习和深度思考的能力。

（三）教学步骤评析

1. 创设相关情境，激发有效关联

这个环节，教师通过设置与文本相似的情境，与学生一起谈论相关背景知识和相关话题，用旧知识衔接新知识。另外，对重点词汇的教学也放在相关情境中，有助于学生的理解和应用，也帮助学生扫清了阅读障碍。具体活动如下：

Step 1：Lead-in

（1）Students will watch two magic pictures on psychology and talk about their feelings when watching them.

（2）The teacher will introduce her problem on her own and help the students learn some new expressions.

（3）The teacher will ask the students who to ask for help.

（4）The teacher will introduce the book named the miracle of grocery as the background of this lesson.

设计意图：导入环节围绕主题创设情境——《解忧杂货店》。笔者通过介绍自己生活中遇到的问题来激活学生已有的知识和经验，同时铺垫必要的语言知识，从而自然过渡到文本中的两封书信。本环节设计巧妙，《解忧杂货店》与文本*What should I do*同是以书信为载体，目的均是帮助他人解决问题，这种相似性容易让学生对本节课产生正向迁移，也为学生进入新课做好了充分的准备。

2. 巧用阅读策略，外显深度思维

给予学生英语阅读的方法指导以及培养学生英语阅读的良好习惯是英语教师的重要职责之一。在阅读教学中有多种阅读策略，如略读、扫读、精读和泛读等，教师要根据不同的阅读目的、文本体裁、阅读时间等运用不同的阅读策略。深度学习在英语阅读中的运用也要借助这些阅读策略，教师要由浅入深地设计相关活动。同时，为了在课堂中落实和检验深度学习的效果，教师要在课堂中设置与思维品质相关的活动。具体活动如下。

Step 2：Presentation

（1）Read Millie's letter

① Skimming：Read the beginning of the letter and find out the name and age of the writer.

② Careful-reading：Read the letter carefully and find out the problems and feelings of Millie.

③ Practice：Choose the best emoji to express different feelings.

④ Further thinking：What is the cause of Millie's problem?

（2）Read Simon's letter

① Reading for details：

Detail 1：What is Simon's problem?

Detail 2：How crazy is Simon about playing football?

② Further thinking：What is the cause of Simon's problem?

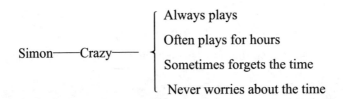

Parents——Strict——Don't allow him to play outside after 6 p.m.

设计意图：笔者在第一封信的处理上先布置了浅层次的阅读任务，要求学生找到阅读书信类文本的基本模式和基础信息。通过一个"表情"选择游戏，让学生与主人公感同身受，并能代入式地理解文本的情感。在文章的最后一个问题的处理上运用了较高层次的阅读任务，要求学生结合自身情况，分析得出文本没有提及的Millie真正的问题所在。在第二封信的处理上，同样按照由浅入深的原则，先让学生进行浅层次的阅读并找寻文本的细节信息，然后利用思维导图的方式，帮助学生归纳出Simon的问题所在。

在这两封信的处理上，教师均通过一些逐步递进的活动提升了学生的思维品质，达到了深度学习的目的。首先是关于事实和细节类的浅层思维活动。其次是关于文本中两位主人公问题归因的设问，这个作为一个质疑性问题在课堂上引起了学生的激烈讨论。在讨论中，学生的批判性思维品质得以提升。最后是关于思维导图的运用，学生通过小组合作进行思维导图的绘制，在这个过程中，学生思维得以外显，并在合作中得以修正和完善。

3. 深化互动过程，引导思维活动

在深化互动过程中，学生已经对文本有了初步了解，需要通过大量贴合学生生活实际的互动来促进学生对文本的运用、理解、分析和评价等，同时，使学生形成具有批判性的自我观点。在实施过程中，教师可以设置对学生来说具有挑战性的任务活动，促进学生与活动之间的深度互动，同时对于难度较大的活动，可以组织学生之间进行交流，增加学生之间的深度互动。具体活动如下：

Step 3：Activities

（1）Give some suggestions to Millie and Simon.

（2）Read other teenagers' letters about their problems?

（3）Write a letter about your problems to Namiya.

（4）Magic box：

① Putting letters into the box.

② Giving suggestions.

设计意图：在对两封书信进行了不同层次的阅读解析和指导后，学生已经基本认识到了两位主人公在生活和学习上遇到的问题。在课程的后半段，笔者设置了四个不同层次的活动：活动1是根据文本并结合学生的自身情况，对两个学生在生活中遇到的问题提出建议。本活动是以小组活动的方式展开的，每个小组合作提出一两个建议并向全班同学展示。在这个活动中，学生参与度和积极性都很高。活动2是读取来自不同国家和地区的青少年的信件，找出其他青少年遇到的问题。本活动是一个拓展阅读活动，目的在于让学生的文本阅读量增加，并适当发展学生思维和想象力，以便为接下来谈论自己的问题提供一些必要的支架。活动3是一个学生独立完成的写作任务，是在充分完成之前的输入环节任务后的自然输出。在实施的过程中我们发现，大部分学生的书信完成度很高，能够运用之前的支架。活动4是一个与导入环节相匹配和呼应的环节，让学生将写好的信投入教师事先准备好的信箱，请其他同学抽取并互相帮助解决问题。由于时间所限，本环节没有得到充分展示，可以为作为第二节课的铺垫。

（四）教后反思

反观本次授课，笔者认为这堂课的亮点主要有以下两个方面：

首先是对阅读文本由浅入深的剖析和精细到位的解读。因为阅读的教学不应满足于仅仅停留在文本浅层信息的理解上，而应尽力促成深度学习，所以本课教学环节设计层层深入，环环相扣，从 Millie 和 Simon 表层问题到真正问题，再到问题产生的原因、解决问题的建议，最后结合学生自身问题回归学生的实际生活。每一个步骤都是后一个步骤的铺垫，联系紧密，逻辑清晰。阅读任务操作性强，由易至难，由粗到细，由浅入深，学生能够跟上节奏，积极参与。在阅读任务的层层铺垫下，在审美情趣和艺术感受被关注的情况下，学生对主题理解的支架已被充分搭建，最后的输出自然水到渠成。

其次是对学生个体和创造性的充分尊重，其在师生互动中创设并把握了许多动态生成的机会。实现深度学习的一个重要前提就是对学生的理解和尊重，只有平等和谐的课堂环境，才利于学生的独立思考和自由表达。本课例正是得益于教师鼓励学生创造性、个性化地解读文本，并引导其尽可能地提出自己的理解，如此，学生才会在见解被充分尊重的前提下发挥自己的创造力和想象力。这是凸显学生主体性、培养其批判性思维和创造性思维的重要策略。

当然，现场授课也有不少遗憾。首先，现场对课堂时间的把握并不能够与计划一致，教师对课堂节奏的掌控在很大程度上决定了教学环节的深度和质量。其次，由于对文章深层次的剖析在设计时就十分依赖动态生成，因此在教学现场，如果无法引导学生做出达到教师预期的回答，或者对学生回答的追问不到位，就会影响学生对文章思想的发掘，这非常考验授课教师的基本功和应变能力。

参考文献：

[1] 刘月霞，郭华.深度学习：走向核心素养 [M].北京：教育科学出版社，2018.

[2] 刘芸，宋德龙.课型范式与实施策略：中学英语 [M].南京：江苏教育出版社，2010.

深度学习视域下初中英语课堂特质及
阅读教学策略

江苏省常州市第二十四中学　程璇

本文基于深度学习理论与实践，以初中英语阅读教学为载体，结合英语学科特点总结出初中英语课堂应围绕联想建构的广度、迁移应用的宽度、高阶思维的厚度和活动体验的温度来加深英语学习的深度，并据此明确了以问题支架驱动理解、以情境主线诱发迁移、以图示建构进阶思维、以多模态资源体验沉浸的英语阅读教学策略，以期提升学生的核心素养。

一、深度学习概论

深度学习是课程改革的重要路径，是落实学科核心素养的创新探索。深度学习概念的提出首次出现在弗伦斯·马顿和罗杰·萨尔乔撰写的《学习的本质区别：结果和过程》一书中，他们认为，采用深层方式学习的学生，具有兴趣浓厚、注重关联、系统地陈述问题或概念的整体结构假设，并且关注主题意义等特征。

近年来，深度学习的研究与实践也引起了国内基础教育的重视。基于中国学情，国内学者黎加厚、何玲在《促进学生深度学习》中首次提出了深度学习的概念，认为深度学习是基于理解，融合原有认知，将已有知识和新知识相互关联，批判性地内化新知识，并将其迁移到情境与问题中去，创造性地解决问题。郭彦青从核心素养的角度出发，变革教学方式，引导学生加深对所学知识的深度理解和实践应用，以此提升核心素养。王蔷也从学习能力的角度对深度学习进行了由浅入深的梳理整合：注重碎片化走向整合、关联、发展的组合，划分了学习理解、应用实践和迁移创新三个维度，体现了理解到实践再到迁移层层递进的深度学习的实践路径。

学习理解能力	应用实践能力	迁移创新能力
感知注意	描述阐述	推理论证
记忆检索	分析判断	创造想象
提取概括	整合运用	批评评价

教育部基础教育课程教材发展中心也开展了"深度学习"教学改进项目，指出深度学习强调教师的主动引领和学生的主体参与，通过具有挑战性的学习活动，使学生在深理解、重体验、获思维的持续沉浸学习中，获得全面发展的过程。

综合国内外研究，笔者认为，深度学习体现了课堂变革的理念，该理念与学生、教师和课堂教学几个要素息息相关。深度学习面向人的全面发展，学生是深度学习的主体；深度学习需要教师的引导和支持以达成培育目标，教师应是深度学习的主导者。因此，深度学习是形成丰富学科知识，培养核心素养的基本途径，在课堂教学的设计思路中要在"深度"上下功夫，注重体现对教师教学规律和学生学习规律的深入研究，双向促成并驱动显性学科知识和隐性核心素养的提升。

总而言之，深度学习让教师、学生、学科知识和核心素养获得高度的统一，使得教学内容实现其应有的价值，促进师生获得共同成长。

二、深度学习下的初中英语课堂特质

随着深度学习研究的不断深入，我国教育领域对它的探索逐渐从高校扩展到了基础教育各个学科的教学实践中。英语学习不仅仅是学习一门知识，更是思维、情感与文化交融的过程。《普通高中英语课程标准（2017年版）》明确提出：教师要在深入研读语篇的基础上，根据主题语境、语篇类型、不同文体的语篇结构和语言特点，引导学生深入学习和理解语言所表达的主题意义，建构结构化知识，内化所学语言和文化知识，自主表达观点，实现深度学习。初中英语课标是高中英语课标的自然延伸，也应聚焦核心素养和英语学科能力的培育，从死记硬背走向富有人文气息和理性情感的生活世界，指向深度学习。

深度学习是课标的要求，也是培养学生英语核心素养和学科能力的重要途径。初中英语学科核心素养包含了语言能力、学习能力、文化品格和思维品质。基于核心素养的初中英语学科能力由学习理解能力、应用实践能力和迁移创新能力三项核心能力要素组成。基于此，笔者明确了初中英语课堂深度学习的特征体现在联想建构、高阶思维、迁移应用和活动体验这几方面。

（一）拓展联想建构的广度

深度学习旨在强调学习内容各部分之间的联系，引导学生将新知识与原有的认知结构相融合，主动构建知识体系。而实际英语教学过程中教师端注重将英语文本以抽丝剥茧的方式发送给学生端，学生端接受，实现教到学的第一次信息转换。该教学常态忽略了"学"到"学会"再到"会学"的多次信息转换过程，剥夺了学生利用英语学科知识整合信息的权利。因此，深度学习的初中英语课堂特质应包含联想与建构，旨在引导学生拓展已有知识和新知识关联的广度，在解构—融通—再构的过程中不断内化语言和文化知识。教师在课堂教学中可通过思维导图、图表等形式促进学生对信息的精加工和再加工，激发学生内在的学习动机，帮助学生建构结构化知识，形成系统的英语学科认知。

（二）延伸迁移应用的宽度

深度学习提出了拓宽眼界，有效灵活运用英语知识解决学习和生活中的各类问题。延伸、迁移、运用的宽度是指让学生经历由特殊到一般、由表及里的过程，指学生面对新情境对学习结果的深度产出。在浅层学习中，学生学会的大多是知识本位的惰性知识，而非知识的本质属性，学生不能探究解决语言交际中的陌生问题。在深度学习的迁移、运用、延伸中，学生能将教师传递的知识信息转变成自己的知识信息，并整合所学内容与旧知识，运用新形成的知识结构去完成和解决不同情境中的任务与实际问题，真正做到举一反三和触类旁通，实现课堂进阶，转向深度学习。

（三）强化高阶思维的厚度

深度学习强调让学生深入了解语言背后的理性认知和感性态度，丰富其思维方式，诱导其思维的纵深发展。思维与语言有着紧密联系，思维品质是英语学科核心素养的重要发展条件，也是深度学习是否达成的重要指标。而英语课堂中，教师通常会按照自己的预设开展教学，常常忽略学生课堂动态生成的与其预设相异的思维，容易使学生形成定向思维模式。因此，深度学习下的英语课堂应有重点地渗透逻辑思维、批判性思维和创新性思维，以提升学生提出问题、分析问题、解决问题，拓展问题的能力，从而使学生对事物做出正确的价值判断，从跨文化的多维角度认识世界，促进其深度学习。英语课堂教学过程中可以开展对比分析展示、跨文化交际、小组辩论、合作汇报、提炼总结等任务，引导学生批判性地学习新思想和新知识，逐步形成理性认知和感性态度，在解决问题的过程中探究主题意义，形成高阶思维。

（四）体现活动体验的温度

深度学习是触及学生心灵的学习，强调的是学生投入性学习的状态或过程。深度学习课堂应让学生具备持续性的学习兴趣。兴趣不同于乐趣，兴趣是对事物产生持久的关注，并以较强的学习韧劲付诸行动。卢梭将"兴趣"和学生的成长体验紧密联系起来，特指学生发自内心地从事某项活动。如果英语语言学习活动不能打动人心，那学生对英语的理解认知、高阶思维和情感体验就不活跃，就更谈不上深度学习了。因此，在课堂教学过程中，教师应注重活动中的体验学习，促进学生全身心、主动地投入学习，在体验中实现自我效能的提升。

三、深度学习下的初中英语阅读教学策略

传统英语教学受到试题考核评价的功利思想的影响，刻意追求英语学习的"GDP"，重语言能力轻素养的现象比较普遍，体现在去问题、去情境、去思维、去体验的英语教学模式。事实上，语言是文化的重要载体，在英语学科

中，语言能力、学习能力与文化品格、思维品质是紧密联系的，而这些离不开问题、情境、思维和体验这几个关键词。基于此，笔者提出了以问题支架驱动理解，以情境主线诱发迁移，以图示建构进阶思维，以多模态资源丰富体验的教学策略，促进英语深度学习的产生。

（一）以问题支架驱动理解

深度学习下的英语课堂以问题为导向回应学生的需求。在英语教学过程中，问题是重要的对话载体，也是促进学生深入理解文本的一种有效手段。我们要聚焦问题，构建英语课堂，让学生在问题串中从记忆性理解到说明性理解，再到探究性理解，不断向前迈进，使学生整体把握文本内涵，导向学生的深度学习，让其内心的困惑显现出来。这里的问题支架由一个或几个问题构成，层层递进，支撑起深度学习。

在初中英语教学中，教师不仅要精心设计系列问题，使得问题具有切入性、设想性、发散性和质疑性，而且要联系文本信息或学生的生活体验追问，让学生换位思考，唤起学生积极的言语智力活动，提升他们思维的积极性与深刻性。新课程理念下的问题支架，驱动学生以不同形式来答疑解惑。现以牛津版初中英语教材8A Unit 1 *Best Friends* 的教学片段为例，以问题支架加深理解的教学设计如下：

（1）用事实性问题促进记忆理解，培养记忆力和表层理解能力。深度学习的活动必须在记忆的基础上进行，指向建立学生的背景性知识和批判性思维必不可缺的信息。例如，教师通过事实性问题"Who are their best friends？""How do they look？""What are they like？"厘清三位好友的姓名、外貌和品质的基本信息。

（2）用分析性问题深化知识与思维。教师追问"Why are they helpful/generous？"，使学生明白文本中人物品质养成背后的具体原因，帮助学生形成要用细节支撑观点的意识；分析性问题使学生理解了如何和为何的问题，鼓励学生策略性地、广泛地检验和解释概念和内容，给学生提供机会深入调查原因、联系、结果和影响，引导学生深度思考他们正在学习的内容，有助于学生对所学知识的广泛迁移。

（3）用假设性问题激发好奇心和创造力。教师通过设置不同的情境，鼓励学生想象如果……会怎样，思考将会怎样，假设可能发生什么……例如"If you have a friend like Max, what will you do or say to him？" "If something worries May, what will you do？"这种"如果"的疑问句能激发学生的创造性，加深他们对文本的理解。

（4）用辩论性问题引发选择、主张和争议。辩论性问题主要是评价学生如何精心组织回应并呈现证据的具体要素，以及主张或结论的令人信服度。基于主题和文本内容，笔者提出了问题"Which is important, looks or personalities？"。通过辩论性问题引发学生选择。外貌和品质是两个非常重要的因素，教师在上课过程中不断诱导，设计该问题的目的也不是让学生取胜而是引导学生学习呈现他们自己的论据或提出与他人不同的观点，努力将学生转变为基于证据的批判性思考者。

（5）用情感性问题注重差异化和个性化表达。情感性的好问题是关注学生主体的，常常出现"你"这个代词，强调"你"的想法和做法，表达"你"所信、所感和所想，注重个性化和差异化的深度体验表达。笔者以"What do you think of them？ What is friendship about in your opinion？"对文本内容进行重组或深加工，表达和分享对所教内容的情感，加深学生对品质和友谊的探究性理解。

（二）以情境主线诱发迁移

深度学习需要学生能够将某一情境中学到的知识运用到新情境中来解决问题。多情境的创设有利于考验学生对新旧知识的意义建构和迁移内化的能力，考验教师对学科内容的有效整合和创生学习场域的能力。因此，深度学习是一种基于情境的学习方式。设计多情境主线，诱发迁移与应用，应是深度学习的主要策略。

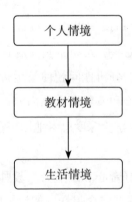

现以牛津版初中英语教材9A Unit 3 *What should I do*的教学片段为例,以个人情境、教材情境和生活情境等多情境促进知识迁移,教学设计如下:

笔者首先通过导入教师的个人情境,在互动中与学生共情,同时通过个人情境来铺垫激发学生兴趣;其次,充分挖掘教材情境,构建Simon和Millie的人物关系图;最后,回归学生自身体验的生活情境,将教材中的两个情境迁移到生活中的七个新情境中,借助学生在生活中常常遇到且不能轻松应对的情境作为迁移运用的有力载体,以小组为单位让学生自主选择情境,让其内心的理解延伸。在新情境中,分析判断概念的复杂性和差异性并将原有思路进行重组性迁移运用,聚焦实际问题的解决,能促使学生经验内化后的"延用"迁移。

(三)以图示建构进阶思维

在英语学习中,学生的思维无处不在。而思维是不可见的,通过构建可视的思维图示能创造性地把学生的思维路径结构化地呈现出来。郑鸿颖也认为,可以以绘制图表等方式把思维呈现出来,明晰内容间的逻辑结构。因此,学生的认知思维是重要依据,图示作为一种思维框架,是一种思维可视化的呈现方式,能有效激活问题情境,帮助学生解决问题。在深度学习中,师生可以根据自己已有的知识结构恢复或构建意义,采用图示法或图文结合的方式来展现思维的广度和深度,突出多角度经历、多层次思考、多形式解答,深入解读教学文本,建构整合知识,放大"思考"过程,明确"思考"路径,聚焦思维品质、提高学习能力,让自己的思考更全面。图示构建可以采用Flow Map, Bubble Map, Circle Map, Bridge Map等思维图示。

现以牛津版初中英语教材7B Unit 7 *A brave young man*的教学片段为例,将文本转化为图形,学生的多维度思维模式设计如下图所示。

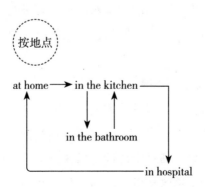

（1）按照地点以Flow map来帮助学生理清救火思路，理清和规划好思维。

（2）按照人物以Bubble Map分析孙老太太和林涛的关系，注重关联、整合与分析，对救火行为进行深度思考，建构有意义的深度学习。

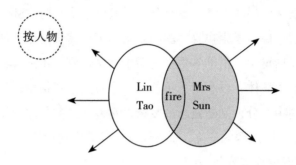

（3）以形容词"危险"为主题，基于主题拓展联想，以Circle Map表明整体和局部的关系，以描述细节来定义救火这件事。同时，反向思考，用其他形容词来加深学生对危险的深层思考，引发学生对brave的理解，通过Circle Map让学生进一步感知宏观与微观、整体与部分，注重思考问题的全面性和全局性。

教师通过构建图示，让学生不断完善自己的思维体系，改变以往被动阅读的习惯，积极引导学生从不同的角度对救火过程进行解读，通过图形和文本的互补，让学生清晰地掌握文本的脉络，有效提升思维品质，拓宽深度学习的路径。

（四）以多模态资源丰富体验

英语深度学习注重听说读写看等方式，充分调动学生多感官协同学习，引发学生长时间沉浸在活动中。多模态资源可以通过搜集文本、图形、动画、影像、声音媒体等资源获得，通过听说读写看来激活学生的已有知识，激发学生的兴趣。语言只有触动了情绪情感并激活人的完整内心体验才会触动人的深层情感，产生情感触动才能更深刻地建构主题意义。例如，通过歌曲和主题式对话，使学生体验战争氛围并抒发真实感受。

四、反思与总结

深度学习为初中英语教学优化带来了发展空间，为达成学生核心素养培育目标指明了方向，在今后初中英语阅读教学研究过程中还需要注重以下几方面：

（1）深度学习引领初中英语学习方式的变革，促进深度学习的研究发展。学生是主体，要加强对学生的立体分析，在促进学生对学科知识的联想和建构的同时，加深学生对阅读文本的理解、分析和对自身生活问题的迁移与运用，体现英语的工具性和人文性，注重提升英语教学"超越知识"的育人功效。

（2）深度学习也引领着初中英语教学方式的变革，促进了深度教学的研究发展。教师是主导，应充分把握教材，不断研究反思，提升自身对教学内容的多维解读能力和整合融通能力，积极营造迁移应用的多情境，积极应对动态生成的教学过程，持续反思教学效果。

基于TREAD阅读策略的初中英语课外
阅读教学实践

常州市丽华中学　杨钧

《普通高中英语课程标准（2017年版）》明确指出，英语课程的目标是培养和发展学生的语言能力、文化意识、思维品质和学习能力等英语学科核心素养。作为语言教学活动支架的TREAD阅读策略，具有培养学生思维品质、提升学生英语学科核心素养的效能。

吕国征指出，课外英语阅读材料教学能够给学生提供更丰富的英语阅读素材，补充教材在这方面的不足；课外英语材料阅读能够开阔学生视野，使学生了解不同国家的历史、风土人情，感受异域文化的魅力，这对开阔学生的国际视野及培养学生的核心素养和国际情怀发挥着重要作用。

因此，将TREAD阅读策略恰当地运用于初中英语课外阅读教学是培养学生阅读素养和思维品质的有效手段，也是培养学生核心素养的重要途径。

一、TREAD阅读策略的内涵

TREAD阅读策略是基于"阅读促发展"的理念建构而成的，其中T指的是thinking（思辨），即通过思维导图帮助学习者梳理、建构、理解的思维过程，将隐性思维显性化；R指的是reading（阅读），包含朗读、默读、研读三种阅读形态；E指的是exploring（探究），涉及思索、分享、讨论三种活动形式；A指的是assessing（评价），包括自评、他评、互评三种评估方式；D指的是developing（发展），目的是实现促读、促写、促思的三维目标。教师通过运用TREAD阅读策略，引导学生在自主、合作和探究的学习实践中开展深度学习，发展综合语言运用能力，锻炼思辨能力，逐步提升英语阅读素养和核心素养。

二、基于TREAD阅读策略的初中英语教学实践

结合初中英语学科的特点，本文将以八年级一节英语课外阅读课的教学设计为例，具体阐述基于TREAD策略的阅读教学的具体步骤。本课的教学内容是课外阅读语篇*Yellowstone National Park*，这是一篇说明文，具体介绍了何为国家公园、国家公园的功能、黄石公园的知名景点及其特点，同时介绍了黄石公园对野生动物的保护措施。文本内容属于人与自然主题语境，其主题意义涉及保护大自然的瑰宝。阅读材料的语篇结构清晰，语言简洁精练，旨在让学生通过阅读加深对主题意义的深入理解，在提高学生英语语言能力的同时培养其思维能力，开阔学生的文化视野。

（一）基于语篇的信息输入：Thinking while reading for information

1. 感知与注意活动

Step 1.创设语境，导入主题意义

通过Free talk，询问学生学校周边是否有公园，公园有哪些特色，导入"公园"这一主题。

Step 2.谜语视频，铺垫主题意义

出示中国著名景点的明信片，引导学生通过阅读简短的小语篇猜测景点名，接着通过最后一张明信片中的九寨沟引出黄石公园。学生观看黄石公园纪录片片段，找出视频中令人印象深刻的词，有的学生找出了lost world，有的学生找出了wonderland。

Step 3.预测代入，进入主题意义

笔者对比选自*Alice in Wonderland*的课内文本*Down the rabbit role*与介绍大自然Wonderland的*Yellowstone National Park*，引导学生识别*Fiction*和*Nonfiction*的区别。在此基础上，笔者引导学生大胆猜测文本的来源，进而代入作者视角，让学生站在作者的角度，根据语篇标题考虑文本可能会涉及的内容。

设计意图：为了落实英语学习活动观中以主题意义为引领的理念，教师

需要创设语境，充分利用学生的已有知识，引入主题意义。所以，本案例利用导入环节和读前环节渗透主题意义：Free talk可以迅速激活学生的已有知识；猜谜和视频播放符合学生的兴趣点，猜谜的目的是引出黄石公园，播放视频不仅旨在让学生初步感受黄石公园的美，更是引导学生找出本节课的主题词（wonderland）；预测文本体裁有利于学生找到阅读这类文体的策略；站在作者的角度，从文眼出发预测文本内容，有助于培养学生由点到面的整体思维。

2. 获取与梳理活动

Step 1.快速浏览，获取段落信息

笔者引导学生关注每一段落的第一句话，进而找出每一段的关键词。

Step 2.细读课文，深入理解文本

（1）细读Para 1，归纳出文本框架，如下图所示。随后，教师出示黄石公园入口的图片，突出大门口所书的"For the benefit and Enjoyment of the People"，接着追问"What benefit can a national park bring to people？"。

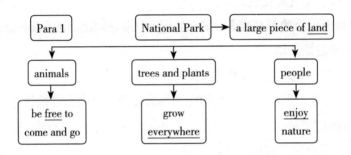

（2）细读Para 2，找出用于描述黄石公园的形容词，即oldest和largest，随后追问"When did Yellowstone become a National Park？"以及"How large is Yellowstone？"，引导学生继续找寻文章的细节信息。

（3）细读Para 3，让学生通过三个问题了解黄石公园的著名景点——间歇泉（geysers）以及其中最有名的Old Faithful Geyser，接着让学生通过一段小视频欣赏Old Faithful喷发时的壮观场面，随后抛出一个问题：Why is the geyser called Old Faithful?

（4）细读Para 4，寻找黄石公园的保护措施，再提问：What other actions can be taken to take good care of the park?

3. 概括与整合活动

学生分为四人小组，绘制有关黄石公园的思维导图，用思维导图梳理、概括、整合有关黄石公园的信息，形成结构化知识。

设计意图：文章的结构往往能为读者获取文章意义提供重要线索，教师应引导学生仔细阅读每个部分的小标题、每个段落的起始句，因为这些都为学生了解文章的要点以及深层次理解文章内涵提供了重要信息。基于此，快速浏览环节有利于学生迅速了解文章要点；细读环节由面到点地向学生揭开了黄石国家公园的全景图。依据Para 1归纳出的文本框架可以将文本内容可视化，便于学生理解国家公园的功能；Para 2从关键形容词入手，向学生展示黄石公园的悠久历史和地大物博；Para 3则着眼于间歇泉之"奇"，探究Old Faithful这一名字的由来，从语篇内容中挖掘出文化内涵；Para 4围绕黄石公园的保护措施展开，由提取文本信息到结合已有知识深入思考国家公园的保护措施，有利于培养学生的批判性和创新性思维。TREAD阅读策略着眼于利用高效的思维工具帮助学生直观理性、创造性地组织信息并建立联系。学生利用思维导图梳理和组织信息，建构结构化知识，呈现出思维的多样性，体现了学生课堂学习的自主性和主体性，促进了学生逻辑性思维和学习能力的发展。

（二）深入语篇的初阶输出：Exploring and developing after reading

笔者引导学生根据之前绘制的思维导图简单介绍黄石公园。由于本案例中的语篇材料相对简单，所以笔者围绕主题意义，用明信片的形式引导学生进行拓展阅读，以帮助学生获取更多的信息。随后，笔者创设"为黄石公园设计宣传手册"的情境，指导学生以小组为单位，分工协作。

Student A：introduce history，location and size of Yellowstone.

Student B：introduce famous places of interest in Yellowstone.

Student C：introduce animals in Yellowstone.

Student D：remind visitors of travelling tips.

Together：design a slogan（口号）for Yellowstone.

设计意图：依据思维导图描述文本内容，可以充分内化所学语言，也是为后续拓展做语言上的铺垫。基于拓展阅读语篇，完成一个project，不仅激活了学生已有的知识储备，唤醒了他们的思维，使学习活动从文本走向生活，还可以帮助学生深化对主题意义的理解和探究，达到运用语言的目的。

（三）超越语篇的高阶输出：Thinking and assessing based on reading

1. 批判与评价活动

笔者提出以下问题：

Q1：What does the sign "For the Benefit and Enjoyment of the people" mean?

Q2：Is Yellowstone National Park just for the benefit and enjoyment of the people?

2. 想象与创造活动

笔者创设如下情境：黄石公园正在征集有关该公园的诗歌，学生根据之前所读的文本内容和拓展语篇，利用所给模板，创作一首诗歌。

Yellowstone National Park

Yellowstone is beautiful.

Here you can _____.

Yellowstone is _____.

Here you can _____.

Yellowstone is a place where _____.

Yellowstone is a place where _____.

Yellowstone is a place which we can call wonderland and touch our soul.

设计意图：在阅读中，读者不仅要理解文章的字面信息，而且要分析和推断隐藏在字里行间的深层信息。笔者通过Q1引导学生深入思考黄石公园对于人类的意义；Q2则将文本意义进一步升华，引导学生探讨黄石公园对于大自然的意义。两个问题有助于推动学生进行思考，引导学生探寻人与自然的关系，思考人与自然如何和谐相处。同时，问题给予学生思考的空间和发表观点的机会，有助于培养学生思维的批判性和深刻性。TREAD阅读策略重视培养学生的文学鉴赏能力和创造性思维。所以，通过创作诗歌，学生可以用所学语言创造性地表达自己的真情实感，从而进一步深化对主题意义的理解，提升自身的核心素养。

三、结语

基于TREAD阅读策略的教学由读到思，由思到探，由探到评，基于读、思、探、评培养学生的思维品质和核心素养。在利用TREAD阅读策略进行课外阅读教学时，教师要深入研读语篇，挖掘语篇的主题意义；在主题意义的引导下，教师带领学生，通过"读"感知与注意、获取与梳理、概括与整合语言知识；通过高阶"思"维问题驱动，引导学生"探"索和"评"价语篇内容，培养学生的思维品质；通过迁移创新性活动，"促"进学生能力向素养的转化，提升学生的学习能力和文化意识。

参考文献：

［1］封萍.评判性阅读策略在高中英语阅读教学中的运用［J］.江苏教育，2015（6）：47-49.

［2］教育部.普通高中英语课程标准（2017年版）［M］.北京：人民教育出版社，2018.

［3］吕国征.指向思维品质培养的中学英语课外阅读材料教学实践和思考［J］.基础外语教育，2019，21（1）：57-63，110.

［4］孙晓慧，钱小芳，王蔷，等.基于英语学习活动观的高中英语阅读教学设计解析［J］.中小学外语教学，2019，42（4）：44-48.

［5］袁露露，彭丹梅.提高初中英语批判性阅读教学有效性的实践研究［J］.中小学外语教学，2019，42（3）：21-27.

［6］张秋会，王蔷，蒋京丽.在初中英语阅读教学中落实英语学习活动观的实践［J］.中小学外语教学，2019，42（1）：1-7.

主题意义探究下的初中英语绘本阅读实践

——以阳光英语分级阅读（初一下）
The Three Wishes教学为例

常州市钟楼实验中学　张可

一、问题的提出

《普通高中英语课程标准（2017年版）》指出，主题为语言学习提供了范围和语境。学生对主题意义的探究是其学习语言最重要的内容，直接影响学生的语篇理解程度、思维发展水平和语言学习成效。在实际教学中，教师往往又会忽视主题意义的探究。具体体现在以下几个方面。

（一）忽视主题意义，文本解读不足

在实际教学中，教师往往缺乏对文本主题意义的探究，更缺乏围绕主题意义探究的一系列问题、活动设计，更多的是关注文本细节的封闭式问题。这也导致学生虽然一直在阅读，但更多地关注情节或者插图，忽略了细节，忽略了文本的意义，细节查找大于对本文的深度思考，阅读容易停留在表面。

（二）主题意义与语言学习、思维培养脱钩

对文本中词汇、语法的教学凌驾于文本处理之上，不考虑语境、赏析等意识，教授的是词汇本身而不是文本中的词汇，是机械式的纯粹输入。语言学习与主题意义的脱钩也注定了思维培养与主题意义的脱节，当文本解读变得破碎化时，学生的思维也无法逻辑化、体系化，高阶的批判性思维更是难以出现。

二、主题意义的确定方式

课程标准指出，主题语境不仅规约着语言知识和文化知识的学习范围，还为语言学习提供了意义语境，并有机渗透情感、态度和价值观。所以，笔者认为，教师在研读文本后，可以从显性的文本中，通过分析文体特征、语言特点、人物情感等隐性信息来把握主题意义。下面以笔者的一节初中英语绘本阅读课——《阳光英语分级阅读（初一下）》*The Three Wishes*为例阐释。

（一）反复研读，挖掘主题意义

课题：《阳光英语分级阅读（初一下）》*The Three Wishes*。

What——文本内容和主题。

语篇类型：故事。

主题语境：生活哲理。

故事内容：一位樵夫在砍柴过程中救了一只精灵，精灵许诺实现他和他的妻子三个愿望。樵夫回到家饥饿难耐，脱口而出第一个愿望——想要家里滚进一根大香肠。待樵夫和妻子解释了原委，妻子怒气抱怨他浪费了发财的机会，说恨不得香肠长在樵夫的鼻子上，于是第二个愿望出现了。矛盾冲突终于出现，是长着香肠鼻子但拥有财富，还是用掉最后一个愿望让鼻子消失呢？最后樵夫许下让香肠消失的愿望，夫妻二人沉默后在欢笑中结束了这个故事。

Why——文本意图。

文本中通过戏剧性的冲突矛盾表现主人公情感的变化，让读者思考幸福生活的真谛——珍惜眼前所拥有的，机遇不只是梦想，要脚踏实地才能实现愿望。

How——文本结构和语言特点。

（1）文本是故事题材，通过开端—发展—高潮—结尾的顺序讲述了樵夫与妻子间的互动冲突。

（2）全文旁白使用一般过去时，书中运用大量对话，主要使用一般现在时、过去时，生动地展现了樵夫与精灵、樵夫夫妻间的互动，生动地刻画了人物形象。

（3）用大量的动词、形容词和副词，丰富的配图来刻画人物。大量的动词，如cried、shrieked、grabbed、shouted、giggle、hugged、laughed等；大量的形容词和副词，如tired and hungry、angry、silly、stupid、firmly、funniest、biggest、roundest、the most delicious等。

笔者通过对文本的反复研读，最终着眼于学生对幸福生活的思考，让学生感恩现在拥有的，明白唯有脚踏实地地奋斗，才能实现目标，同时把社会主义核心价值观融入日常的教学之中。

（二）推敲文本，考虑正向能量

从构建主义角度讲，主题意义是在个人与文本、个人与他人、个人与自我的积极互动中构建形成的，因此它具有开放性和多元性。笔者所授的这节课中有人性的良善与枷锁，有对物质生活的思考。故事通过不断反转，情节中交织着人性或是物质的思考，但笔者最终将主题意义的落脚点放在了对幸福生活的思考上，通过主题意义引导学生认识到要感恩所拥有的，幸福是奋斗出来的。

文本承载的主题意义是其育人价值的集中体现。这就需要教师在设计教学时反复研读文本，多层次、多角度地分析文本所传递的主题意义。此外，主题意义必须是正确的、积极的，即符合客观事物的本质规律和现行价值观体系。

三、主题意义的探究途径

课程标准指出，主题探究活动的设计要注意激发学生参与活动的兴趣，调动学生已有的基于该主题的经验，帮助学生构建和完善新的知识结构，深化学生对该主题的理解和认识。

（一）见封读题，铺垫主题意义

笔者先呈现绘本封面，并提问what can you see from the cover? Can you guess what happens to them? What do you want to know from the story? 充分利用绘本封面和标题鼓励学生获取信息和大胆预测，激发他们的阅读期待和求知欲。绘本课刚开始，教师应该利用好封面和标题，适当"抛梗"，但不讲解过多或是过早"抖包袱"，因为学生一节课刚开始的阅读热情，将为后续的阅读奠定良好的阅读感情基础。

（二）分步阅读，持续诱发主题

一般来说，学生需要先整体阅读绘本，对故事有了较全面的了解后再开始分析文本脉络结构，逐步开始细节阅读，品味故事。这里，笔者做了大胆的尝试，根据故事的三部分（the story begins；the climax comes；the story ends），将阅读材料分别装到三个信封中，让每个学生拿到按照故事发展顺序排好的三个信封，根据教师的指导阅读，如拆锦囊般地带着期待完成整个故事的阅读，保证学生整节课的阅读期待和兴趣。

（三）人物评析，思考主题意义

作者通过人物形象、动作、语言等的描写，将自己的写作意图体现在字里行间，而带领学生通过阅读分析人物，是教师要通过适切的阅读活动来引导的。笔者通过让学生阅读，为学生搭建语言的脚手架，指导学生通过观看图片或者是故事内容给出人物评价。这里的脚手架不仅是语言的脚手架，更是通往主题意义构建的脚手架。

Do you like the woodcutter? why?

A structure you can use:
* I like/ don't like the woodcutter because he said,
 "＿＿＿＿＿＿＿＿＿" . He is very ＿＿＿＿＿＿.
（从故事内容中给出理由）
* I like/ don't like the woodcutter because he looks
very ＿＿＿＿＿＿＿ in the picture on page＿＿＿
＿＿＿＿＿.（从图片中给出理由）

（四）链式问题，深入主题意义

在细节阅读的过程中，适时地穿插问题链，有助于学生思维的深化、批判。笔者的这节课，文本有较多的转折，在学生从信封中取出新的章节，简单地阅读文本后，笔者进行了链式追问，及时调动学生的思维。在故事的开端发展部分，笔者追问学生以下问题：

If you were the woodcutter, what would you do to the thorn bush?

If you were the tiny man, what would you do to thank the woodcutter?

在故事的高潮部分，笔者连发五问：

（1）Why was the wife so angry?

（2）If you were the wife, what would you do?

（3）How did they feel after the second wish come true?

（4）Did the wife agree with the woodcutter about the last wish?

（5）If you were the woodcutter or the wife, what would you do with the last wish?

笔者以聊天互动式的方式，通过设置让学生换位思考的问题和想象假设的问题，在追问中带领学生深入思考人物情感和文本主题意义。成功的链式问题可以激发学生的学习兴趣，唤醒学生的主题意识，帮助学生的思维从低阶向高阶过渡，这是学生对文本深度理解和主题意义探究的必经之路。

（五）思维导图，迎刃主题意义

在以上四点的论述中，笔者将学生的思维不断深化，引导学生构建主题意义，在这个过程中可以使用思维导图，将思维可视化，同时将主题意义水到渠成地引出。在上文提到的人物评析过程中，笔者使用思维导图，帮助学生理清人物关系，促进学生对人物的理解；在链式追问的过程中，笔者使用思维导图，帮助学生明晰人物特点，更好地理解人物情感的变化；在读后部分，通过对思维导图的全局理解，即可使文本的主题意义显现出来。

四、主题意义的运用手段

教师在明确了语篇的写作目的、作者态度和创作意图后，可以组织和引领学生开展深层次的主题讨论和扩展活动，帮助学生形成对主题新的认知。例如，在本课的读后环节，笔者设计了文本主人公发布朋友圈告诉大家他的离奇经历的活动，要求学生简单描述其经历，并写下感想，同组其他学生作为朋友圈好友，跟帖回复发表自己的观点，借助日常生活中的交际形式，让学生基于文本主题意义个性化地畅所欲言，引导学生感恩生活中的美好，珍惜当下，在让学生对未来充满希冀的同时，帮助学生树立正确的价值观，达到主题意义探究的终极目的。

五、结语

对文本主题意义的探究，不仅仅是学生获取知识、培养思维的有效途径，更是学生构建个人精神世界的过程。教师应不断研读揣摩文本，寻找适切的主题意义探寻途径，运用有效的手段对主题意义加以拓展运用。在这个过程中，教师只有不断加深本身的功底，才能有更好的产出。风劲潮涌，自当扬帆破浪；任重道远，更需策马扬鞭。与君共勉。

参考文献：

［1］教育部.普通高中英语课程标准（2017年版）［M］.北京：人民教育出版社，2018.

［2］王艳荣.主题意义探究下的初中英语阅读课堂教学设计［J］.中小学外语教学（中学），2021（17）：22–26.

［3］葛炳芳.英语阅读教学的综合视野：理论与实践［J］.英语教师，2016，16（9）：158.

借助思维导图推进思导式英语阅读教学实践

常州市武进区雪堰初级中学　钱芳

《义务教育英语课程标准（2022年版）》指出，秉持在体验中学习、在实践中运用、在迁移中创新的学习理念，倡导学生围绕真实情境和真实问题，激活已知，参与到指向主题意义探究的学习理解、应用实践和迁移创新等一系列相互关联、循环递进的语言学习和运用活动中去。本文基于英语课外阅读教学课例，借助思维导图设计不同形式的教学活动，坚持学思结合、学用融合，推进思导式英语阅读教学，提升学生的核心素养。

一、相关概念

（一）思维导图

思维导图（The Mind Map），又名心智导图，是表达发散性思维的有效图形思维工具。它运用图文并重的特点，把各级主题的关系用相互隶属与相关的层级图表现出来，把主题关键词与图像、颜色等建立起记忆连接。

（二）思导式教学

TREAD（thinking，reading，exploring，assessing，developing）思导式教学，引导学生在阅读中通过梳理文本，建构结构化知识，内化文本理解，注重在阅读过程中培养学生的思维能力和语言能力，在思索、分享、讨论等学习活动的基础上，引导学生进行评价活动，促进学生阅读素养的提升。

二、相关课例

本课例选自新素养初中英语多维阅读课外读物，是牛津译林版7B Unit 3

Welcome to Sunshine Town！的拓展阅读语篇。它介绍了周庄的概况、历史、风俗、美食以及游客的所看、所闻、所做。文章难度适中，内容丰富，是教材的有效补充阅读，易于激发学生的阅读兴趣。

（一）解读文本，培养逻辑性思维

1. 激活已知，创设真实语境

读前教师以家乡雪堰入手，利用老街的短视频导入，拉近师生距离，引导学生在情境中学习ancient，traditional，canel等新单词。教师自制雪堰概况介绍视频，形象生动的图片和视频将学生的注意力转移到话语交际上来，实现了图片模态、视频模态与语言模态的相互协调，创设了真实自然的语境。

学生速读、快读，找出文章的出处，划分语篇的结构。教师提供两个思维导图为学生搭好脚手架，帮助学生把握篇章结构。文字模态、图标模态作为语言表达的支架，为学生的思维提供语言基础。学生结合思维导图，再读语篇并概括各个部分的大意。

2. 梳理信息，形成结构化知识

思导式教学倡导创设真实语境，调动学生运用多种感官参与学习，激发学生的学习兴趣，提高学生的语言输入、理解、探究、运用和输出。

教师改编信息结构图，帮助学生了解周庄名字的由来、特点、风貌等概况，生成并内化结构化知识，为学生应用结构化知识打下基础。基于*Welcome to Sunshine Town*拓展阅读语篇，教师引导学生通过对比、分析、归纳课内外两个语篇，对课外语篇进行概括和总结，为语篇自拟小标题，凸显学生结合图片和文本信息进行推理判断、分析比较、综合概括的过程，体现逻辑性思维形成的过程。

教师采用思维导图引导学生梳理语篇的表层信息，通过梳理、概括、整合信息，建立信息间的关联，形成新的知识结构，感知并理解语言所表达的意义。清晰的思维导图具有直观性、关联性和发散性，其中嵌入了与阅读内容密切相关的多模态信息（音频、视频、文本等），能够帮助学生整合、梳理信息，建构结构化知识，体现了学生学习的自主性和主体性，促进了学生逻辑思维和学习能力的发展，同时帮助学生重组信息，将语篇理解这一隐性过程清晰且系统地呈现出来，促进学生的深度理解。

（二）内化文本，提升批判性思维

问题是思维的起点，是"思维活动的导引线和脚手架"，"问题的设计是有效落实批判性思维训练的关键"。文本介绍了周庄的传统美食白丝鱼和撑腰糕，它们因味道鲜美受到了当地人和游客的喜爱。为深挖美食背后承载的文化背景和寓意，教师在利用思维导图进行信息梳理后，设置了以下问题：Since Baisi fish are difficult to catch, why do people like to eat them? Why do people call them Chengyao cakes? Both Baisi fish and chengyao cakes are made by steaming, why is steamed food so popular? Would you like to try more steamed food?

问题链的设计既要基于文本，又要超越文本，遵循从易到难、从浅到深、从低阶思维到高阶思维的原则，循序渐进，环环相扣，提升文本价值。该问题链剖析人们喜爱白丝鱼和撑腰糕的原因，介绍撑腰糕名字的寓意和两种美食的烹饪方法，引导学生通过思考问题探寻文本承载的文化价值，加深学生对美食文化的理解，促进语言、思维、文化的融合。同时，教师结合学生爱吃油炸食品的生活实际，通过对比、辨析让学生意识到清蒸食物营养丰富，有利于健康，在潜移默化中对学生进行健康饮食教育，巧妙引导学生养成健康的生活方式。

（三）重构文本，增强创新性思维

思导式教学提倡学生在丰富多彩的学习活动中体验、运用语言，表达意义，将语言的input转化为intake。在读后活动中，教师创设新的、真实的问题情境，引导学生实践体验并迁移创新，获取、阐释和评判语篇意义，表达个人观点和情感态度，发展创新性思维，提高学生英语学习能力和语用能力。

1. 评价标题

组织学生对教师的标题a quiet and beautiful village进行评价和分析，认同的陈述理由，也可自创标题并说明原因。学生深入思考、分析、探究、批判、创新，借助自主、合作、探究的学习方式，进行情境迁移和创造性的语言输出，培养创新性思维。小组讨论后，一部分学生认为该标题突出了周庄的特点并能引发读者的阅读兴趣；也有学生分享了Zhouzhuang in my heart，Venice of the east，Welcome to Zhouzhuang等自创标题，充分展现了他们创新性思维的成果。

2. 自编诗歌

语篇阅读后，学生对周庄已有较为全面的了解，之后观看另一段关于周庄的视频，记住视频中周庄的景点，见证更为全面、立体的周庄。在此基础上，教师鼓励学生结合语篇阅读，自创一首关于周庄的诗歌。

学生充分发挥创新性思维，在阅读语篇的基础上，发挥想象，结合旧知，勇于表达自我观点，实现多元表达。Zhouzhuang likes a kitchen，because you can enjoy all kinds of local food here. Zhouzhuang likes a work of art，because it is so beautiful and quiet. Zhouzhuang likes an old man，because it can tell you a lot about the ancient and modern place.

3. 自由辩论

教师引导学生针对语篇背后的价值进行推理与论证，探讨其与主题意义的关联，加深对主题意义的理解。教师组织学生辩论：Would you like to live in a village or in a big city？Give us your reasons.辩论主题开放、多元，需要学生从文本及其蕴含的主题意义出发，基于语篇信息进行感知、分析、归纳、概括，理性表达自己的观点、情感和态度，体现其正确的价值观。

三、结语

该课例中，教师充分利用可视化思维导图、问题讨论链、多模态资源等开展思导式阅读教学，组织思维探究、情感探究、语言探究和综合探究活动，重点培养学生思维能力，指向英语核心素养，引导学生进行有意义的表达和交流，促进其知识的迁移、创新、运用。

参考文献：

[1] 教育部.普通高中英语课程标准（2017年版）[M].北京：人民教育出版社，2018.

[2] 钟畅蓉，朱文英.培养学生批判性思维的高中英语阅读教学实践[J].中小学外语教学，2016（12）：5-10.

核心素养下初中英语读写结合教学实践

常州市明德实验中学　陆翠翠

在英语核心素养提出的背景下，初中英语教学越来越注重学生阅读能力与写作能力的培养，其中读写结合的教学方式受到广大教师的欢迎。它不仅能够帮助教师提高课堂教学效率，而且能够让学生的英语阅读与写作水平得到训练。所以，就目前的情况来说，我们应该从课程标准与教材入手，通过问题的设计和教学方法的创新，努力构建出适合学生发展的英语读写结合的教学新模式。

一、初中英语核心素养以及读写结合教学概述

初中英语核心素养包括英语语言能力、文化品格、思维品质和学习能力。培养学生英语核心素养离不开大量的读写，在教学中，教师要加强读写结合教学意识，联系学生的实际生活，使学生在课堂上产生情感共鸣，帮助学生将课上的知识转化为自己的能力，使学生能够将读写知识灵活地运用到实际生活中，从而培养学生的英语核心素养。

基于核心素养的初中英语读写结合教学，其基本步骤包括读前活动、仔细阅读、写作纲要、写作、评价等。在读写结合的课型中，要处理好阅读与写作的时间分配；同时，注意语篇的选取与提炼，既可以直接选取教材中Reading环节的语篇，也可以去寻找课外和与本单元写作话题相关的语篇作为补充。在阅读、评价环节，教师要根据主题以及学生不同的水平，引导学生进行多种形式的学习活动，每个环节要突出学生的主体地位，让学生习得语言知识、文化意识，培养良好的思维品质和学习能力等。读写结合教学能够使学生深刻理解课

文内容，将阅读与写作相联系，使学生经历朗读、理解、内化、运用的过程，在提高学生英语语言理解能力的同时增强其写作表达能力，达到以读促写、读写结合的目的。

二、英语读写结合教学实施路径

（一）立足教材内容，确定读写教学目标

在开展读写结合教学时，教师要将每篇课文都当作范文来讲解，深入挖掘其中的教学素材，确定适宜的读写教学目标，使学生学习到更多写作方面的知识，提高其写作能力，使其形成独特的写作思路。牛津译林版英语九年级上册Unit 7 Films的阅读文本Kitty's favorite film star讲述了美国好莱坞有史以来，最著名的电影明星Audrey Hepburn的一生。教师可以通过微视频创设情景，为学生了解电影和电影明星创造条件，并在此基础上通过不同类型的阅读任务帮助学生理解课文，让学生学习如何按照时间顺序来描写人的一生。

（二）强化课前预习，培养学生自主学习能力

核心素养背景下的初中英语读写教学，首先可从读写结合的教学导入阶段入手，思考如何引导学生进行自主学习与探究，为学生安排有关教学的预习内容，引导学生进行自主预习探究。以牛津译林版英语九年级下册Unit 4 Life on Mars为例，本单元的话题是火星生活，对比火星生活和地球生活的异同点，符合科技迅速发展改变生活的时代背景。教师可以让学生在课前自主预习重要词汇、短语、句子结构，如risk, percentage, disadvantage, carry out, however, some other students were worried about living there, they were even afraid of aliens there等，为写作增加语言储备。

（三）加强过程指导，引导学生习得语言技能

初中阶段的学生会在语法学习中遇到很多困难，教师需要在阅读教学中加强指导，帮助学生分析语法特点，在课本中找到典型语句，归纳总结课本主题，构建出课文框架，分析其中的写作手法和词语运用方法，鼓励学生仿写课文语句，提高学生思维能力与写作水平。首先，从文章的结构来介绍，告诉学生相对完美的英文文章应该包括三个部分：开头（beginning），即主题，确定"写什么"，开头点明要点，需简明扼要；主体，即"怎么写"，主体是最重要的部分，我们要想把主体写好，需要注意句子及句子结构的完美、连词的使

用等；结尾，即"为什么"，结尾可以表述自己的观点或表达自己的情感，也应当简明扼要。

（四）设计读写活动，提高学生跨文化理解能力

英语学科承载着培养学生跨文化理解能力的任务。英汉文化存在差异，从语篇上讲，典型的英语文章行文方式为"直线型"的，即每段落以主题开头，以例句收尾；或先有例证，最后以结束语为主题句。相比较而言，汉语语篇的方式则偏向于"螺旋形"，即不直接论证段落主题，而是从外围间接论证。这些都需要我们在读写结合中加以注意。在阅读教学中，学生对文本已经有初步的认识，在之后的写作教学中，教师要强化学生对阅读教学的理解，加深学生的学习印象，要让学生感受到文化理解的重要性。

（五）关注文本信息，培养学生的英语思维

在开展读写结合教学的时候，教师需要关注文本信息，培养学生的英语思维。在英语教学中，教师要针对学生已有的语言水平充分运用教材中的素材将学生的思维逐步引向深入。译林版牛津初中英语教材话题丰富，而且很多话题间都有关联，因此，可以整合互相关联的话题进行思维训练。例如，9B Unit1 Asia的阅读文本展示了中国传统文化和中国著名的文化旅游胜地——北京。关于北京的话题在牛津教材里反复出现，七年级时有介绍交通工具变迁中的北京，八年级有去故宫参观的内容，九年级展示的是北京的文化之旅。所有从以上内容中学到的知识点、句型等均可以在课堂教学中让学生复习，将知识串联起来，学生在进行"我最想去的旅游城市"这个话题讨论时得到练习。

（六）注重多元评价，巩固课堂学习成果

读写结合教学中，教师引导下的评价与反馈是不可或缺的，只有适当地评价才能给予学生适当的关注，并给他们提出个性化的建议，同时给学生提供反思自己的机会，以便他们从评价中看到自己的成绩和进步，了解自己的不足和改进的方向。

刹那间的芳华

——感恩第34期全国初中骨干校长高级研修班终生难忘的培训经历

江苏省常州市明德实验中学　戴界蕾

【个人简介】

本人悉心教育，尽职尽责，善做教学的研究者，争做不懈的追求者。曾获常州市教师教育技术能力竞赛一等奖，全国说课大赛一等奖，常州市"学科带头人"称号，常州市优秀教育工作者；所授课曾荣获部级优质课，本人被江苏省教师培训中心聘为课堂教学指导教师；参与出版了《中学英语交际教学活动大全》《数字化学习论》。愿以真知教人，以真诚育人，坚守"每个孩子最优发展"的信念，让生命和使命一起风雨兼程。

篇章一　"起初不经意的你和少年不经事的我"

人与人的缘分妙不可言，而我与研修班的"相识"想来也是缘分使然。说来惭愧，当初陈小平校长（明德实验中学为北郊初中分校，办学之初陈校长身兼分校校长）找我谈话，让我赴上海华东师范大学教育部中学校长培训中心学习，我开始还有点犹豫：建校之初，工作千头万绪，我生怕有个闪失，深有难脱身之感，学习难得但工作更要紧，于是我婉拒了。然而，作为校长培训中心的早期学员，深受其益的陈校长耐心开导我，给我谈了他在研修班的所学所得，他说服了我，让我终于下了离岗参加培训学习的决心，使我有幸成为第34期全国初中骨干校长高级研修班的一名正式学员。

45天的短暂培训，领导讲话、专家讲座、校长论坛、同行报告、点评探讨、课件试听、经验分享、小组切磋交流、实地参观考察、发放参考资料、布置研修作业……走出去，请进来，大小会结合，线上线下链接，日程安排得紧凑周密，各项活动衔接得有条不紊。

学员们谈及会务工作都赞不绝口，还笑称："单就这一点也够我们好好学习一阵了。"

这是一个形式新颖、内容丰富、互学互鉴、氛围和谐的高端学习平台，这是一期实现了务虚又务实、传经又送宝、扩充朋友圈、搭建友谊桥、合作双赢、共图发展的一举多得的优质高效培训。结业时，我同其他学员一样，在政治与教育理论水平和校长专业智慧与实践能力方面迅速、大幅提升，可谓满载而归，不虚此行，深感培训一轮，受益终身。同时，我为未与这次值得珍视的培训机会失之交臂而暗自庆幸。

篇章二　"后来我终于懂得了如何去爱"

我们是在党的十九大胜利召开以及全国教育大会结束不久的特殊时刻，在中国特色社会主义进入新时代、教育现代化也随之开启一个新时代的大背景下度过学习培训生活的，故时至今日，虽然离开校长培训中心将近一年半，但仍对这段时光记忆犹新，每当回想或向同事谈及那段难忘、短暂、匆忙而鼓舞人心的幸福时光时，我的脑海中总会频频闪现期间发生的一幕幕感人场景，耳畔总会骤然响起一阵阵热烈掌声和一串串欢声笑语，心中总会油然而生一股股敬佩与感恩并存、引以为荣与引以为豪共生的浓烈之情，甚至还会不经意升腾起一个私念——如能再"回炉"那该多好！

当我深情回顾第34期全国初中骨干校长高级研修班终生难忘的培训经历时，就会默想和历数这次培训三个最大的收获：一是锤炼了思维品质，二是焕发了奋斗精神，三是增强了创新动力。而且我坚信，随着时间的推移，我的收获的潜在价值将变得越来越大。

一、锤炼了思维品质

多位德高望重、学识渊博的专家学者在《新时代我国基础教育改革和发展的政策背景》《国外教育改革动态》《当代中国社会发展的结构性及其面临的挑战》《信息化与教育改革》以及《信息化与课程教学改革》等专题讲座中，从全局、宏观角度与国际视野深刻阐述了新时代我国社会主要矛盾已经转化为人民日益增长的美好生活需要和不平衡不充分的发展之间的矛盾，这种历史性变化对党和国家的各项工作提出了许多新要求。众多专家全面解析了中国特色教育改革发展的新理念、新方向，教育强国的新使命和新目标以及全国教育大会的重大意义。

就我个人而言，以往思考行事过于狭隘，习惯以自己的学校为出发点和落脚点，目光短浅。参加这次学习培训，我仿佛经历了彻底的洗礼，成为一个全新的自我。在整个培训过程中，无论是论坛、讲座还是经验交流，甚至现场考察，无一不在释放和传递各种崭新的教育理念和国际前沿的理论信息，这种具有全球性开放视野、全局整体性、辩证生态化的思维方式，深深地影响和改变着全体学员的思想观念，锤炼着我们的思维品质。在涉及学校德育与课程体系建设，中国传统管理文化的历史演进，学校教育管理、组织设计与发展等诸多话题中，有关倡导"立德树人、德育为先""个别化学习、个别化教育"的教育观、"多元发展、人人成才"的育人观、"学校教育改革的核心是课程，课程改革的核心是课堂，课堂改革的核心是教师"、"课程多元化、教学差异化、学习个性化"、"经营长处、经营中层、化散为整、化整为零"、"以事引思、以思引事"、"可以'错位思考'，但绝不可'错位做事'"、"硬件软化，软件硬化"、"学校内部环境与外部环境构建与协调坚持治标与治本相结合"的一系列经典立论以及对未来教育中理想与信仰、德行与律法、知识与能力、思维与情绪、人文与社会等十大核心学习领域相互关系的前瞻性预言，可以说是生态教育链的直接或间接呈现，生态教育将成为未来教育改革发展的常态。这种辩证思维促使我们的思想认识产生了质的飞跃，思维品质明显得到提升。我们今后要力争时时、事事、处处做到立足本校，放眼世界，立足当前，着眼长远，兼收并蓄，扬长避短，互学互鉴，共同发展，以全局、整体、平衡、发展的生态化思维共谋教育生态系统大计、共建教育生态系统资源、共享生态教育成果、共创生态教育辉煌。

二、焕发了奋斗精神

校长培训中心于11月2日至9日专门组织学员赴苏州市振华中学、景范中学、江阴华西实验学校、扬州教育学院附中、翠岗中学和南京市外国语学校、南京师大附中新城初中进行实地考察，现场观摩诗歌欣赏、阅读活动课、学生俱乐部活动、"书香一刻"，数学、物理等课堂教学与阳光体育展示，令人耳目一新，拓宽了眼界，增长了见识，引发了深思。在此期间，还开设了校长论坛，来自上海、江阴、陕西澄城、贵州遵义、深圳、浙江余姚的七位中学的校长分别进行了演讲，介绍教育改革学校管理的思路、举措及成效，并由知名教育专家进行精彩点评，学员们获益匪浅。大家还仔细阅读了各地学校提交的经验交流材料。我深切地感到，尽管这些学校所在地区的经济发展水平不一，社会、民族背景亦不尽相同，尤其是西部偏远地区经济发展相对滞后，学校办学的制约因素相对较多，但教育改革的深化程度、教育的质量与发展速度、课程体系建设的丰富性和学校极高的管理水平都令人惊叹不已。他们积累了许多各具特色的宝贵经验，不愧是我们学习的典范。他们的成功来之不易，他们凭借坚持不懈的努力拼搏，才能在前行路上不断克服重重艰难困苦，创造出一个又一个教育奇迹。这也正是我们自愧不如且有所欠缺之处。今后，我将视这次培训为"加油站"，认真补好这一课，进一步焕发奋斗精神，笃志教育，砥砺前行。

三、增强了创新动力

党的十九大明确提出坚定不移走中国特色社会主义教育发展道路，发展中国特色、世界先进水平的现代教育，建设教育强国的伟大战略。教育梦是中国梦的重要组成部分，新时代的教育工作者必须胸怀大志，勇担历史重任，踏上新征程，要有新作为。

通过此次学习培训，我们还有一个重要收获，那就是从客观与主观两个方面对创新有了更全面、更深刻的理解：一是从客观方面看，我们所处的时代就是一个创新的时代，创新迎来一个新时代，创新正在驱动新时代实现跨越式的更大发展。在经济全球化的今天，我国教育信息化、教育现代化、教育国际化的发展大趋势锐不可当，互联网、大数据、人工智能等现代信息技术与教育的结合已由普遍应用、互相融入走向深度融合，展现在我们面前的将是一幅未来智能教育、生态教育发展的宏伟蓝图。毫无疑问，形势喜人，鼓舞创新；形势逼人，要求创新。另外，现代信息技术在教育中的应用、整合就是一个创新的过程，而深度融合就是推动教育创新发展，促使教育在发展中创新，在创新中发展，如此不断创新教育并使其发展到更高的阶段。改革的内涵即破旧立新，我们反复强调要以改革促发展，以创新促发展，创新是发展的不竭动力。教育领域同样如此，只有创新才能适应教育形势发展的客观要求。正是从这个意义上讲，一所学校要想实现内涵发展、持续发展，唯有通过改革创新方能顺利迈向这个目标，日常的工作才会充满生机与活力。从主观方面看，校长的角色定位集"教育者、领导者、管理者"这"三者"于一身，实现专业发展，创新必是题中应有之义。《义务教育学校校长专业标准》明确规定，校长应当具备规划学校发展、营造育人文化、领导课程教学、引导教师成长、优化内部管理和调适外部环境这六种能力，校长角色定位及其六种具体能力无不反映出创新是其实现专业发展必然的内在主观要求，即主观愿望。换言之，以文化创新、课程创新、管理创新、教育创新可涵盖其全部职责。为此，对于校长而言，其应当成为学校改革创新的先行者、带头人，成为真抓实干的改革家、创新派，具体应切实做到以下几点：一要敢于创新，创新意识强，理念新，闯劲大，雷厉风行；二要善于创新，创新能力强，目标明，谋略多，行稳致远。总之，敢于创新是一种内在的精神状态，是创新动力的直接源泉；而善于创新则是一种外在的工作状态，是创新动力的间接标志。我对创新有如此全新的认识和理解，完全得益于这次全方位、系列化、有针对性的培训。

篇章三　"一路上有你，苦一点也愿意"

我任职的常州市明德实验中学是一所于2017年夏竣工启用的新校。校舍落成当年即招收4个班级，至今已有七、八两个年级8个班了，在校学生397名，教职工44名。万事开头难，建校伊始，作为主管教学的副校长，我还临时负责全盘工作，尤其是按市教育局要求，我校必须在较短时间内上报一份学校主动发展规划纲要。对此"重头戏"，我自觉成竹在胸，得心应手，一面按既定思路与原则组织班子开展工作，在陈小平校长的指导下很快列出一个包括学校背景、指导思想、发展目标、课程、文化、举措等相关内容的具体框架；一面发动教师讨论、征求意见，在归纳整理的基础上不断加以充实和完善，形成了一份综合质量较高且符合校情、学情、切实可行的规划方案，受到有关各方的好评。只有我自己心里特别清楚，这正是得益于2017年10月参加华东师范大学教育部中学校长培训中心举办的第34期全国初中骨干校长高级研修班的高质量培训，因为规划纲要的酝酿起草过程正值本人在校长中心培训期间和结业返校之后，颇有"现学现卖"的意味。这一学以致用、立竿见影的重要成果可以说是我回报感恩校长培训中心而提交的一份满意答卷。

我坚信学以致用的原则，也以"行动是感恩的最佳表达"作为自己的座右铭。我在校长培训中心学有所得，必会付诸实践。今后，我要在习近平新时代中国特色社会主义思想的教育思想的指引下，将我的毕生努力、所学、奋斗献给教育事业，在基于标准的专业发展的征途上策马扬鞭，为顺利实现教育强国的伟大战略贡献一份力量，同时经受锻炼，力争成长为一位名副其实的专家型校长和校长中的教育家，不负校长培训中心的悉心培养，努力为校长培训中心增光添彩！

参考文献：

［1］熊川武.论自然分材教学［J］.华东师范大学学报（教育科学版），2007，25（2）：1–7.

［2］刘天.论"学习问题"导向教学［D］.上海：华东师范大学，2017.

后 记

诗言志，文述怀。

在这部书稿即将付梓问世之际，我内心的澎湃溢于言表。激动与激励并存、感慨与感恩交织、志向与志趣相投、情怀与情谊深融……岁月留痕，此书为证。特写一首小诗作为"后记"的开篇：

教书育人廿三载，勤勉耕耘志不改；

欣逢盛世新时代，拙作丹心映未来。

这是我生平第一部由个人署名的专著，尽管略显稚嫩，但我有充分的理由相信，它在我教育教学工作的职业生涯里具有里程碑式的意义，值得永久珍藏。

本书紧紧围绕深度学习视角下英语阅读教学设计这一主题，借鉴同行的宝贵经验，集聚工作室和培育站团队成员的群体智慧，从教学、教育、管理多维度涉猎一名、一群以及一代英语教师的人生经历和教育故事。这个过程使我犹如孕育了一个新生命那样倍感幸运和幸福。幸运的是，其中很多感悟来自近三年工作室和培育站主持人的收获；幸福的是，有这样一群志同道合的教育人齐思共研、协力共进。我真挚地感谢常州市教育局为我们提供专业成长的平台，深切感谢团队的支持和亲友的鼓励，诚挚感谢出版社领导和编辑人员的真心帮助。

由于本人理论与文字功底的欠缺，加之时间仓促和认知的局限，文稿涉及的内容难免存在不足之处或有待商榷的问题，真诚地欢迎广大读者朋友提出宝贵的意见和建议，希望此书能在你我他之间架构一座友谊的桥梁。

新的时代，新的征程。我将不忘初心，一如既往矢志不渝地热爱教育，纵情教研，满怀期许，静待花开。